21 世纪高等职业教育文秘类规划教材·任务驱动与项目导向系列

应用文写作

李佩英　主　编
何哲群　罗铭岩　副主编

电子工业出版社

Publishing House of Electronics Industry

北京·BEIJING

内容简介

本书根据高等职业教育"职业导向、素质本位、能力核心、服务专业"原则编写，重在介绍学生今后工作中常用写作文书知识，内容以各专业学生在校学习及走向社会工作需要为线索编排顺序，以项目和任务为载体，形成了"概述、事务、规约、调研、传播、求职、科研、公文、财经、法律、礼仪、会务"等十二个与学生职业人生密切相关的项目，在每一个项目下，又设计了若干个"任务"，构筑了基于工作过程和以项目、任务为载体的应用文写作教学体系。在案例的选择上，既有可供学生学习揣摩的范文，也有可供学生借鉴的反面例文，再加上课后多次反复的任务演练和模拟测试，促使学生写作能力稳步提高。本书作者都是各高职院校教学一线的应用文写作课程的教学老师，教学经验丰富，教改理念新颖。

本书内容覆盖面广，不同层次、不同专业的学校可进行选择性教学。本书适用于各级各类职业教育学校，还可作为企业文员和其他社会相关从业人员的培训用书或者自学参考用书。

未经许可，不得以任何方式复制或抄袭本书之部分或全部内容。
版权所有，侵权必究。

图书在版编目（CIP）数据

应用文写作 / 李佩英主编. —北京：电子工业出版社，2016.1
21世纪高等职业教育文秘类规划教材. 任务驱动与项目导向系列

ISBN 978-7-121-26630-0

Ⅰ. ①应… Ⅱ. ①李… Ⅲ. ①汉语—应用文—写作—高等职业教育—教材 Ⅳ. ①H152.3

中国版本图书馆CIP数据核字（2015）第159861号

策划编辑：贾瑞敏
责任编辑：郝黎明
印　　刷：北京盛通商印快线网络科技有限公司
装　　订：北京盛通商印快线网络科技有限公司
出版发行：电子工业出版社
　　　　　北京市海淀区万寿路173信箱　邮编　100036
开　　本：787×1 092　1/16　印张：18.25　字数：467.2千字
版　　次：2016年1月第1版
印　　次：2020年7月第7次印刷
定　　价：38.50元

凡所购买电子工业出版社图书有缺损问题，请向购买书店调换。若书店售缺，请与本社发行部联系，联系及邮购电话：（010）88254888，88258888。
质量投诉请发邮件至 zlts@phei.com.cn，盗版侵权举报请发邮件至 dbqq@phei.com.cn。
本书咨询联系方式：（010）88254019，jrm@phei.com.cn。

前言

在现代社会，应用文写作、电脑和外语是人们就业和谋生的三大工具，而在普遍性和实用性上，应用文写作比外语显得还要重要。对培养应用型人才的高职院校来说，重视写作课程的建设应该是当务之急。在就业竞争日趋激烈的今天，如何培养学生的写作技能，如何结合学生专业及未来职业生涯来进行写作教学，以增强学生的职业能力和就业竞争力，满足社会及企业对实用性技术人才的需求，一直是广大写作课程教师辛勤探讨的课题。

为了深入贯彻"以职业活动为导向、以项目任务为主要载体、以职业能力培养为目标"的高职教育理念，深化教育教学改革，推进精品专业、精品课程和教材建设，本着"素质本位、能力核心"的编写原则，我们编写了这本《应用文写作》。希望通过本书的学习，能够让学生掌握今后职业工作中常用文种的写作方法和写作技能，促使学生充分利用课内及课外时间，巩固所学语文知识，培养和提高学生的应用文写作能力。

本书主要具有如下特色：

1. 编写理念先进。在高职院校文科《应用文写作》教材的建设中，大多数教材编写者都以写作知识的系统化和写作文种的多样化为编写理念，忽视了写作课程本身要与学生生活实际紧密联系、多重视实践、注重技能培养的要求，本教材打破常规做法，注重写作教学的实践性特征，在编写中不求写作文种和写作知识理论的多而全，根据学生在学校的学习和工作需要划分项目，以学生的工作和活动需要设置写作情境，将学生学习、工作、活动中常用主要文种作为学习任务，首先设置了"项目情境""任务描述""知识橱窗""例文点评""温馨提示"等环节，让学生通过精练的理论知识学习，对正面案例和反面案例的对比分析和揣摩及写作难点的参悟，进一步加深对理论知识的学习和理解，最后，通过"任务演练""拓展阅读""模拟测试"，达到逐步提高学生写作技能的终极目的。

2. 编写体例新颖。依据对学生的职业分析和相应的岗位职业能力分析，按照素质本位、能力核心原则，在编写体例上我们打破写作课程以文体分类的惯例，以职业工作流程为线索，以项目（任务）为载体，以学生进校后工作和生活中需要用到的常用写作文种为序，将教材内容设计成"概述、事务、规约、调研、传播、求职、科研、公文、财经、法律、礼仪、会务"十二个项目，循序渐进，由易到难，由浅入深，由公共领域到专业领域，给老师教学和学生自主学习提供灵活选择的便利。

3. 案例指导性强。为使学生提高学习兴趣，本教材在案例的选择上注重与学生生活的贴近，使它具有典型性、示范性，"例文点评"既有正面案例的点评，提纲挈领地揭示写作知识点，让学生知道文章应该怎么写，写得好的地方在哪里，自己写作时有个参照思路；本书教材中也有反面案例的点评，让学生知道不应该怎么写，错的地方应该怎么修改。这样的案例分析、点评极富指导性，可以大大促进学生对文种写作知识的理解与运用，给学生更清晰明了的学习指导。

4. 体现职教特色。本书在编写过程中，根据学生未来职业需要选择文种，突出"理论必需、理论够用、重在实践、强化应用"的职业教育特色，贯彻"以任务问题为中心的职业活动导向法"的思路，以苏明工作的需要作为编排顺序，根据"工学结合"人才培养模式，采用"情景模拟""例文点评""任务驱动""模拟测试"等方式进行训练，基本上体现了职业教育课程改革"突出职业能力、实现项目（任务）驱动、职业能力训练"三项基本原则。

本书由李佩英提出编写思路，李佩英主审、修改并统稿。何哲群、罗铭岩担任副主编。担任编写工作的有李佩英、何哲群、叶坤妮、杨铭、赵永生、罗铭岩、李展、杨慧娜。

本书可以作为中等、高等院校各专业的应用文写作课程教学用书。本书在编写过程中借鉴、援引了国内教材、网站中的一些有益资料，得到了一些朋友的指点和支持，在此表示衷心的谢忱。由于编写时间仓促，书中不当之处在所难免，期待同行、专家、同学们和广大读者提出宝贵意见。

编 者
2016 年 1 月

目 录

项目一　应用文概述 1

项目二　事务文书写作 14
  任务1　计划 14
  任务2　总结 20
  任务3　述职报告 26
  任务4　启事 32

项目三　规约文书写作 37
  任务1　章程 37
  任务2　规定 45
  任务3　制度 50
  任务4　守则 54

项目四　调研文书写作 60
  任务1　调查报告 60
  任务2　市场预测报告 67
  任务3　可行性研究报告 74

项目五　传播文书写作 82
  任务1　消息 82
  任务2　通讯 88
  任务3　简报 94

项目六　求职文书写作 102
  任务1　求职信 102
  任务2　个人简历 108
  任务3　竞聘词 114
  任务4　演讲稿 121

项目七　科研文书 129
  任务1　产品说明书 129
  任务2　实习报告 133
  任务3　毕业论文 139

项目八　公务文书写作 149
  任务1　请示 149

  任务 2 报告 153
  任务 3 通知 158
  任务 4 通告 163
  任务 5 通报 167
  任务 6 函 171

项目九 财经文书写作 177
  任务 1 合同书 177
  任务 2 意向书 183
  任务 3 招标书 188
  任务 4 投标书 192

项目十 法律文书写作 198
  任务 1 起诉状 198
  任务 2 答辩状 205
  任务 3 上诉状 210
  任务 4 授权委托书 215

项目十一 礼仪文书写作 221
  任务 1 祝贺词 221
  任务 2 迎送词 225
  任务 3 答谢词 231
  任务 4 开闭幕词 235

项目十二 会务文书写作 243
  任务 1 会议筹备方案 243
  任务 2 会议记录 249
  任务 3 纪要 254
  任务 4 会议简报 258

附录 A 265
  教案写作 265

附录 B 275
  模拟测试卷第一套 275
  模拟测试卷第二套 277
  模拟测试卷第三套 279
  模拟测试卷第四套 281

参考文献 283

项目一　应用文概述

项目情境

苏明是一位有着五彩梦想的青年学生，他认为"人生需要规划、事业要靠打拼"，所以当他收到某学院会计专业的录取通知书后，他就开始憧憬那种"海阔凭鱼跃，天高任鸟飞"的火热大学生活，他暗暗告诫自己：一定要抓住这难得的机会，好好安排自己的大学生活，全面塑造自己、提高自己。

苏明知道，作为一名大学生，不仅要学好书本知识，更要积极参加校园各项有益活动，以提高个人素质、加强职业素养。第一次班干部竞选活动的成功让他赢得了"开门红"，事后他和全体班委会成员一起制定了班上的规章制度。几周后，系学生会改选，苏明通过搜集资料、请教老师，创作了一篇成功的竞选词，如愿地当上了系实践部部长。第二学期开学之后，班主任老师要求苏明学以致用，组织成立一个"楚天秘书事务所"，让他担任"所长"，他进行了认真的调查研究，并且进行了可行性分析研究，分别找了几个商家进行协商，经过多番商讨，终于和某宾馆达成协议，签订了经济合同，在校园里做起了专业实践。你知道苏明在这些专业实践活动中将用到哪些写作文书吗？

任务描述

作为一名事务所的工作人员，苏明在实践活动中用到的写作文书很多，概括起来说，主要有以下文书：事务文书、规约文书、调研文书、传播文书、求职文书、科研文书、公务文书、财经文书、法律文书、礼仪文书、会务文书等。

知识橱窗

邓小平说：拿笔杆是实行领导的主要方法，领导同志要学会拿笔杆。

宝洁公司的CEO雷富礼说：我们所有的高级管理人员都从内部提拔，但如果你想升迁，最好学会写。

当今，从国有企业到民营企业、从党政机关到社团组织，最缺乏、最需要的是善于写作的人员！而在就业竞争日趋激烈的今天，写作能力是衡量一个人是否称职乃至出色的重要标准。

美国未来学家阿尔温·托夫勒指出，信息时代家庭工作的任务是编制电脑程序、写作、远距离监测生产过程。信息时代社会家庭化，作为三项家庭工作任务之一的写作，自然不是文学写作而是文章写作，特别是应用写作。因为与社会发展关系最密切、最直接的是文章而不是文学。从预见变化，促成变化这个角度来说，社会愈是进步，应用文在社会发展中的地位愈加重要。

一、应用文写作的概念、作用、特点和种类

1. 应用文写作的概念和作用

应用文是指人民群众或国家机关、企事业单位、社会团体在解决各种事务时，经常使用的、具有惯用格式的文体。它与人们的关系最为直接，使用频率也最高。

随着社会的发展，作为一种工具，作为信息载体的应用文越来越被人们重视。概括地说，它有四个方面的作用：

（1）宣传教育作用。应用文的宣传教育作用指通过应用文来宣传和贯彻党的路线、方针、政策，如公文的写作。

（2）公务联系作用。应用文的公务联系作用是指应用文是机关、团体、企事业单位之间协商、联系工作的一种手段，如信函、启示、广告、合同等。

（3）法律法规作用。应用文的法律法规作用是指有些应用文特别是公文和规章制度文所具有的法律法规的性质，对于规范人们的行为、维护正常的社会秩序、安定社会生活、保障公民的合法权益等均能产生极其重要的作用。

（4）凭据和记载作用。应用文的凭据和记载作用指应用文是一种确定的文字记录，它可以作为一种文字材料，作为今后检查和监督的依据，如总结、议案、可行性报告、审计报告。

秘书写作是指秘书工作人员在自身的工作岗位上所承担的各类文章写作，是秘书履行岗位职责的行为与方式之一。

2. 应用文的特点和种类

概括地说，应用文有以下六个特点：

（1）广泛性。应用文是人们处理各种事务、传递信息的书面工具，人们几乎随时随地都离不开这个工具，使用广泛是其显著的特征。

（2）时效性。客观世界在不断发展变化，应用文只有适应了变化了的形势，才能推动社会的发展，这是应用文的时效性特点。

（3）明确性。明确性指应用文的读者范围明确。无论是办事还是处理问题，都要有执行的主体和客体，即执行者和执行对象，否则，应用就无从谈起，因而，执行主体和客体都是应用文的读者。

（4）真实性。真实性是说应用文内容要符合客观实际，不夸大，不缩小，不以点代面，不以偏概全。

（5）稳定性。稳定性是说应用文有比较稳定的格式。它不像文学作品和其他文章那样要求形式多变，一旦约定俗成，就具有相对的稳定性。

（6）确定性。确定性是指应用文的语意确定，不含糊笼统，不模棱两可，不产生歧义。

应用文由于分类的角度和标准不同，还没有形成统一的答案。一般来说，人们按照其使用功能把它分为通用和专用两大类，通用类指人们在办公或办事中普遍使用的文书。

它又可分为三类，一是党政公文类，它指的是《党政机关公文处理工作条例》中规定的文种，包括命令（令）、决议、决定、公报、公告、通告、通知、通报、议案、报告、请示、批复、意见、信函和纪要等；二是通用事务类，包括调查报告、工作总结、述职报告、简报、计划、规章制度等；三是个人事务类，如信函、启事、祝词、悼词、楹联等。专用类文书指某种特定行业使用的专业性较强的文书。例如，科技类的含学术论文、实验报告；财经类的市场预测报告、经济合同、审计报告等；司法类的诉状、辩护词、公正书、判决书等；传播类的消息、通讯、广告等。本书以学生未来生活中可能面临的若干问题为线索，从方便学生实用、有利于学生发展的角度，将它分为事务类、规约类、求职类、调研类、财经类、公文类、会务类、礼仪类、传播类、科技类、法律类等类别，虽然这种分类不是严格意义上的学科分类，但是符合高职应用性人才培养的总目标。

二、应用文写作的程序

1. 立意定调

任何文章的写作，在写作前都必须先有一个明确的中心思想，即要立意。秘书写作，首先也需要立意定调。王夫之说："意犹帅也。无帅之兵，谓之乌合。"所谓立意定调就是确定文章主旨，主旨是文章的灵魂和统帅。

主旨即用意或目的，又叫旨、旨意，是对文章中心的一种称谓，是指通过整篇文章所表现出来的基本思想或观点。在议论文中，观点常称为论点或中心论题，在记叙文或文学作品中，观点常称为中心思想或主题思想。应用文写作的主旨一经确立，它将成为文章的中心，整篇文章会因它而有灵魂和生命。它一般采用对客观事物直接表明态度和提出意见的方法来直陈观点，行文主旨十分明确。这是由应用文写作是适应工作、社会生活的需要，带有十分具体的业务性质和事务性质决定的。在应用文写作前，往往要吃透领导的意图，明确是"谁要我写""写给谁看""为谁而写"，然后再下笔成文。

应用文写作的主旨要求单一、正确、新颖。

（1）单一。单一是指一篇文章的主旨只能有一个，不能有多个，一文一事。古人云："意多乱文。"

（2）正确。正确是说主旨必须符合党和国家的路线、方针、政策，符合客观实际情况。

（3）新颖。新颖是说在主旨的确立上要有独到的见解，敢于发现，敢于创新，不人云亦云。

应用文写作时在主旨的提炼上要做到吃透两头，一头是上级领导的指示精神，即要站在领导的角度和层面去思考问题，不教条式地照搬；一头是下面的工作实际，不削足适履地硬套，具体问题具体分析，才能提炼出正确的主旨。掌握了表现主旨的方法，就有助于文章的写作。

2. 选择材料

材料是文章的"血肉"，是应用文作者为了某一写作目的，从生活、工作中搜集、获取可写入文章的一系列的事实或论据。它包括时间、地点、人物、事件、背景、原因、结果、目的、根据、措施、办法、意见、规定、数据等。材料也是文章的基本要素之一，它不同于议论文中的论据，也不同于记叙文和文学作品中的题材，更不同于那些尚未提炼、加工的原始素材。

应用文写作的材料要求真实、典型。

（1）真实。真实是指文中涉及的人和事必须确有其人，真有其事，甚至连事情的始末细节也要真实可靠。

（2）典型。典型是指最有代表性、最具普遍性、最生动、最能反映事物本质规律、最能表达观点、突出鲜明主旨的材料。

应用文写作的材料搜集要有正确的态度和方法。主旨确立后，写一个详细提纲，看需要哪些材料，已积累了哪些材料，还差哪些材料。搜集材料要多多益善，写作时选材要精、要严。材料加工可以采用概括、决策、推论、统计、分析、预测、联想、转述等方法。

在应用文写作中，在主旨和材料把握上的匠心独运，往往会产生意想不到的效果。

3. 合理布局

合理布局指对材料的组织和安排，即文章结构。它指根据观点表达的需要，将精选出来的材料进行系统的、科学的组织安排时所采用的一定的形式与格式。文学作品的结构可以丰富多变，议论文的布局要求层层剥笋，而应用文书的结构，尤其是公文的结构，显得比较程式化，其各种文体大多具有特定的惯用格式。一篇好的应用文，不仅要主旨鲜明、突出，材料真实、典型，语言准确、生动，还应当有规范的、固定的格式。刘熙载在《艺概》中说："文无定法，因题为局势"，所谓"文无定法"并不是说写作没有规律可循，而是说没有固定的，一成不变的格式。一篇应用文采用什么样的结构，是由主旨和文种特点决定的，如果说主旨是应用文的灵魂、统帅，材料是应用文的血肉，那么结构便是应用文的骨骼，三者缺一不可。

（1）应用文写作段落常用结构形式。应用文文种特别多，它不像其他文体一样有统一的结构形式。它要根据客观实际，按所用文种的结构模式来写。目前，广泛使用的应用文格式已经定型，它们的基本结构形式不可随意变更。

① 常用开头方式有：目的式、引据式、概述式、提问式、结论式。

② 常用主体部分结构方式有：横向并列式、纵向递进式、纵横交错式。

③ 常用结尾方式有：定型式、总结式、号召式、请求式、说明式、强调式、照应式。

（2）应用文写作常用文种惯用格式。对一篇文章而言，也有惯用格式，如调查报告的基本型是：标题—开头—正文—结语。学术论文的基本型是：绪论—本论—结论。公文有国家质量技术监督局1999年批准2000年实施的规定格式。

（3）应用文写作结构安排应遵循的原则。一篇好文章，结构所起的作用功不可没。布局谋篇是每一位应用文撰写者下笔前面临的一个基本问题，它对全文的成败起着关键的作用，因此应用文的结构安排应遵循以下原则：

① 符合客观规律和人们的认识规律。客观事物自有其发展、变化的规律，人们对客观事物的认识也有一定的规律。所以，应用文的结构必须遵循这两条规律，反映客观事物的内在联系。

② 为主旨服务。应用文的结构必须为主旨服务，主旨是全文的"纲"，它统帅全篇，能突出表现主旨的结构才是好结构。

③ 不同的文种必须有其相应的结构。应用文因其使用的范围、条件、对象的不同，

结构形式也不相同，在写作时应该注意这些不同文种的结构特点。

（4）应用文写作结构安排的要求。应用文写作在结构安排上有三个方面的要求：

① 突出主旨。主旨是贯穿全文的红线，应用文的结构要有助于突出主旨，这主要表现在应用文的写作规范上。它一般在标题或开头点明主旨，再围绕主旨安排层次和段落，有的还在结尾加以总结，升华主旨，照应开头。

② 结构完整。应用文要求各组成部分必须完整，不能省略或缺漏。习惯用语要求齐全，开头结尾，过渡照应，不可或缺。

③ 符合文体特点。各种应用文都有符合其自身特点的格式及语体，不能随意混用。

4. 语言表达

写作是思想的过程，语言是思想表达的工具。应用文写作在语言上的要求，原则上与一般文章相同，但是由于其功能的特殊性，它在语言上有其特殊的规定与要求，即平实质朴、坦率明快、周密准确、凝练庄重。

（1）平实质朴。指语言平易、自然、朴素、实在，它不言过其实、不哗众取宠，切实、平稳、客观地表述文意，易于让人相信、接受和实行。

（2）坦率明快。指语言直截了当、明白通畅，不晦涩、不呆板，它简洁爽快、切实明透，使人一目了然，容易理解、使用或办理。

（3）周密准确。指语言周到严密、确切、无歧义，它严谨、周全、确当，可使界定明确、标准划一、制度严格、纪律严明、行为规范，有利于贯彻、执行和遵守。

（4）凝练庄重。指语言紧凑简练、不轻浮、不随便，它言简意赅、文约事丰、措辞有度、郑重得体，最能体现严肃认真的态度和极端负责的精神，有利于问题的解决和实施。

应用文在写作时不仅要做到上述四点，还要做到规范运用语言，在词语的运用上要选好、用好词语，要注意辨析词义，如职业资格、执业资格、定金与订金，不要用错了地方；要细心辨色彩、熟练掌握习惯用语。在社会的各行各业均有本行业的术语，如财经类，就有畅销、脱销、滞销、旺季、淡季、毛利、纯利等术语，并不断有新的术语出现，如克隆、知识经济、教育产业化等。应用文写作中还要学会使用下列惯用语：

开端用语：根据、查、兹、兹因、兹有、为了、关于、按照、前接、近查等。

称谓用语：第一人称用"本""我"，第二人称用"贵""你"，第三人称用"该"。

经办用语：兹经、业经、前经、即经等。

引叙用语：悉、近悉、惊悉、前接、近接等。

期请用语：即请查照、希即遵照、希、希予、请、拟请、恳请、务必、务求等。

表态用语：照办、同意、可行、不宜、不可、同意、不同意、遵照执行等。

征询用语：当否、可否、妥否、是否可行、是否妥当、是否同意等。

期复用语：请批示、请批复、请复、请告知、请批转等。

承启用语：鉴于、据此、综上所述、以资。

强调用语：必须、应该、要、应、务必、立即、从速等。

结尾用语：为要、为盼、为荷、特此函达、此复、特此报告、特此函告、此致、敬礼等。

表达是指应用文写作中采用的表述方法和形式。由于应用文写作文体性质和写作目

应用文写作

的不同，其表达方式也不尽相同。一般来说，应用文写作主要采用叙述、议论、说明三种表达方式。通常情况下，计划、总结、简报、通报等宜采用叙述的方式，科技论文、演讲稿等则侧重议论的方式；合同、规章、法规、通告则多侧重说明的方式。特别是说明，它是应用文最基本的表达方式，以说明情况、事理和措施，达到写作的基本目的，在一些特别的应用文种中，如广告、演讲、致辞中也会使用抒情或描写等方式。

5. 修改定稿

（1）应用文文稿修改的必要性。应用文文稿不同于一般文学作品，它注重对读者产生教育、认识、愉悦作用。有些文稿将以领导者的名义宣读发表，这些文稿将直接体现领导者的政见、素质和才能，领导十分看重，因此必须十分谨慎，必须反复论证、仔细斟酌、认真修改。中国历来有"珍惜字纸""为政谨言行"的古训。写文章、拟文稿，一定要高度负责、反复修改，力争无懈可击。

（2）文稿修改的方法。讲到文章的修改方法，有人将其概括为四个字，即增、删、改、调。

增：指增加材料。文字少并不代表简练，应用文写作中材料多了不行，但行文过于抽象也不行，修改这种文稿，就要补充增加材料，使文稿丰满起来。

删：指删去多余的话。在写作中要能够根据实际需要"忍痛割爱"，少说废话，尽力使文稿变得简洁精练。

改：指标点符号、文字的修改。文稿的标点符号对作者表达思想和语气具有十分重要的意义，在修改文稿时要仔细斟酌。首先，要对写作中用词不当的地方进行修改订正，以体现作者的文化水平和工作态度。其次，要对语言文字进行反复的加工润色，使语言更加精练、准确、生动，更好地表达文章内容。

调：指调整结构。主要考虑层次是否清楚，段落是否分明，过渡是否自然，照应是否周全，以及各部分是否匀称。

（3）要掌握的文章修改符号。

① 删除号。用来删除字、标点符号、词、短语及长句或段落。

② 恢复号。又称保留号，用于恢复被删除的文字或符号。如果要恢复多个文字，最好在每个要恢复的字下面标上恢复号。

③ 对调号。用于相临的字、词或短句调换位置。

④ 改正号。把错误的文字或符号更正为正确的。

⑤ 增添号。在文字或句、段间增添新的文字或符号。

⑥ 重点号。专用于赞美写得好的词、句。

⑦ 提示号。专用于有问题的字、词、句、段，提示作者自行分析错误并改正。

⑧ 调遣号。用于远距离调移字、标点符号、词、句、段。

⑨ 起段号。把一段文字分成两段，表示另起一段。

⑩ 并段号。把下段文字接在上文后，表示不应该分段。

⑪ 缩位号。把一行的顶格文字缩两格，表示另起段，文字顺延后移。

⑫ 前移号。文字前移或顶格。

正确使用修改符号，能够明白无误地标示修改的情况，避免造成文字混乱。在修改文稿时，能正确地运用这些符号，可以使修改的稿子保持整洁，理清头绪。

三、《应用文写作》的学习意义

在现代社会生活中，应用文作为信息载体和交际工具，不仅渗透到现代社会生活的各个层面，而且作为个人能力与素质的体现，逐渐被纳入人才评价标准的视野。《应用文写作》作为高职各专业的一门必修课，对学生的学习有着十分重要的意义。

1. 它是工作能力的要求

写作能力是人们从事各项工作必备的基本素养，随着社会经济生活的发展，写作能力成为人们衡量其工作能力的重要标准之一。

2. 它是工作成功的基石

应用文写作文种牵涉面广，涉及领域多，在各种成功与失败的案例分析中，可以学会发现、学会策划、学会预测、学会调研、学会科研、学会写作。这一切，都可能为今后的成才、成功奠定基础。

3. 它是工作素质的体现

信息时代社会将日益家庭化，而写作则是家庭工作任务之一。在写作中，既可以尽情领略文中要义，又可以怡情养性，更可以探索、发现和创造。这些是现代社会对现代人才的基本要求。

4. 它是社会、单位用人的标尺

无论是政府机关，还是企事业单位，都愈来愈重视招揽人才，而在人才的选择中，写作能力愈来愈被用人单位所重视，也愈来愈被当作衡量个人能力的重要标准。

四、《应用文写作》的学习技巧

俗话说："磨刀不误砍柴工。"写好应用文，是有一些规律可循的，找到了学习规律，可以事半功倍。

1. 要掌握科学方法

（1）熟悉方针政策，提高思想水平。应用文写作的文章既是贯彻、执行党和国家的方针、政策的工具，又是向有关单位和人民群众进行宣传、借以指导工作的工具，掌握并运用这种工具，是各专业学生的一项基本功，也是从事应用文写作的基本修养。

（2）深入调查研究，注意搜集资料。有价值的应用文总是调查研究的产物。注重深入社会实际，进行调查研究，是我党的优良作风，也是应用文写作应该坚持的好作风。因为只有从调查研究中，才能获得大量的第一手资料，才能写出解决实际问题的应用文。

（3）掌握文种格式，合乎规范要求。在学习的过程中，要以案例为借鉴，以教材上的理论为指导，通过技能训练，掌握各类文种的格式，达到写作上的规范和要求。

（4）精通业务知识，理论联系实际。应用文写作，必然要涉及某一方面或某些工作的业务，这就要求写作人员必须具备一定的业务知识，熟悉本行业和本部门的工作规律，能理论联系实际，否则，将写不出文章，或者会被炒鱿鱼，或者会造成一定的损失。

2. 要找到正确途径

（1）从案例分析中学。前人的成功案例，都是其冥思苦想、精心策划、反复磨砺的结果，我们要善于去欣赏、去借鉴、去比较、去发现。俗话说："熟读唐诗三百首，不会吟诗也会吟。"

应用文写作

我们了解的案例越多，视野就开阔，应用起来思路就越清晰，写作就越自如。

（2）从实际应用中学。熟能生巧，只有经常练笔，才可能提高实际写作能力。除了在课堂、在学校练笔学习外，还应走出校门多与相关专业的行家里手交往，拜他们为师，与他们一起参加相关的社会、经济、文化活动，借此提高自己的实际应用能力。

（3）在社会实践中学。写作不仅是一个人能力的体现，也是一个人观念、道德、情感、见解的综合体现，还是一个人政策水平和综合能力的体现。古人云："功夫在诗外。"就是说要学会写作，先要学会做人，学会谋事，学会学习，学会创造。只有这样，才可能达到一种"世事洞明皆学问，人情练达即文章"的境界。

3. 要采取有效措施

（1）广泛阅读，培养兴趣。清代万斯同有言："必尽读天下之文，尽通古今之事，然后可以放笔为文。"其道理同于"熟读唐诗三百首，不会做诗也会吟"。应用文写作也是这样，只有多读相关书籍，多研究分析例文之得失，并总结出经验和教训，方能少走弯路，下笔有神。

（2）多多练习，提高能力。清代唐彪在《文章惟多做始能精熟》中说："多读乃借人之功夫，多做乃切实求己功夫，其益相去远矣。"《荀子·儒效》中言："不闻不若闻之，闻之不若见之，见之不若知之，知之不若行之，学至于行之而止矣。"多读可以模仿借鉴，吸人之长；多写，循序渐进，才能练就过硬本领。

（3）反复修改，提高质量。修改文稿是写作的重要环节。写就的文稿需要修改是由写作规律所决定的。应用文写作是一种从感性认识到理性认识，又经过大脑的思维活动用文字表达出来，使别人既能理解又乐于信服的复杂劳动，很难一次完成、落笔便佳。所以，清代文论家唐彪在《读书作文谱》中说："文章全凭改窜。"现代很多有名的学者、专家的共识和通俗说法是："好文章都是改出来的！"从写作实践看，好文章也得力于修改。再说，注重文稿修改也是秘书责任心和高素养的体现，作为初学应用文写作的学生，更应该重视文稿修改这一环节，反复认真地订正修改，做到坚持不懈，就能不断提高写作水平。

例文点评

乐以此"官"伴终身
——在居民会上就任"楼长"时的讲话

江苏　刘其华

楼民们：

刚才居委会主任在开场白中已经宣布，今天为了我这楼长"就职"，特地召开这幢楼的全体楼民会议。会议主持人一定要我在会上"来几句"，我只好"恭敬不如从命"了。

当今时代，楼群崛起，一幢楼该不该设个楼长，没见过明文规定，可我确有幸"荣任"了。因而非常感谢诸位对我的厚爱，对我的信任！

我这个楼长是出任于刚刚退休之后，受命于诸位高邻之口，原来的官位（县下面的局长）才被"罢"去，新赐的"乌纱"又上头来。也许有人会说，这就叫"脱去'黄袍'换'紫袍'"，不，我说好歹也是"长"字号。（笑声）不过此"官"非彼官，既无红头文件的正式任命，又无何种级别的享受，是一标准的"口头官""露水官""义务官""麻烦官"。

项目一　　　　　　　　　　　　　　　　　　　　　　　　　　应用文概述

　　中国有句古话："是非皆因多开口，烦恼只为强出头。"我也深知，家长好做，楼长难当，包罗万象，管不胜管。鄙人由于秉性直言快语，生就爱管"闲事"，明知差使苦，愿把苦来尝。其实就我而言，苦中也有乐。这样，我可以潇洒地走门串户，广泛交谈，结友谊、解孤寂；我可以自在地充实生活、欢度晚年，发余热、立新功。看来我这个"官"是当定了，而且要不负众望，争取当好，做到"在其位，谋其政，尽其职，胜其任"。凡事不分巨细，工作不问难易，只要力所能及，都愿乐而为之。为官一任，也要"造福一楼"嘛！在今后的服务实践中，如有点滴"政绩"被大家认可，我"乐以此'官'伴终身"。

　　最后，衷心希望我的"楼民"们，邻里间要和睦相处，弘扬友爱精神，保持环境整洁，树立良好风气。愿大家携起手，心连心，一举一动，要具有一幢楼的整体意识；一言一行，要体现一幢楼的高尚境界，为共建我们的"精神文明楼"而努力。这既为你们自己的脸上添彩，也为我这个楼长身上增光。到那时，"军功章"啊，有我的一半，也有你们的一半！（鼓掌）

　　谢谢大家！

（摘自《演讲与口才》）

> **点评：** 这是一篇就职讲话稿，开头简短、新颖、精彩，抓住了听众，主体部分施政纲领明确，内容具体实在，结尾富于鼓动性、号召性，给人留下了深刻的印象。全文结构完整，主旨鲜明，语言表达幽默、风趣、活泼，倾注了作者的真情实感，不失为一篇短小精悍、妙语连珠的符合文体特点的精彩讲话稿。

××市财政局关于申请追加广播事业费预算指标的请示
×财字[2001]第12号

财政部：

　　为适应形势发展的需要，满足我市广大群众的要求，经市委领导同意，我局决定筹备成立××电视台。初期先举办电视教学讲座，计划今年国庆正式开播。目前开播讲座的准备工作正在进行。今年需要开办费90万元。主要包括购置六频道发射机一台38万元……××电视台初期举办的电视教学讲座计划开播英语讲座、电视大学自学考试辅导等。这些讲座都是我市急需开办的，市委领导指示，通过三五年的电视教育，将在我市初步形成一个电视教育网，这必将为我市的建设提供大量的人才，是件投资少、见效快、效益高的好事情。现初步估算，每年需人员经费及正常的技术措施经费80万元。以上两项经费共185万元，我市广播事业预算指标和机动财力难以解决。特此申请。

××市财政局

2013年4月10日

> **点评：** 这是一份写作欠规范的公文——请示，标题中"申请"二字与文种"请示"重复，语言不精练；主送机关错误，不是对应的上级机关，而是越级请示；正文部分观点不单一，不集中，写作材料上主次不分，请示的具体事项没有写明白；最后，尾语的表述也不符合惯用语要求，写作格式上还缺"附注"。综观全文，格式不规范，层次欠清晰，语言表达欠准确。

应用文写作

温馨提示

应用写作与文学写作的区别：

（1）**社会作用不同。**应用文的社会作用主要是治理国家、管理社会、规范行为。文学的社会作用主要是服务社会、教育人民、感化行为。

（2）**适用范围不同。**应用文的适用范围相当广泛，而且有很具体的对象。文学的适用范围显得宽泛，但是无确定的具体对象。

（3）**思维方法不同。**应用文写作的思维方法是逻辑思维。文学写作的思维方法是形象思维。

（4）**语体风格不同。**应用文的语体风格是准确、简明、平实、得体。文学写作的语体风格是鲜明、生动、精练、含蓄。

任务演练

1. 运用应用文专用词语填空。

（1）_____该厂此类错误做法，上级有关部门曾多次行文，_____其有关领导迅即查清问题，限期纠正错误。

（2）_____悉_____总公司成立，谨表_____。

（3）以上命令_____施行，不得_____。

（4）以上通令，应使全体公民_____，切实_____执行。

（5）随函附送《××××情况统计资料》一份，请_____。

（6）_____国务院领导同志的指示精神，我们_____有关部门，对农村电网改造工作进行了研究。

（7）_____进一步提高我省企业管理干部的管理素质，决定对在岗企业管理干部有计划地进行培训。_____征得四川省行政管理学院同意，_____委托_____院举办企业管理专业班……

（8）以上请示，望予_____，并列入一九九一年招生计划。

（9）_____防止计算机2000年问题，_____国务院批准，_____将有关问题通知如下。

（10）_____省人民政府领导同志的指示，_____将国务院办公厅《关于公文处理等几个具体问题的通知》_____给你们。

2. 下列材料供写作用，请分析材料的立意，并找出最准确地把握材料的中心的选项填在括号内。

① 一个骑兵和他的战马，在战场上百战百胜，战事持久的时候，他重视他的马，把它当作一切危难中的救星，用稻草和谷物小心饲养它。等到战事平静，他只准它吃糠，并要它载木头，还要做许多苦工，受尽虐待。然而战事又爆发了，军号把这骑兵召回军队，

他给马套上鞍辔，自己也穿起笨重的盔甲上了马。那马再也不堪重负，被压得跌倒在地上，它对主人说："如今你只好步行去打仗了，因为你已经使我从一匹马变成了一头驴了，现在，你怎样能在顷刻之间，让我再变成马呢？"（　　）

　　A．"人无远虑，必有近忧"，我们做事将眼光放远些，才能避免出现错误，今天的建设事业，尤需如此。

　　B．想做好一件事，临阵磨枪是不行的，应该从平时做起。

　　C．做事必须要依赖客观条件，只凭主观努力是不行的。

　　D．无论是对人还是做事，不同的态度、方法会得到不同的结果。

　　E．我们不能像骑兵那样对战马"忘恩负义"，过桥抽板。

②周彼得通告森林中的野兽，他将把一件奖品赠给大家评选出来的有最漂亮子孙的野兽。猴子也跟着其他野兽来了，她带着一只扁鼻无毛、相貌丑陋的小猴来参加评选。当她把自己的儿子呈献在大家面前时，野兽们发出一阵哄笑。她毅然说道："周彼得会不会将奖品给我的儿子，我不知道，但至少在我——他母亲的眼里，这小猴子是我最亲爱的，这一点我是明白的。"（　　）

　　A．母亲的爱是伟大的，祖国就像母亲。

　　B．不管别人怎么说，都执著地爱自己的子女，（哪怕他们是有缺陷的）是爱的体现。

　　C．对任何事物都应实事求是。

　　D．人应有自知之明。

③水的形态随温度的改变而改变，在摄氏零度以下，是固体，在摄氏一百度以上，是气态，在这两个温度之间，呈液态。虽然它的形态会改变，其化学性质却不会发生变化。（　　）

　　A．温度的不同是水的形态发生变改的关键，这好比不同环境下，人的思想也会受到影响，发生变化一样，因此，应该重视对"环境"的改造。

　　B．水的形态变了，但化学性质不变，好比某些思想意识（好的或坏的），在不同的环境下都会显示其本来面目，因此，应重视自身的思想修养。

　　C．水的形态与温度间的关系，好比某些意志薄弱的人，经不起严峻的考验。

④有人称赞牛顿是最伟大的科学家，牛顿却说："我只是站在巨人肩上。"牛顿是站在前人实践这个巨人的肩头上去摘取更高处的科学成果的。推而广之，人类的一切成就都是站在巨人的肩头上取得的。（　　）

　　A．虚心向前人学习，是取得成功的基本条件。

　　B．既要学习前人成功的经验，又要吸取他们失败的教训。

　　C．没有创新精神，就没有发明创造。

　　D．虚心向前人学习，又大胆创新，是取得成功的必由之路。

3．请结合自己学习或者生活的实际，谈谈你对应用文写作的认识。

应用文写作

拓展阅读

应用文的重要性

应用文广泛用于社会实践，在社会生活中起着不容忽视的重要作用。

1. 经国大业

应用文是治国兴邦，实现管理职能的重要工具。

我国是文章大国，自古注重文章，曹丕《典论·论文》称文章为"经国之大业，不朽之盛事。"这话未免包揽过宽，推崇过誉。真正能起到经国济世之用，能够解决现实社会重大问题的文章，乃是一些被有些人视为"雕虫小技""艺文之末"的优秀应用文。《文心雕龙·章表》亦认为："章表奏议，经国之枢机。"李斯的一篇《谏逐客书》，使九重之主秦始皇收回成命，改变用人制度，广揽贤才，为秦的统一起了很大作用；诸葛亮的《出师表》，规划了天下三分和发展蜀国的宏图大略；王安石的《上仁宗皇帝言事书》力陈政见，得到采纳，推行变法，为积贫积弱的宋朝积蓄了国力；毛泽东的《论持久战》和《新民主主义论》两篇论著，统一了全国军民的思想，使人们看清了抗日战争的前途和新民主主义革命的发展方向，从而坚定了抗日的决心和争取民主革命胜利的信念。今天，应用文又是宣传和贯彻党和国家的方针、政策，促进现代化建设和经济发展的工具，在治国兴邦、经国济世中起着部署、指挥、组织、管理等重大作用。党和国家管理机构主要通过文件、法规等形式向下级传达方针、政策，阐明指导思想，部署各项工作，提出规范要求。下级通过不同的应用文向上级汇报工作、反映情况、请示问题，这些又成为国家、上级制定、调整政策和进行再决策的依据。无疑，应用文与国家的政治、经济大局紧密相关。

2. 立言之具

应用文是研究规律、探索问题，进行科学研究的手段和表达其成果的载体。

人类社会是不断进步的，科学是不断发展的，人们对任何事物的认识，总有一个从实践到认识，从经验到科学的提高和深化过程。在这一过程中的每一步进展，都离不开应用文写作活动。否则，就不能记载人们的实践经验，也无法揭示事物的发展规律，更无法使经验上升为理论，建立起科学的系统。尤其是蓬勃发展的各项管理科学、自然科学，离开应用文更是无法记载，无法传播，无法发展。所以说应用文是进行科学研究的有效手段。

应用文还是科研成果的载体。所谓"立言"就是把人们进行科学研究、探索规律的成果和经验教训总结成文章，变成社会的精神产品，由于文字记载可以打破时空限制，应用文可以使人们的研究成果"行远传后"，汇成文化的历史长河，造就科学的大厦。从现实角度看，人们又可以通过应用文获得科研信息，利于及时把科研成果转化为生产力，推动经济、科学、技术的发展，所以说，没有数以万计的"立言"应用文问世，科学的繁荣和经济的发展就是一句空话。

而且，科学的形成和发展往往是若干代人努力奋斗的结果，没有应用文作为载体，其传递、继承和发展都成为实际问题。反过来，正是有了应用文，我们今天就可以从《孙子兵法》中摄取科学的经营策略，可以从春秋时期范蠡"旱则资舟，水则资车"的经验中吸收预测经验。正是有了应用文的桥梁和沟通作用，我国的航天、铁路、电力、石油、机械、电子等工业经过几代人的相继努力，才得以形成今天的规模和水平。由此可见，撰写高质量的应用文，不仅是应用文自身发展规律的需求，也是科学、经济发展的需要。

3. 交际之需

应用文是交流思想、信息，协调关系，联系业务的手段。

社会是一个充满活力的有机整体，没有人际的交流，社会就难以维持。人们在社会中，既需要表现自我或群体的意向，也需要接受、吸取他人的影响；既需要让他人了解自己，也需要自己了解他人。这种人际交流是客观需要，也是社会文明进步的表现。而人际间的交流是离不开应用文写作的。人们表达意愿、申述理由、反映情况、交流信息、上传下达、左右联系，时时处处都在使用应用文。新闻写作、科技写作、公文写作，以及司法文书、管理文书、事务文书的写作等，都从不同角度满足人们的交际之需，无数的应用文像四通八达的网络，把国家、集体、个人诸方面联系起来，使之互相配合，加强协作，共同实现预期目标。没有应用文这一重要交际工具，人际交往则难以设想。

随着改革开放的深入，不仅国内跨行业、跨地区、跨单位的横向联系越来越多，而且国际交往与日俱增，因此我们不但要学习、了解国内常用的应用文，还要学习了解各国、各地区的常用应用文及国际通用的应用文，以便适应跨世纪的、国际化的交际交流需要。

4. 教育之用

应用文还具有宣传、教育群众，推动精神文明建设的作用。

我们的现代化建设事业是群众性事业，需要全国人民同心同德、共同努力才能完成。文当理切的应用文，在指导工作的同时，起着统一思想，宣传、教育和动员群众的作用，使领导者的意志转化为普遍的群众行动。一些应用文，如承载各项方针政策的应用文，各种法律、法规，各种管理知识等，在规范人们行为的同时，又担负着教育、宣传群众的作用。还有一些应用文，驳斥谬论、批评错误，褒扬先进，本身就具有宣传真理和精神文明的作用，所以我们说，应用文在物质文明与精神文明建设中有不容忽视的积极作用。

项目二　事务文书写作

项目情境

苏明作为一名所长，要保证事务所每项工作正常运转，离不开事先的计划安排和事后的总结回顾，如在招聘时还要发启事、接受年终考评等。因此，他有必要掌握事务文书的写作方法与技巧。那么苏明在工作期间，需要用到哪些事务文书呢？

任务描述

苏明在工作期间，要保证事务所每项工作的正常运转，需要用到计划、总结、述职报告、启事等事务文书。凡事有计划有总结，做到运筹帷幄，才能决胜千里。

任务1　计划

知识橱窗

无论是单位还是个人，无论办什么事情，事先都应有个打算和安排。计划就是对即将开展的工作的设想和安排，如提出任务、指标、完成时间和步骤方法等。有了计划，工作就有了明确的目标和具体的步骤，有利于协调大家的行动，增强主动性，减少盲目性。所以，制订科学合理的工作计划，是建立正常工作秩序，提高工作效率的重要手段。

一、计划的概念和作用

1. 计划的概念

计划是党政机关、企事业单位、社会团体及个人对未来一定时期工作预先做出设计安排的一种事务性文书。有了计划，就能懂得"做什么""为什么做""怎样做""什么时候完成"。

计划是个统称，规划、纲要、方案、要点、意见、设想、打算、安排等都是根据目标远近、时间长短、内容详略等差异而定义的计划别称。

目标、措施、步骤是计划的三要素。

2. 计划的作用

（1）指导、推动和保证作用。各条战线、各行各业、各个部门、各个单位乃至个人，根据国家的总目标和上级主管部门的要求，结合自身实际情况，制订科学合理的计划，并以此为指导，认真去实践，就可以增强自觉性，避免盲目性，有利于合理地安排和使用人力、物力、财力，配置各种资源，从而推动和保证生产、工作、学习任务的完成。

（2）检查督促作用。各部门、各单位乃至个人根据国家或上级主管部门的宏观计划，制订出相应的微观计划，可以使领导根据呈交的计划，随时检查、掌握其工作和学习的进展情况，督促计划的执行，及时肯定成绩，总结和推广经验，发现问题，纠正偏差。

（3）资料依据作用。计划是预先制订的在一定时期内有关生产、工作、学习等方面的打算和安排的书面材料。从现实的角度看，它无疑是指导、检查、督促完成各项任务的指南；从历史的角度看，它又是查考一个部门、单位乃至个人在某一时期的生产、工作、学习等各方面情况的凭据资料。

二、计划的特点和种类

1. 计划的特点

（1）目的性。任何一份计划，必须要有明确的目的，即在一定时间内需要完成的任务是什么，将获得什么样的收益。能够量化的必须量化，不能量化的也应有质的要求。

（2）预见性。计划不是对已经形成的事实和状况的描述，而是在行动之前对行动的任务、目标、方法、措施所做出的预见性确认。这种预想不是盲目的、空想的，而是以上级部门的规定和要求为指导，以本单位的实际条件为基础，以过去的成绩和问题为依据，对今后的发展趋势做出科学预测。

（3）针对性。计划的内容一是要根据党和国家的方针政策、上级部门的工作安排和指示精神而定；二是要针对本单位的工作任务和主客观条件而定。总之，从实际出发，有针对性地制订出来的计划，才是有意义、有价值的计划。

（4）可行性。可行性是和预见性、针对性紧密联系在一起的，预见准确、针对性强的计划，在现实中真正可行。如果目标定得过高、措施不当，这个计划就是空中楼阁；如果目标定得过低，措施没有创见性，虽然很容易实现，因不能取得有价值的成绩，也算不上有可行性。

（5）约束性。计划一经通过、批准或认定，在其所指向的范围内就具有了约束作用，在这一范围内无论是集体还是个人都必须按计划的内容开展工作和活动，不得违背和拖延。

2. 计划的种类

根据不同的标准，计划可分为不同的类别：

（1）按照性质分，有综合性计划、专题性计划等，综合性计划是指全面的或全局性的计划，专题性计划是指某个方面的计划。

（2）按照内容分，有工作计划、生产计划、学习计划、教学计划、科研计划、军事计划等。

（3）按照范围分，有国家计划、地区计划、系统计划、部门计划、单位计划、班组计划等。

（4）按照时间分，有长远计划、中期计划、短期计划三类，具体还可以称为跨年度计划、年度计划、季度计划、月计划、旬计划、周计划、每日安排等。

（5）按照形式分，有条文式计划、表格式计划和文表结合式计划，条文式计划指的是计划以分条列项的形式写的，表格式计划的内容主要以各种图表形式体现的。

（6）按效力分有指令性计划、指导性计划等。

三、计划的基本格式

计划没有固定的格式，可以采用条文式，也可以采用表格式，还可以采用条文与表格结合式，即文表结合式。但是，一份完整的计划，一般应包括以下几个部分内容：

计划的结构通常是由标题、正文和落款三部分组成的。

1. 标题

标题即计划的名称。由于计划是个统称，还有其他一些别称，加上结构形式多样，所以计划的标题也不拘一格，常见的标题包括四种形式：

（1）计划标题一般由单位、时限、内容、文种四个要素组成，如《××建筑工程安装公司 2009 年工作计划》《××学院 2009－2010 学年第二学期教学工作计划》。

（2）有的计划可省略单位名称，如《2005 年度全民义务植树造林工作计划》。

（3）有的计划可省略适用时间，如《××大学教师安居工程工作计划》。

（4）有的计划可同时省略单位名称和适用时间，如《科研工作计划》。越是基层单位的计划，因为涉及范围小，有些要素不说也明白，省略要素的情况越普遍。越是大单位的正规计划，要素越不可省略。

由于每一份计划所强调的重心各有侧重，其指挥性、约束性的强弱程度也有较大不同，计划不一定都用本名做标题，可以根据自身的特点和需要变换名称，如《××大学党委宣传部××年度工作要点》《党委中心学习组 2009 年理论学习安排》。

如果计划尚未正式确定，或是征求意见稿、讨论稿，须在标题后或正下方用括号注明"草案""初稿""讨论稿"等字样。

2. 正文

正文是计划的核心内容，阐述目标（做什么）、任务（做到什么程度）、措施办法（怎样做）等内容，一般由前言、主体和结语三部分构成。

（1）前言。前言是计划的开头部分，一般会简明扼要地交代制订计划的目的或依据，提出工作的总任务或总目标，一般一两个自然段即可，常用"为此，今年（或某一时期）要抓好以下几项工作"之类的语句引领下文。前言的详略长短，要根据工作的重要程度、内容的多少来确定，总体上以精练简洁为原则。

（2）主体。主体部分是全文的主要内容。

首先，是工作目标和任务，要具体、明确地写明"做什么"，有具体的指标，要有主有次地写清楚完成什么任务，达到什么目的。

其次，是措施和步骤，由于内容繁多，通常需要分层、分条撰写。常见的结构形式为：用"一、二、三……"的序码分层次，用"（一）、（二）、（三）……"加"1. 2. 3. ……"的序码分条款。具体如何分层递进，依内容的多少及其内在的逻辑性而定。措施一般包括人力、物力、办法、手段、组织分工等内容。

（3）结语。结语可以提出希望、发出号召、展望前景、明确执行要求等，也可以在条款之后就结束全文，不写专门的结尾部分。

3. 落款

落款包括署名和成文日期，在计划正文的右下方，包括署名和成文日期。

四、计划的写作注意事项

1. 态度要认真负责

要坚决贯彻执行党和国家的有关方针、路线、政策和上级的指示精神，要树立全局意识，从全局出发，科学合理地制定目标和措施，反对本位主义。

2. 目标要切实可行

要根据实际情况定目标、定任务、定标准、定措施，要有科学的态度，既要量力而行，又要留有余地，既不要因循守旧，也不要盲目冒进。要符合事物发展的规律，符合党和国家的路线、方针和政策，符合本地区、本单位和本部门的客观实际情况。

3. 措施要集思广益

在拟定措施时，要深入实际进行调查研究，采取各种方式广泛地听取群众意见，博采众长，反对主观主义。

4. 内容要突出重点

在计划的内容方面，要分清轻重缓急，要抓住关键，突出重点，以点带面，不能胡子眉毛一把抓，面面俱到。

5. 要防患于未然

要充分地估计困难和不足，针对计划执行中可能发生的偏差，可能出现的问题，制订必要的防范措施或补救办法。

例文点评

××××中学××年度工作计划

一、指导思想

以邓小平理论和"三个代表"重要思想为指导，全面贯彻执行党和国家的教育方针政策；以提高学生整体素质为目的，落实学校常规管理规定，继续深化教育改革，全面推进素质教育，努力改善办学条件，优化育人环境，全面提高教育教学质量；以"塑造名师，打造名校，锻造名生"为目标，努力创建一流的学校。

二、目标任务

加强政治学习思想教育，使教师的职业道德和学生的思想品德有质的提高，形成良好的教风和学风；加强教研、教改和教学管理，促进教学质量的提高，力争进入全区上游水平；加大校园建设资金投入，全面优化育人环境；积极开展丰富多彩的文体活动和心理教育活动，促进学生的全面发展；加强治安管理和安全教育，确保学校和师生的安全。

（一）师德建设方面

通过加强教职工政治学习，倡导爱岗敬业，促进教师的职业道德有质的提高，主要工作有：

1. 定期组织教职工参加政治学习，以中小学教师职业道德规范为核心，提高教师思想素质。

2. 学校党支部定期组织进行学习和开展思想教育，发挥党员职工的模范带头作用。

3. 学校班子成员与教师结对子，互相学习，共同进步。

（二）德育工作方面

进一步加强和改进学生德育工作，主要工作有：

1. 健全学生组织机构，发挥学生会、团委会、班委会、广播室的作用。

2. 继续实行班级量化管理，通过评选先进班级，推动学生的自律。

3. 在政教处的领导下，以班主任为主力队伍，强化班级管理，充分利用集会、晨会、班会对学生进行卓有成效的主题教育。

4. 完善学生管理条例，认真组织学习和实施。

5. 加强家、校教育联系，定期召开学生家长会；进行家访，帮助每一个学生成人成才。

6. 组织新生进行军训，磨炼坚强意志，促进思想作风转变。

（三）学校管理工作

补充和完善学校各项管理规章制度化、科学化，减少个人主观意志；引进激励机制和竞争机制，积极推进人事制度改革。主要工作是：

1. 根据上级工作部署，推进人事制度改革，实行竞聘上岗。

2. 制订、修改完善学校各项管理规章制度，计划出台《教职工日常规范管理规定》。

3. 修改《教学目标管理方案》和《××年高考目标管理方案》。

（四）教学工作方面。

加强教研、教改和教学管理，促使教学质量有较大提高，力争进入全区上游水平。主要工作是：

1. 落实教学常规管理规定，不定期检查教师的教学进度，定期检查教师的备课、听课、批改作业情况。

2. 组织教师参加新教材课改培训，加快教师适应新教材要求的进程，培养高素质的教师队伍。

3. 加强组织教研活动，完善科组教研活动制度，认真组织上好学科研究课、公开课，促进教师成长和能力提高。

4. 制订毕业班工作方案，明确高考目标，落实指标任务，制订激励方案。

5. 组织学生参加期中、期末和常规的检测。

6. 完善和启用理化生仪器室和实验室。

7. 筹建多媒体教室，建设校园网。

8. 装备学校图书室，配备学科教学办公室。

（五）校园建设方面

加大校园建设投入，努力改善办学条件，优化育人环境，为师生学习和生活提供最好的环境。主要工作是：

1. 继续筹建教学楼，解决学生住宿困难。

2. 硬化校园主要道路，重点是环湖的硬化和完善环湖堤，净化石林塘水，建成景点。

3. 平整南北教学楼之间的空地，建成一个大型的花园，为师生学习和生活提供良好的环境。

4. 规划建设新篮球场，完善有关体育设施。

（六）文体活动方面

积极开展丰富多彩的文体活动和心理教育活动，促进学生的全面发展。主要工作有：

1. 组织召开一年一度的学校田径运动会和文艺会演。
2. 开展心理健康教育，促进学生身心健康发展。
3. 组织师生外出参加社会体育活动和文艺表演活动，提高学校知名度。
4. 组织开展课外活动。

（七）卫生安全工作

加强学校卫生安全工作，明确目标，落实责任，确保学校安全，为提高教学质量提供有力的保障。主要工作有：

1. 定期对学校的设施安全和食堂进行检查，并形成检查制度化。
2. 完善学生食堂设施，加强食堂卫生管理，严格把关，确保学校安全。
3. 搞好清洁卫生，班级清洁责任区实行每天一小扫；学生内务实行量化管理，评选学生文明宿舍。
4. 修改完善学校安全管理制度，并组织学生认真学习，提高学生安全意识。
5. 学校和班主任充分利用集会、班会对学生进行安全主题教育。

（八）社会活动

组织师生参加社会实践活动，促进学生全面发展，展示师生的精神好风貌；协调学校与社会的各种关系，积极完成上级和当地政府布置的工作任务。

×××中学

××年×月×日

点评： 这是一份简短的条文式工作计划，先简要地交代指导思想和总的目标，再分条列项地交代具体工作任务和措施。全文要素齐全，条理清晰、语言简洁。

期中考试后的学习计划

在期中考试中，我成绩不理想，心情沉重，为了避免这种情况的再度发生，特制订今后的学习计划：

（一）学习是学生的天职。因此，我决定以后课上好好听课，不做与学习无关的事，不听MP3，不玩手机。不懂就问，争取当堂课的问题，当堂课解决，不拖拉。

（二）课下要准时并且独立完成老师布置的作业，并且还要购买一套学习参考书，争取多做练习，强化所学的知识。

（三）身体是革命的本钱。因此，在学习之余，要加强体育锻炼，或者打球，或者跑步，或者爬山，总之，要坚持每天一小时的活动量。

（四）思想方面也要重视起来，要理解老师和家长的苦恼苦心，为自己有一个美好的前途而努力。

（五）生活方面，和老师、同学处好关系，不制造矛盾，营造一个和谐、愉悦的学习氛围。

以上是我期中考试后的学习计划，我一定严格执行，争取期末考试取得理想成绩。

点评： 作为一篇学习计划，应该有明确的学习目标，并且应紧紧围绕学习目标来展开应该采取的措施，本文学习目标不明确，措施不具体，后三点没能紧扣学习这个主题

应用文写作

来谈，使得这篇计划执行措施不够具体，目的也不够明确，同时还没有落款，不知道是谁制计的，离写作要求差得比较远。

温馨提示

计划、规划、方案、安排、要点、设想的区别

计划是计划类文书的统称，因为涉及内容和期限等方面的不同要求，计划还有许多别称，如时间比较长远，涉及范围广泛，内容较为概括的称为"规划"；对专项工作进行全面部署的称为"方案"；对短期内工作进行具体部署的称为"安排"；内容比较简明、概括的称为"要点"；内容比较具体、深入、细致的称为"计划"；内容比较粗略、雏形的称为"设想"。

任务演练

1．在生活中，我们大家除了正常的学习、工作，也还有点其他的小爱好。如果只是随性玩一下，那倒是无妨，但要想达到一定的水准，那就要下一番功夫了。如何在一个时期里把这个爱好再提升一个高度，请各位同学好好规划一下，针对自己的业余爱好拟写一份学习计划。

2．假设你是大学一年级的新生，请你根据计划的写作格式和要求，制订一份本学期学习计划。

任务 2 总结

知识橱窗

人类社会的历史就是一部不断总结的历史，总结是社会进步和人类发展的重要环节。而总结的写作过程，既是人们对自身社会实践活动的回顾过程，又是思想认识提高的过程。通过总结，人们可以把零散的、肤浅的感性认识上升为系统、深刻的理性认识，从而得出科学的结论，以便发扬成绩，克服缺点，吸取经验教训，在今后的工作中少走弯路，多出成绩。总结出来的先进经验还可被上级推广开来应用，为其他单位所汲取、借鉴，推动全面工作的发展。

一、总结的概念和作用

1. 总结的概念

总结是对前一阶段的实践活动进行全面系统的回顾检查、分析研究，从理论的高度概括经验教训，引出规律性的认识，以指导今后实践而写成的一种事务性文书。

2. 总结的作用

（1）寻找工作规律的重要途径。任何一种事物、一项工作，都存在内在联系、外部制约，都有它自身的发展、运动规律。遵循这些客观规律办事才能顺利达到预期的目的，否则就会因违背规律而招致失败。因而，在寻找、发现客观规律的过程中就需要总结。

（2）推动工作前进的重要方法。每一次实践，都有成绩与失误、经验与教训，及时总结才能及时取得经验教训，提高认识和工作技能。通过不断地实践、不断地总结，人们对客观事物的认识越来越深刻，所进行的事业也就会不断得到发展。

（3）提高工作能力的重要手段。一个人的工作能力具体表现在两方面，一是他的专业知识水平；二是他解决、处理实际工作的能力。在实践中，二者常常糅合在一起，相得益彰。运用所学知识处理实际工作的能力主要是通过实践培养起来的，绝不是天生。因此，总结是提高工作能力的重要手段。

（4）团结群众、争取领导支持的重要渠道。一项工作任务完成之后必须进行总结，在总结中全面、深入地回顾、检查，找出成绩与缺点、经验与教训，实事求是地做出正确评价，使大家统一认识。这样的总结能够令群众心服口服，最大限度地团结群众。同时，也可通过总结把成绩、经验、问题和今后的努力方向等向领导部门汇报，引起领导的重视，争取得到领导的支持和指导。

二、总结的特点和种类

1. 总结的特点

（1）自我性。总结是单位或个人对自身工作和活动进行回顾的产物，它以自身工作实践为材料，通常采用第一人称写法进行写作，其中的成绩、做法、经验和教训等，都有自我性的特征。

（2）回顾性。从这一点来说，总结与计划正好相反。计划是预想未来，对将要开展的工作进行安排，总结是回顾过去，对前一段的工作进行检查，但目的还是为了做好下一段的工作。

（3）客观性。总结是对做过的工作和活动进行全面回顾、检查的文书，它是以实践活动为依据的，所列举的事例和数据都必须完全可靠，确凿无误，任何夸大、缩小、随意杜撰、歪曲事实的做法都会使总结失去应有的价值。

（4）经验性。总结还必须从理论的高度概括经验教训，必须按照实践是检验真理的唯一标准的原则，去正确地反映客观事物的本来面目，找出正反两方面的经验，得出规律性认识，这样才能达到总结的目的。

2. 总结的种类

总结的种类与计划的种类是相应的，按照不同的标准，可以分为多种类型：

（1）按性质分，有综合性总结、专题性总结。

（2）按范围分，有个人总结、单位总结、部门总结。

（3）按内容分，有工作总结、生产总结、学习总结、思想总结、科研总结、项目总结等。

（4）按时间分，有年度总结、季度总结、月份总结、阶段总结等。

上述分类不是绝对的，相互之间可以相容、交叉。例如，《××大学××年度工作总结》，按内容讲是工作总结，按范围讲是单位总结，按时间讲是年度总结，按性质讲是综合性总结。同时，大学的工作总结不可能不涉及教学和科研，那么它也包容了教学总结和科研总结的成分。

三、总结的基本格式

总结的格式和计划一样，通常是由标题、正文和落款三部分组成的。

1. 标题

标题通常有两种写法。

（1）公文式标题。即由单位、时限、内容、文种四项要素组成，如《××市财政局2009年工作总结》《××厂2008年上半年工作总结》；有的可省略单位名称或时限，如《创先争优活动总结》《2004年教学工作总结》。

（2）文章式标题。文章式标题包括主旨式标题和双标题。

① 主旨式标题。即不写"总结"二字，以总结的主要内容或全文主旨作为标题，如《坚持以评促建的几点做法》《一年来的谈判及前途》。

② 双标题。即由正副标题构成，正标题用主旨式标题，揭示主要内容；副标题为公文式标题，标明总结单位、涵盖时间、文种名称等，如《优生优育、利国利民——××市2014年计划生育工作回顾》。

2. 正文

总结的正文分为前言、主体、结语三部分，各部分均有其特定的内容。

（1）前言。前言部分为基本情况概述，要简要交代一下工作时间、背景、指导思想、取得的主要成绩和效果等，先让读者了解全貌。前言部分应写得简明扼要，言简意赅。

（2）主体。主体是全文的核心，其内容包括主要做法、经验和体会。这部分篇幅大、内容多，要特别注意层次分明、条理清楚。

主体部分常见的结构形态有三种：

第一，纵式结构。就是按照事物或实践活动的发展过程安排内容。写作时，把总结所包括的时间划分为几个阶段，按照时间顺序分别阐述每个阶段的成绩、做法、经验、体会等。这种写法的好处是能够清楚明白地交代工作或活动的全过程。

第二，横式结构。就是按事物性质和规律的不同分门别类地依次展开内容，使各层之间呈现相互并列的态势。这种写法的好处是能够使各层次的内容鲜明集中。

第三，纵横式结构。就是安排内容时，既考虑到时间的先后顺序，体现事物的发展过程，又要注意内容的逻辑联系，从几个方面总结出经验教训。这种写法，多数是先采用纵式结构，写事物发展的各个阶段的情况或问题，然后用横式结构总结经验或教训。

（3）结语。这部分应针对前面所指出的存在问题和教训，提出切实可行的改进措施和今后努力的方向，表明决心、展望前景。这段内容要与开头相照应，要写得简单明了。

有些总结在主体部分已将这些内容表达过了，就不必再写结尾。

3. 落款

落款通常包括署名和成文日期，位于正文的右下方。

四、总结的写作注意事项

1. 坚持实事求是

一切从实际出发，是总结写作的基本原则。写总结前要充分占有材料，最好通过不同的形式，听取各方面的意见，了解有关情况，或者把总结的想法、意图提出来，同各方面的干部、群众商量。一定要避免领导出观点，到群众中找事实的写法。

2. 注意共性、把握个性

总结很容易写得千篇一律、缺乏个性，千篇一腔的文章是不会有独到价值的，也是不受人欢迎的。要写出个性，总结就要有独到的发现、独到的体会、新鲜的角度、新颖的材料。

3. 详略得当，突出重点

材料有本质的、有现象的、有重要的、有次要的，写作时要去粗取精。如果总想把一切成绩都写进去，不肯舍弃所有的正面材料，文章就会写得臃肿拖沓，没有重点，不能给人留下深刻印象。要根据实际情况和总结的目的，重点选用那些既能显示特点，又有一定普遍性的材料，略写或舍弃一般性的材料。

例文点评

拓展与融合的道路
——留学生教学实践活动总结

随着国际交流合作趋势的逐渐加强，越来越多的留学生汇集到当今世界经济最为活跃的中国学习和发展。如何通过行之有效的方法，将书本知识与社会实际应用相结合，这是留学生教育工作者一直积极探索的问题。

4月24日，我院200余名学士、硕士和博士留学生，在指导教师×××、×××的带领下，来到位于北京顺义的林河经济开发区，进行了一次别开生面的教学实践活动。

活动的第一站，是中韩合资的北京现代汽车集团。留学生们由厂方技术人员带领，在汽车生产流水线上细致观察了汽车组装的全过程，一一了解汽车零件的产地，并结合成本考察，与厂方人员探讨了国际化分工给制造工业带来的影响。当得知由于采取科学有效的流水线管理，北京现代两个品牌的汽车每小时能有34辆新车下线时，留学生们对现代化企业的流程再造有了更为深刻的理解。

实践是发现问题的最佳手段，在实践中发现的问题也是最有价值的。通过对北京现代汽车的考察，留学生们提出了中国企业的劳动力优势、中国汽车产业的税负等问题，并联系自己本国的一些做法，与随队指导教师进行了讨论与沟通。

教学实践活动的第二站来到了北京燕京啤酒集团。如果说北京现代汽车是国际化与本土化的成功结合的话，那么燕京啤酒则是成功的民族企业的典范。在考察中，留学生们首先了解到，燕京啤酒经过20年的努力，从年增产1万吨的小型啤酒厂发展成为年增产30万吨以上的全国跨地区大集团，下一步的目标是在2005年产销量达到300万吨，进入国际啤酒行业前十强。这一组数字引起了大家的极大兴趣。在指导教师和厂方人员的引导下，留学生们先后从企业文化、技术革新、市场定位、管理手段等方面，对燕京集团进行了初步的调查与分析，了解到一个民族企业在打开国门后，勇于面对挑战继续做大做强的艰辛历程，也对中国企业如何走出困境，在市场竞争中发挥自己的优势有了较为深刻的认识。

在考察燕京集团时，我们运用了先果后因的方式，先将一个企业飞速成长的成果活生生地展现在留学生的面前，然后引导他们实地寻找带来这些结果的原因，分析这些做法的实际效果与作用，并鼓励学生从细微处入手，去发现每个企业的不同之处，这一点在体会企业文化时显得尤为重要。

中国是农业大国，农业在保持国家稳定与发展中起着十分重要的作用。在此次教学考察中，我们不仅要向留学生展示中国企业的发展，引导他们发现和思考企业经济运行过程中的问题，同时也要向他们展现中国在农业领域取得的成就，引领他们去思考中国农业在世界经济发展过程中的地位与前景。因此，我们将此次考察活动的最后一站设在了北京三高农业生态园区。

"三高"指的是现代农业的高起点、高科技与高效益，这一名称体现了中国现代农业发展的基本思路。古老的农业大国在农产品业上正经历着跨越式的发展。在生态园区内，留学生们参观了高科技的蔬菜种植大棚。大棚里的果蔬生长在盛满营养液的容器中，由于没有泥土，果蔬基本远离了虫害，真正做到了无公害化。大棚内温度光照都由电脑控制，可随时调整，以利于农作物的最优生长。农民已成长为企业的技术工人，不再是脸朝黄土背朝天的传统农民。在农产品花卉部，留学生们参观了优质兰花的实验室栽培过程，从种苗培育到人工选种，再到集中培养，整个过程俨然流水线般整齐划一。留学生们在与生态园区的农民进行交流的过程中，详细了解了农业园区的建设情况，以及产品的成本、售价、开发情况，还就中国农民增收的问题与指导教师进行了探讨。留学生们表示，这次考察让他们对中国农业的现状与发展方向有了更为切身的体会。

结束了一天的考察活动，大家纷纷表示，这种考察目标多元化的教学实践活动，是课堂学习的有机组成部分，有助于加深对书本知识的思考与理解。

这次留学生教学实践活动是一个有益的尝试，总的来说，有以下两点经验值得长期坚持：

首先，建立长效的学术指导机制。我院为学士、硕士、博士层次的留学生分别配备了学术指导教师，负责提供学术咨询、指导和答疑服务，并定期组织学生参加与专业学习有关的参观活动，做学术讲座，建立与留学生联系的渠道。这样的措施在教学考察过程中，就能做到发现问题及时解答，提高考察的实际效果。此次随队进行考察的留学生学术指导教师就起到了十分重要的引导作用。

其次，注重选题的国际化与本土化的结合，既考虑到留学生的国际文化背景，又能兼顾中国的实际情况。此次考察中，我们就分别选择了中国民族企业的代表——燕京啤酒集团、中外合资企业的代表——北京现代汽车集团和现代生态农业的代表——北京三高农业生态园区，进一步培养了留学生的国际化意识与本土化思考能力。

总之，这次实地调研考察活动无论对我院留学生还是教师都是一次十分难得的经历。

今后我院将在总结经验的基础上力争进一步拓宽渠道,遵循实践学习的规律,发扬理论联系实际的作风,为学生提供更多的实践机会,为深入开展留学生教学改革积累更多有益的经验。

××学院
××××年×月×日

点评: 这份经验总结详细记述了一次成功的留学生教学活动,既有客观回顾,又概括提炼出值得长期坚持的经验,内容充实,层次清晰,首尾呼应。

××公司上半年工作总结

半年来本公司在精神文明和物质文明方面做了许多工作,取得了很大成绩。半年来,主要做了以下工作:动员组织公司干部和广大群众学习中央文件;安排落实全年生产计划;推行落实工作责任制;修建子弟小学校舍;建方便面生产车间厂房;推销果脯、食品、编织产品;解决原材料不足问题;美化环境,栽花种草;办了一期计算机技术培训班;调整了工作人员,开始试行干部招聘制。

半年来,在工作繁杂,头绪多而干部少的情况下,能做这么多工作,主要是:

一、公司领导和一般干部都能同甘共苦,劲往一处使。工作中有不同看法,当面讲,共同协商。互相之间有意见能开展批评与自我批评,不犯自由主义的错误。

二、本企业刚刚起步,困难很多,技术力量薄弱,原材料不足;产品销路没有打开等,为此,领导干部共同想办法,他们不怕跑路,放弃自己的休息时间,忍饥挨饿受冻,四处联系,终于解决了今年所需要的原料,推销了一些产品。

三、公司的几位主要领导带头苦干、实干。他们白天到下边去调查了解情况、解决问题,晚上就开会研究问题,寻找解决的办法。领导干部夜以继日地工作,使公司工作上了台阶。

××公司
××××年×月×日

点评: 作为总结,该文存在的问题比较多,首先是标题表意不够完整准确,标题应改为"××公司××年上半年工作总结"。开头部分也过于拖沓,有头重脚轻之感,语言不够简练。其次,作为总结,本文只强调了成绩,缺少对不足的认识,同时缺乏对未来的展望,没有结尾。在行文上,语言不够流畅、自然、简洁。如对工作内容的介绍最好分点写,第一自然段与第二自然段之间缺少过渡语等。

温馨提示

总结与计划的区别与联系

一、计划是在工作前制订的;总结是在计划执行一段时间或完成之后进行的。

二、计划是工作的蓝图;总结是对计划实践的检验。

三、计划要阐明的问题是:做什么、为什么做、怎么做、做到什么程度、什么时候完成。总结要阐明的问题是:做了什么、做了多少、做得怎么样。

四、总结是计划执行的结果,做总结既要以计划为依据,又要对计划完成情况作出判断；计划的制订也要以上一阶段的总结为依据，其目标、任务、措施都应参照上一阶段总结的情况提出来。

任务演练

1. 任何人在生活、工作、学习方面，总有取得成功的时候，只是有的人成功机会多些，有的人获得成功的次数少一些，有的人成功在学习上，有的人的成功在其他方面。那么，请你回顾自己的生活，将你认为是成功的一个侧面或一件事，写成一篇小总结。

2. 光阴似箭，日月如梭。转眼就到了期末，在期末考试结束后，班主任老师要求学生认真总结本学期的学习情况，以便来年在学习上能够更上一层楼。请你根据总结的写作格式和要求，写一份学期学习总结。

任务3 述职报告

知识橱窗

一些企业为了加强管理，提高管理者的素质，要求企业中担任一定领导职务的管理人员在一定时期内，报告其在任期内的工作实绩，这就要用到述职报告这种文书。述职报告最初曾以"总结"或"汇报"的形式出现，经过一段时间的使用，逐步形成了独具特色的体式，最终形成了一种新的应用文体。

一、述职报告的概念和作用

1. 述职报告的概念

述职报告是指党政机关、企事业单位、社会团体的领导或员工向主管领导部门、人事部门或选区的选民，或本单位的职工群众陈述自己在一定时期内履行岗位职责情况的评述性报告文书。

2. 述职报告的作用

（1）完善管理制度的重要措施。在岗位职责明确的前提下，要求担任一定职务的领导干部定期撰写述职报告，便于对领导干部的理论水平、道德品质、文化修养、业务能力进行全面细致的考察，从而有计划、有目的地选拔、培养和使用干部。

（2）组织监督、群众评议的重要依据。领导干部通过述职报告的形式向广大群众汇报履行岗位职责的情况，让群众进行审查和评议，是领导干部接受群众监督、倾听群众意见的有效方式，有助于克服官僚主义作风。

（3）领导干部自我提高的重要途径。领导干部在某个岗位上工作一段时间之后，需要通过述职的方式对自己前一段的工作实践进行回顾，总结工作经验，汲取失败教训，强化职责观念，这对于更好地探索本职工作的规律，促进自我认识、自我学习、自我提高有着重要的作用。

二、述职报告的特点和种类

1. 述职报告的特点

（1）自述性。述职人必须使用第一人称，采用自述的方式，向有关方面报告自己的工作实绩。即报告人在一定时期内，按照其岗位职责规范要求，将完成的任务和指标，取得的效益，做出的成就和贡献，客观真实地反映出来。

（2）自评性。就是要求述职人依据其岗位规范和职责目标，对自己任期内的德、能、勤、绩、廉等方面的情况，作自我评估、自我鉴定、自我定性。述职人必须对工作的走向，前因后果，叙述清楚，评价恰当，切忌浮泛空谈。

（3）规律性。述职报告必须对搜集来的事实、数据、材料等进行认真的归类、整理、分析、研究，从中找出某种带有普遍性的规律，得出公正的评价结论。如果不能把感性的事实上升到理性的规律性的高度，就不可能作为未来行动的向导。是否具有理论性、规律性是衡量一篇述职报告好坏的重要标志。

（4）报告性。就是要求报告人以被考核、接受评议监督的身份，履行职责的报告。要认识到自己是在向上级汇报工作，是严肃的、庄重的、正式的汇报，是让组织了解自己，评审自己工作的过程。因此语言必须得体，应礼貌、谦逊、诚恳、朴实，把握分寸。

2. 述职报告的种类

（1）按内容分，述职报告可分为综合性述职报告和专题性述职报告，综合性述职报告是就全面工作进行述职的报告，专题性述职报告是就某一项工作进行述职的报告。

（2）按时间分，述职报告可分为任期述职报告、年度述职报告和临时性述职报告。

（3）从表达形式上划分，述职报告可分为口头述职报告和书面述职报告。

三、述职报告的基本格式

述职报告的格式通常是由标题、称呼、正文和落款四部分组成的。

1. 标题

述职报告的标题，常见的写法有三种。

（1）公文式标题。

① 由职务、时限和文种构成，如《××镇长2009年述职报告》。

② 由职务和文种构成，如《××公司销售经理述职报告》。

③ 由时限和文种构成，如《2009年述职报告》。

④ 由事由和文种构成，如《任人力资源部部长的述职报告》。

（2）文种式标题。只写"述职报告"四个字。

（3）文章式标题。正标题主要概括内容或主旨，副标题由公文式标题构成，如《努力抓好"菜篮子"和"米袋子"——我的述职报告》。

2. 称呼

针对不同对象，使用不同称呼。

（1）书面报告的称呼。写主送机关名称，如"××党委""××组织部""××人事处"等。

（2）口述报告的称呼。写对听者的称呼，如"各位代表""各位委员""各位领导、同志"等，可以加上恰当的敬称。

3. 正文

由前言、主体和结语三部分组成。

（1）前言。一般交代任职的自然情况，包括何时任何职，变动情况及背景；岗位职责和考核期内的目标任务情况及个人认识；对自己工作尽职的整体估价，确定述职范围和基调。这部分要写得简明扼要，给听者一个大体印象。

（2）主体。主体，是述职报告的中心内容，可以采用类似总结的纵式结构、横式结构或纵横式结构方式。要紧紧围绕述职人的岗位职责要求，全面而又重点突出地陈述履行职责的具体情况，主要包括以下方面：

① 政治思想素质。主要说明任职期间对党的路线、方针和政策的执行情况，爱岗敬业精神和工作作风等。

② 业务实绩。主要说明如何履行职责，工作完成情况，社会效益和经济效益等，在哪些方面有创新，获得什么样的表彰和奖励等。

③ 存在的问题和不足。

④ 自己的体会和今后改进努力的方向。主体部分要写得具体、充实，有理有据，条理清楚。由于这部分内容涉及面广，所以宜采用分条列项法写出。"条""项"要注意内在逻辑关系。

（3）结语。一般以"以上报告，请审阅""以上报告，请审查""特此报告，请审查""以上报告，请领导、同志们批评指正"等惯用语结束全文。

4. 落款

述职报告的落款，写述职人姓名和述职日期或成文日期。署名可放在标题之下，也可以放在文尾。

四、述职报告的写作注意事项

1. 实事求是，客观公正

述职是民主考评领导干部的重要一环，也是领导干部自觉接受组织和群众监督的一种有效形式。干部作述职报告，是为了让组织和群众了解和掌握干部德才状况和履行职责的情况，因此，述职报告应该充分反映出自己任期内的工作实绩和问题。要实事求是地评价自己，不夸大，不缩小，准确恰当，有分寸，不说过头话、大话、假话、套话、空话。

2. 抓住重点，突出个性

凡重点工作、经验、体会或问题等，一定要有理有据，充实具体，而对一般性、事务性工作，宜概括说明，不必面面俱到。还应突出自己的特色，突出自己独有的气质、独有的风格、独有的贡献，让他人能认识自己在具体工作中所起的重要作用。

项目二　事务文书写作

例文点评

述职报告

尊敬的各位领导、老师：

　　时光荏苒，岁月如梭。我自2006年9月加入法学院学生会，转眼间已过了两个年头，现在我已是即将升入大三的学生，并且刚刚被选入执行主席团的行列。在过去的两年中，我立足本职，围绕学生会工作大局，脚踏实地，开拓创新，以务实的工作作风、饱满的工作热情和旺盛的工作精力，全面履行岗位职责，较好地完成了各项工作任务。

　　现将我两年来的工作情况报告如下：

　　一、立足本职，积极组织并带头参加学生会各项活动

　　学生会是在学院×党总支和团委的指导下的代表广大同学利益的学生组织，是联系学生与学院的桥梁和纽带，是发展与繁荣校园文化的舞台和基地，是培养大学生全面成才的重要载体，我们的本职是立足同学，服务同学，我自加入学生会以来，从未脱离这一主题，认真履行职责，在当秘书处干事的一年间，我学到了不少东西，积累了很多工作经验，在组织活动的同时积极地带头参加学生会的活动，并取得了一定成绩。

　　1. 2006年9月，在艺术团主办的校园剧大赛中我荣获最佳女主角的称号。

　　2. 2006年11月，在女生部承办的礼仪小姐大赛中荣获最具活力奖项。

　　3. 2007年3月，在征文比赛中获得三等奖。

　　4. 同时，还曾担任学术部主办的学习经验交流会、考研经验交流会，女生部主办的唯舞独尊晚会等各种活动的主持人，积极配合各个部门搞好特色活动。

　　5. 在学生会2007年的迎新工作中，我作为迎新工作的主力之一，担任法学0701班临时带班班主任，本着"真诚迎新生，努力创温暖"的原则投入到了迎新活动中，努力为新生创造一个家的温暖，我同其他带班班主任一起怀着一颗热忱的心，微笑着去为每一位新生和家长服务，在开学的一星期里经常到新生寝室去发现文艺、辩论、体育等各方面的人才，关心他们的学习生活，帮助他们解决困难，在夏日炎炎的军训场地上随时准备为他们服务，使他们感受到家的温暖。

　　6. 在济南大学2007年春季运动会工作中，作为秘书处的干事，我听从部长安排，积极清点运动会所需物品，做好充分的准备，并在运动会开幕式上带领法学院代表队一展法学院学子的精神风貌，之后又一直在观众席做拉拉队的组织工作，经过大家的共同努力，法学院最终获得了体育道德风尚奖的锦旗，为法学院学生会增光添彩！

　　7. 在济南大学"喜迎十七大，同心筑和谐"大合唱比赛中，我同众多学生会成员一起参与其中，每天早上六点半进行训练，牺牲了周六、周日休息的时间，持之以恒，坚持不懈，经过长达一个多月的训练，终于为法学院取得了总成绩第三名、二等奖的好成绩。

　　8. 在法学院迎新晚会上，我负责搞好观众席气氛的工作，为了达到台上、台下欢乐一堂的互动效果，我积极筹备晚会所需道具，如荧光棒、礼花等，并仔细认真地安排了到席观众的座次，之后又投入到迎新晚会的舞蹈《朝花夕拾》的表演中。在学生会全体成员的共同努力下，法学院迎新晚会再次赢得各学院的一致好评。

　　通过亲身组织并参与学生会的各项活动，我熟悉了学生会举办各种活动的大体脉络

流程，并总结了自己的心得体会，写入每一次的活动总结中，自己的心智也在活动中得到了锻炼和提高。

二、恪尽职守，不断创新

升入大二，我荣升秘书处部长，凭借大一踏踏实实工作积累下的经验，我开始有了施展自己领导才能的空间，在做好秘书处本职工作的同时，我开始思考革新，思考如何改进不足之处。

首先，做好规范的存档工作。学生会的每一次活动都有计划、总结，以及由秘书处负责填写的活动记录表。做好活动记录的备份存档工作对于以后各项工作的开展将会有很大的便利，但之前的存档工作做得不是很好，总是丢掉一些很有价值的文件。革新之处：要求各部的活动备份一式三份，分别放在秘书处，学办老师的档案盒内、学生会的邮箱内。这是不成文的规定，必须长久贯彻下去，使学生会的存档工作日益规范化。

其次，制定法学院学生会章程。学生会自成立以来，逐渐发展形成了纳新制度、财物制度、会议制度、评优制度、奖惩制度等一系列规章制度，但林林总总，不成体系，也没有落实到文字上。今后学生会有了规范化的章程，就会有规范化的运作，也为法学院学生会长足的发展奠定了理论基础。

再次，账目的明细公开化。学生会报账要遵守严格的报账制度，公开报账时间、地点，杜绝私自报账的现象；报账工作专人负责，并且定期向老师汇报工作情况，上交账目清单。

当然，秘书处的工作性质决定了我要以更高的工作标准来要求自己，要考虑到更多的细微之处，要以自己的细心、耐心和热心换得秘书处的疏而不漏、有条不紊的工作作风！

三、严以律己，不断进取

在开展学生会工作，不断提升自己的组织、领导、协调能力的同时，我严格要求自己，一定要学好专业知识，为以后的就业、找工作打下坚实基础。同时，我也深知如果一个部长没有相当好的学习成绩，是不能让干事们信服的，也不会在学生会长久地工作下去。

本着这样的思想，我抓紧一切工作之余的时间来学习，参加了全国计算机等级考试，现在又加大了英语学习的力度，以顺利通过不久以后的英语四级考试。虽然上一年的综合测评我排名第七，拿到了三等奖学金，但这对我来说还远远不够，"路漫漫其修远兮，吾将上下而求索"，我要向那些工作出色又能拿一等奖学金的学长、学姐们看齐！

作为大二学生，我还在思想上、行动上积极向党组织靠拢，在高二就提交了入党申请书的我，接受了一系列的入党教育，对党有了更加深刻的认识。现在我已经光荣地成为预备党员的发展对象，审核材料已经上交，等待审批，相信只要我努力工作，不断学习，端正思想，紧跟党的步伐，一定会尽早加入伟大的中国共产党。

四、总结过去，昭示现在，指导未来

两年以来，我勤勤恳恳、踏踏实实地做了很多工作，取得了一定的成绩，从中得到了锻炼和提高。同时，也为丰富大学生课余活动、提高学生会在学生中的影响力做了一些贡献。

但我也有不足之处，表现在：

1. 对各方面知识掌握得还不够，理论素养不高，这些明显地暴露在科创部和体育部办的活动中。

2. 工作尚欠大胆，创新意识不强，总是在遵循前辈留下的经验。

3. 性格较直率，有些时候表达方式欠考虑。

4. 在用人技巧方面尚待提高。

这些问题我将在今后学习、工作中认真加以改正和提高，将继续努力，不断提升自我，完善自我，把学生会工作做得更好。

以上是我的个人述职报告，若有不妥之处，尽请老师们批评指正。

再次感谢一直以来对我的工作给予支持和肯定的学院各级领导。

×××
××××年×月×日

点评：这份述职报告详细地说明了自己的工作成绩，内容具体，有说服力，全文结构完整，语言诚恳，表现出实事求是的工作精神。

述职报告

本学期我以一名班长的身份继续为班级工作，感到压力大了，责任也重了。我本着"全心全意为同学服务"的宗旨，带领班委全身心地投入到各项工作中。在班级内部，开展丰富的活动，给予同学更多、更丰富的锻炼机会，以及加强班委感情等措施，维持班干部的积极性和热情，培养他们的工作能力和责任感，使班委成为一个有凝聚力、有战斗力的团体。

当然，在一学期的工作之中还是发现自身的很多问题。

首先，领导班委的方面，在征得辅导员的同意之后，实行了"竞标制度"，希望在有任务和工作的时候能够让各委员自己把握、承担。虽然初衷是好的，但是效果并不理想，最终一些外向、勇于尝试的班干部得到了很多的锻炼机会，而另外一些班干部则没能得到太多锻炼的机会，产生了一些消极情绪。

另一方面，本学期的工作并没有调动起大多数同学的学习积极性，好多同学懒懒散散，没有学习兴趣，甚至迷上了网络，作为班长，我负有很大的责任。

此外，在一些大型活动上，也有一些细节上的失误，如国庆歌咏比赛、元旦联欢晚会，由于种种原因，出现了一些问题，但我相信，随着工作经验的积累以及我个人对更好的行事准则的追求，这些问题在以后的工作中将会得到避免，我也会在一次次历练之中成长起来。

点评：作为述职报告，其内容包括履行岗位职责，完成工作任务的成绩、缺点、问题、设想，进行自我回顾、评估、鉴定，应主要突出成绩方面，本文却主要写了工作中的问题，显然没有找对写作的重点；另外，在结构上，本文缺少称呼和落款两部分。

温馨提示

述职报告和总结的区别

（1）回答的问题不同。述职报告主要回答担任什么职务，负有哪些职责，履行职责

应用文写作

的表现如何，自己对自己的评价如何；个人总结主要回答做了哪些工作，取得了哪些成绩，有什么经验教训。

（2）讲述侧重点不同。述职报告侧重讲清自己的德、能、勤、绩、廉；总结侧重讲清在工作上的得失，总结经验与教训。

（3）取材范围不同。述职报告围绕称职与否选材，一般来说所讲的事情必须在自己职责之内；而总结则不同，凡自己做过的事情，都可以归纳到自己的总结中去。

任务演练

1．请根据以下材料以学生会主席的身份写一份述职报告。

（1）任职一年，学生会下设学习部、文艺部、生活部、宣传部、体育部、外联部等部门。

（2）本届学生会组织举办的特色品牌活动："风采展示大赛"、演讲比赛、辩论大赛、青春诗朗诵比赛、校园十佳歌手大赛、"金笔头"作文大赛等。

（3）做好学生会工作所需要的精神是自信、自强、责任、传承。

2．假设你是班长，请你从纪律、学习、卫生、文娱、体育等方面就自己开展的工作向班主任老师汇报，并写出述职报告。

任务 4 启事

知识橱窗

启事是经常用到的一种事务性文书，人们主要用启事向社会公开告知某些事项，如寻物、招领、鸣谢、举行活动等。启事是一种使用频率较高的文书，人们将其称为现实生活中传递与交流信息的"轻骑兵"。

一、启事的概念和作用

1. 启事的概念

启事是指单位或个人为将需要向大众公开说明并希望获得关心、理解、支持和协助的事情所撰写的应用文书。

"启"含有"陈述"的意思。"事"即"事情"。启事，就是公开陈述事情。

2. 启事的作用

（1）告知作用。启事主要向公众公开告知某一事项，如迁移类、声明类启事，因此通常要在媒体上发布或公开张贴。

（2）宣传作用。部分启事除了有告知作用外，还具有宣传企业形象，扩大企业知名度的作用，如鸣谢类、喜庆类等启事。

（3）求助作用。寻访类启事需要人们帮助解决问题，具有求助作用。

二、启事的特点和种类

1. 启事的特点

（1）公开性。启事通过传媒向社会广泛发布，无秘密可言。

（2）单一性。为了便于公众理解，一份启事只能发布一件事，不能掺杂无关的内容。

（3）简明性。无论是哪种形式的启事都必须写得简洁明了。

（4）期望性。启事不是行政公文，没有行政约束力，它只期望得到人们的了解、支持和协助，而不强制读者承担责任和义务。

2. 启事的种类

启事涉及内容广泛，根据启事的不同作用和目的，可分为以下四种：

（1）寻领类启事，如寻人启事、寻物启事、招领启事。

（2）征召类启事，如征文启事、征婚启事、招聘启事。

（3）声明类启事，如声明作废、声明无效、声明无关。

（4）告知类启事，如更名启事、结婚启事、开业启事。

三、启事的基本格式

启事的格式通常是由标题、正文和落款三部分组成的。

1. 标题

启事的标题写在首行正中，标题要醒目，通常要在标题中写明事由。

启事的标题有三种构成方式：

（1）内容+文种构成，如《寻人启事》《重要启事》。

（2）将"启事"二字省去，直接写内容，如《寻人》《征婚》《招聘》等。

（3）"启事者+内容+文种"或直接写文种。

注意：将启事中的"事"写成"示"，是不对的。

2. 正文

（1）招聘启事。要写明招聘目的、招聘对象、招聘条件、招聘办法及待遇等。

（2）寻物启事。

① 要写明丢失物的名称、外观、规格、数量、品牌等，同时要写明丢失的原因、时间和具体地点。

② 要交代清楚拾物者送还的具体方式，或注明发文者的详细地址、联络方式等。

③ 写本类启事的目的是要求人协助寻找，故除文中写些表谢意的话外，还可以写明给拾到者必要的酬金之类的话。

（3）招领启事。

① 要写明拾到的东西及有关情况，包括时间、地点、名称等；如果招领对象是走失的人，要具体介绍其外貌、特征、性别、口音、穿着及大概年龄等。

② 要写明联系的时间、地点、方式。
（4）寻人启事。
① 写明走失人的身份、特征，主要包括走失人的姓名、性别、年龄、外貌、衣着装束、说话口音等内容。
② 写明走失的时间、地点；
③ 写明发现失踪者时的联系方式，酬谢之类的话语。
另外，对那些因一些原因离家出走的人的寻人启事，还会写上诸如"本人见到启事后，速回"，或"家人十分想念，本人见到启事速同家人联系"的话。

3. 落款

启事的落款在正文右下方，包括公布启事的单位名称或个人姓名，并在署名下面写上成文日期。

四、启事的写作注意事项

1. 内容真实

启事主要向人们公开告知某事项，如果内容不符合客观实际，不仅起不到启事的作用，而且会给发文者和相关单位造成不良影响。

2. 内容单一

如果一份启事有两项以上不相关的内容，可能造成人们阅读上的不便，或没有留下深刻印象，或记忆不全，这样就达不到行文的目的了。

3. 语言简洁、通俗

这样便于人们理解和记忆，求助类的启事在语言上还要使人们感到谦虚、热情等。

例文点评

××律师事务所招聘启事

××市××律师事务所是一所经政府司法机关批准成立的合作制律师事务所，主要从事房地产、知识产权、金融、证券、商务、劳动等方面的法律业务。因业务发展需要，经××市人才服务中心批准现诚聘下列人员：

一、专职律师 2 名。
条件：
1. 已具有律师资格；
2. 大学本科以上学历、掌握一门外语；
3. 身体健康；
4. 档案存在人才交流中心。

二、文秘 1 名。
条件：
1. 女性，年龄在 22 岁以下；

2. 能熟练使用现代办公自动化；
3. 身体健康；
4. 大专以上学历。

我所对专职律师设有灵活的取酬方式，专职律师可以根据自己的能力做出选择，详情可面议。

有意者请将本人简历等资料寄至××市××区××大街××号××律师事务所，或传真、发电子邮件至所。

邮编：××××××
电话：×××××××

点评：这则启事将招聘条件、报名时间、地点联系人及联系方式等一一表述清楚，条理清晰，语言简洁，能准确地传达信息，起到了启事的作用。

杭州××音像公司诚聘工作人员启事

我公司是中外合资企业。因扩展业务的需要，经董事会研究决定，现面向全国招聘下列工作人员：

1. 业务助理：五名，限女性，年龄18～45岁。大专以上文化程度，英语四级以上，懂电脑操作，能熟练运用Office办公软件。
2. 业务代理：六名，年龄25～50岁。高中以上文化程度，熟悉音像市场，有音像业务工作经验者优先。

以上职位，待遇优厚。

凡有意应聘者，请持身份证与个人简历，于本月26日到我公司培训楼参加面试。

地址：杭州市××路202号。

电话：5532594；5567887

联系人：×××

点评：本启事具备启事的公开性、事项单一性和告知性特点，本文标题主旨鲜明，语言简洁，内容也比较完整，但在结构上缺落款，面试的具体地点没交代清楚。

温馨提示

启事与启示的区别

"启事"，是为了公开声明某事而登在报刊上或墙上的文字。这里的"启"是"陈述"的意思，"事"就是指被说明的事情。而"启示"的"启"，则是"开导"的意思，"示"是把事物摆出来或指出来让人知道。"启示"是指启发指示，开导思考，使人有所领悟。"启事"和"启示"的含义截然不同，不能通用。无论是"征文启事"，还是"招聘启事"，都只能用"事"字，而不能用"示"字。

任务演练

1. 特蒙服装××专卖店于6月18日开业。特蒙是中国驰名商标，服装名牌，由××

应用文写作

市服装厂定点生产。6月18日至28日开业期间，全场商品8折优惠。专卖店地址：××市××路××号，电话：×××××××。根据以上材料，写一则开业启事。

2. 学校学生会要成立某协会或社团，如摄影协会、文学社、话剧团、武术协会等，择一事写一则招聘相关人员的启事，内容自拟。

拓展阅读

做事有计划、善总结，是促你走向成功的法宝

在人生当中，你没有办法做对每一件事情，但是你永远有办法去做对你最重要的事情，计划就是一个排列优先顺序的流程。计划并不一定能保证你成功，但能让你为将来做好准备。有了计划再行动，成功的几率会大幅度提升。

中国人寿江苏省分公司昆山支公司有一位以"挑战108"而闻名全国的"女强人"许秋芬，当初为了完成"挑战108"这一计划，她对每天、每周、每月都设计了详细而周密的计划。例如，她在每天夜里总是编排好次日要开展的工作计划，这计划包括早晨起床后先做什么、后做什么，上午什么时间到哪里拜访哪几位保户、行程的路线怎么走，下午去拜访哪几位保户、走什么路线，以及晚上去什么地方寻觅保户等一系列计划，然后再一一按计划实施，从而形成一步一个脚印地去完成"挑战108"的总计划。许秋芬的辉煌业绩告诉我们："计划性，是我们走向成功的前提和法宝。"

唐太宗说："以铜为镜，可以正衣冠；以古为镜，可以知兴替；以人为镜，可以明得失。"这里的镜就是借鉴，就是总结经验，找出教训。对于一个部门、单位、管理者和个人来说，只有正确评价得失，不断总结，积累经验，找出失败的教训，探索事物的规律，各项工作才有做好的希望，才能不断进步。勤于思考，善于总结，能更好地发挥主观能动性，增长才干，在工作中不犯错误，少走弯路。正如毛泽东所指出的："人类总得不断地总结经验，有所发现，有所发明，有所创造，有所前进。"

有一个小男孩，课余时间替人割草，给自己赚些零花钱。有一天，打工的男孩打电话给布朗太太说："您需不需要割草？"布朗太太回答说："不需要了，我已经有了割草工。"男孩又说："我会帮您拔掉草丛中的杂草。"布朗太太回答："我的割草工已经做了。"男孩又说："我会帮您把草与走道的四周割齐。"布朗太太说："我请的那个男孩已经做得很好了，谢谢你，我不能换掉他。"男孩便挂了电话。此时，男孩的室友问他："你不是在布朗太太那儿割草打工吗？为什么还要打这个电话？"男孩说："我只是想知道我究竟做得好不好！"

假如我们能够像这位男孩一样，不断地检查、反省、总结自己过去的工作，相信我们会做得更好。

项目三　规约文书写作

📁 项目情境

临近实习，许多同学在学校的推荐下陆续进入实习单位，苏明谢绝了辅导员老师推荐的发展稳定、实力雄厚的上市公司，固执地选择了一家刚刚成立的新公司。苏明的选择让大家都很不理解，一心想创业的他对大家淡然一笑。在他看来，要使自己变得更强大就需要更多的锻炼，吃更多的苦，在一个新成立的公司工作才能让他真正体验到创业的艰辛，他希望能从公司里吸取一些创业的经验。刚去实习，公司里的一切都在筹备中，半个月后的一天，公司股东们准备开会，苏明接到任务：为公司制定规约文书。苏明应该准备哪些规约文书呢？

✎ 任务描述

苏明一接到任务就着手准备了，规约文书是机关、团体、单位为管理的需要而制发的针对一定范围内有关工作、活动与人们的行为，做出规范要求并具有一定约束力的规章。考虑到公司目前的情况，他认为公司急需章程、管理规定、办公室制度、公司员工守则等规约文书。在本项目主要学习规约文书的写作知识。

任务 1　章程

📖 知识橱窗

章程是行动的指南，一个没有章程的组织，不能称其为组织；一个组织若没有章程，迟早会陷入解体的境地。正所谓："没有规矩不成方圆。"任何政党、组织、团体的成员，都是遵循同一章程而凝聚在一起，为实现共同的目标一起努力的。

一、章程的概念和作用

1. 章程的概念

章程是政党、社会团体、企事业单位为保证其组织活动的正常运行而用以说明该组织的宗旨、性质、组织机构、职责范围等的规约性文书。

2. 章程的作用

对于一个组织来说，章程是最重要的法律文件。所谓组织行为一靠法律，二靠章程，充分说明了章程的重要作用。章程是组织内部与行为的基本准则，对组织外部人员起着公示的作用，是政府对组织进行管理的依据之一。

二、章程的特点和种类

1. 章程的特点

（1）权威性。一个政党和团体的章程，就是这个组织的根本法，违背章程的规定，就要受到该组织的惩罚和谴责。

（2）准则性。无论是政党、团体还是企事业单位，章程都是该组织、该单位的行动准则。通过章程，组织可以使其成员为本组织服务，保证组织的宗旨不被篡改，成员的权利不受侵犯，进而保证该组织各项活动得以正常开展。

（3）约束性。章程有明确的范围、宗旨、鲜明的目的性和较强的针对性，对该组织或团体的成员有较强的约束力。

2. 章程的种类

（1）党政团体章程。用以规定其组织的性质、纲领、任务、宗旨、组织原则和成员的权利、义务等，让本组织的成员共同遵守，以保证其纯洁性和战斗力的规约性文书，如《中国共产党章程》《中华全国总工会章程》《纪念宋庆龄国家名誉主席基金会章程》等。

（2）企事业单位章程。用以规定其业务性质、活动制度和行为规范，以保证企事业单位繁荣发展的规约性文书，如《××厂企业管理章程》等。

三、章程的基本格式

章程由标题、会议名称及通过时间和正文三部分组成。

1. 标题

章程的标题一般由章程制定者的组织名称和文种类别（章程）组成，如《中国共产党章程》《××市××贸易有限公司章程》等。如果尚未得到通过和批准，可在标题后加括号注明"草案"，如《××市××贸易有限公司章程（草案）》。

2. 通过的会议名称及通过时间

在标题下，写上何时由什么会议通过，或何时由何机关批准，或何时公布，并用括号括上。有以下三种写法：

（1）由会议名称、通过日期组成，如"×××公司第二次全体职工代表大会××××年××月××日通过"。

（2）由通过日期、会议名称组成，如"××××年××月××日董事会第三届理事会修订通过"。

（3）只写明通过日期，如"××××年××月××日通过"。

有的章程在标题下没有通过的会议名称及通过时间，而在正文后面落款处，写明制定单位及制作年月日。

3. 正文

章程的正文一般都是分章列款行文的。大体有两种写法：

（1）总纲分章式，或总则、分则、附则式。总纲分章式一般用于政党和团体的章程；总则、分则和附则式，多用于企事业单位的章程。

总则，相当于总纲，总则部分规定该组织的宗旨、任务、性质、活动准则等，总则下，按"条"排列，依次说明其主要内容。

分则，是章程的主体部分，是总则的具体化；要根据总纲规定的宗旨、性质等对有关组织机构、人员构成、常设机构的任务和职责及其会议的召开、经费等作出全面的规定。分类部分要将问题按性质归类，并分清主次，注意其问题的逻辑关系与内在联系。

附则，是对正文的补充，一般对未尽事宜进行说明，如说明生效日期、实施要求、修订权、解释权等。有的章程正文内容已说清楚，也可以不设附则。

（2）条目式。比较简单的章程，可逐条写下去，不再分章、分则、分款。

四、章程的写作注意事项

1. 符合政策规定

要符合有关法规和政策的规定，由于章程对于本组织的成员具有法规效力，所以在写作前必须查找与本章程性质有关的法律，并将必要的法律依据写入章程中，以确保它的法律效力。

2. 内容系统周密

章程写作注重全面周密，起草、撰制章程应尊重组织或团体成员的权利，充分听取他们的意见，对一个组织或团体所涉及的各方面内容，都要写得周密、系统、清晰、具体无疏漏，以使其成员有所遵循。确定的内容一定要经全体成员大会或者代表大会讨论通过后，才能发布生效。

3. 行文严谨规范

内容合法合理，条文简短，对一些尚把握不定的提法和难以完全解释清楚的概念，不要勉强列入。章程虽然具有相对稳定的特点，但也不是一成不变的。章程应适应形势的发展变化，适时修订，以使更臻完善。为了防止滥加修改，就要写明生效日期、修改权和解释权等。

4. 条理明确清晰

条款要职责分明，要求具体，规定明确，禁止使用容易使人产生疑惑或者随意曲解的新名词和新术语。

5. 语言精当质朴

章程是一个组织的行动准则，用词必须准确、严密，语言要简明质朴，便于施行。

应用文写作

例文点评

××大学廉政社团章程
第一章 总则

第一条 本社团的名称。××大学廉政社团。

第二条 社团的指导思想和总体目标。

以邓小平理论和"三个代表"重要思想为指导，以改造世界观、人生观、价值观为核心，以倡导廉洁、弘扬正气为主要内容，不断优化和丰富校园文化生活。要通过廉政文化活动的开展，充分发挥廉政文化在党风廉政建设中的教育、示范、熏陶、导向作用，使学生的价值观和道德情操得到培养，成为营造以廉为荣、以贪为耻良好社会氛围的有力参与者。

第三条 本社团的宗旨。

广泛宣传廉政文化，传播廉政知识，弘扬廉政精神，营造良好的廉政氛围，让健康向上的廉政文化充实广大师生员工的精神世界，构建美好和谐校园。

第四条 社团性质。

本社团是校级学生社团，隶属于学校纪委，接受××大学团委和校学生会的监督管理，接受校纪委办党支部的指导。

第二章 组织结构

第五条 本社团的最高决策和管理机构是管理委员会，由社长、副社长和各部部长组成，其主要职责是：

（一）制定、修改章程；

（二）审核、通过本社团的工作计划和工作汇报；

（三）筹备召开社团的会员代表大会；

（四）向会员代表大会报告工作和财务状况；

（五）决定会员的吸收、处分和除名；

（六）决定设立办事机构、分支机构、代表机构和实体机构；

（七）决定副部长及其他主要负责人的委任；

（八）领导本社团各机构开展工作；

（九）决定其他重要事项。

第六条 管理委员会每月召开两次工作例会。

管理委员会委员必须按时出席并参与组织的各项活动，长期不遵守章程者，委员会有权提请监督指导机构对其进行免职。社团管理机构的重要决议采取投票或者举手表决，社团负责人必须出席会议，并实行三分之二的绝对多数制；日常决议的表决，到会人数必须超过应到会人数的三分之二，并实行二分之一的简单多数制。

第七条 本社团设社长一名，副社长两名，部长若干，必须具备以下条件。

（一）中国共产党正式党员，拥护党的路线、方针、政策；

（二）精通社团工作，有一定组织能力和学生会工作经验；

（三）对业务工作有刻苦钻研的精神；

（四）在校期间未受过处分；

（五）学习上勤奋刻苦，成绩优秀。

第八条　社团社长（社长及副社长）的权利和义务。

（一）服从团委和纪委办党支部的领导和指导；

（二）定期组织召开例会并制定本社团的规章制度、活动计划；

（三）组织社团成员开展各项活动，并做好工作记录及活动总结；

（四）特殊情况下对会员的吸收、处分和除名工作；

（五）培养推荐社团接班人，做好负责人换届选举工作；

（六）加强校内、外之间的社团交流，扩大社团影响，树立社团良好形象。

第九条　社团社长的产生办法。

（一）申请人递交书面申请；

（二）××大学校团委和纪委办党支部对其进行资格审查和面试；

（三）社团会员民主选举产生。

第十条　社团社长的退出和除名。

（一）学生毕业离校，自动退出社团；

（二）根据本人自愿原则，本人提出书面申请，经同意可退出社团；

（三）对有严重影响社团名誉行为的成员，有违反工作制度以及违法乱纪等破坏××大学名誉、触犯法律行为的组织成员立即除名；

（四）不服从组织安排，工作不积极主动的成员，经社团管理委员会研究予以开除。

第十一条　社团社长职责：本社团社长行使下列职权。

（一）负责确定本社团各阶段的工作目标和任务；

（二）领导各部门及下属组织的日常工作，主持工作例会；

（三）监督各部门工作，对各部门工作进行考核；

（四）负责社团重大活动的筹备和组织；

（五）代表本社团签署有关重要文件；

（六）加强内部人员的团结，充分调动各方面的积极性，协调各方关系，争取各方支持。

第十二条　社团副社长职责：本社团副社长协助社长处理日常工作，做好分工负责的各项工作，社长不在时，代理社长的工作。

第十三条　社团下设组织部、宣传部、秘书处、外联部。

（一）组织部。

1．负责社员的招新、入会审批、新近社员的前期培训；

2．负责社团工作人员档案的管理；

3．负责社团活动的策划、组织以及后勤保障工作，协调分社的活动安排；

4．负责社团驻各学院负责人的联络和管理工作。

（二）宣传部。

1. 负责社团活动的相关宣传文字、图片的策划、设计和发布工作；
2. 将活动成果归纳总结成文字材料，并上交给校广播站和校报以供宣传；
3. 负责与校外各新闻媒体进行联系和合作，进一步提高社团形象和知名度。

（三）秘书处。

1. 负责内部事务，协调各部门之间的关系，加强各部门之间的交流，使社团成为一个有机整体；
2. 建立健全人才库，对社团会员档案进行管理；
3. 对各社员、社长的行为进行有效评价，并在年终总结时作为奖惩的依据；
4. 定期进行工作总结的整理和归纳；
5. 做好重大活动的具体分工，安排日常值班。

（四）外联部。

1. 统一负责社团的对外业务联系、洽谈；
2. 负责本社团所需物品的采购；
3. 加强社团与外部的联系，树立社团的优良形象。

第三章 会员的权利和义务

第十四条 会员的申请 加入本社团的会员，必须具备下列条件。
（一）具有××大学正式学籍；
（二）拥护本社团章程；
（三）有自愿加入社团的意愿。

第十五条 会员享有以下权利。
（一）本社团的选举权、被选举权和表决权；
（二）参加本社团的活动优先权；
（三）获得本社团服务的优先权；
（四）对本社团工作的批评建议权和监督权；
（五）入会自愿、退会自由。

第十六条 会员履行下列义务。
（一）执行本社团的决议；
（二）维护本社团的合法权益；
（三）参与社团每次活动；
（四）向本社团反映情况，提供有关资料。

第十七条 会员入会的程序。
（一）提出入会申请；
（二）社团管理机构对其进行面试；
（三）对面试合格者由组织部进行前期培训。

第十八条 会员退会应书面通知本社团，在秘书处审查过后方可退会。

第十九条 会员如有严重违反本章程的行为，经社团执行机构会议表决通过，予以除名。

第四章　社团活动内容

第二十条　社团活动内容。

（一）社团在每学期开学两周内，到社团部登记社团本学期常规活动的时间、地点、内容，由社团部核准并备案；

（二）社团每学期要向校纪委和团委各上交一份本学期的工作及活动总结，总结包括组织者的姓名、参与人数、活动内容、场地、活动反应，以及经费结算等情况；

（三）组织开展有意义的相关活动。要通过多途径、多渠道、多手段，进行全方位、多层次的廉政文化建设，组织主题鲜明、内容丰富、方法灵活、形式多样的廉政文化活动，营造浓厚的廉政文化氛围。通过喜闻乐见的形式将廉政思想传播给广大学生。要经常性地组织参观革命纪念地和反腐倡廉展览等活动，使大家得到身临其境的教育；要组织观看廉政题材的电影、录像片、文艺演出，使大家在感受艺术熏陶的同时得到廉政启发；要定期举办知识竞赛、征文比赛、辩论赛、图片展等活动，普及廉政知识，传播廉政文化，弘扬廉政理念。

第二十一条　本社团创办一个属于自己的网站，以满足各项工作的需要。

第五章　社团的管理制度

第二十二条　部门负责制：社团各项事务按其职能部门分工，管理机构制定决策，秘书处协调各部工作并解决突发事件。

第二十三条　档案制度：秘书长具体负责档案管理，对社团的各项活动和人员信息要及时记录、整理和存档。

第二十四条　财务制度：学生社团的活动经费原则上自行结理，对经费来源以及用途由外联部统筹并记录存档。

第二十五条　本社团开展的各项活动需要严格按照学习有关规定和程序进行。事前要递交计划书并申报，得到批准后方可进行，事后要总结备案。

第六章　变更与终止

第二十六条　社团在运作过程中发生以下任一变更，应自发生变更之日起一周内，向校团委社团部提出申请，经社团部批准后方可进行重新登记。

（一）社团名称发生变化；

（二）社长或负责人员发生变化；

（三）社员人数发生大于等于十人的变化；

（四）社团常规活动内容发生变化；

（五）社团章程发生变化。

第七章　附则

第二十七条　社团成立后，须遵守学校的各项规章制度，服从领导，积极开展活动。

第二十八条　本章程由社团管理机构享有最终解释权，并根据实际情况酌情修改。

第二十九条　本章程自社团成立之日起生效。

(http://www.neu.edu.cn)

点评：这是一篇社会团体章程。格式比较规范，有标题、正文及章程生效日期；写作结构完整，采用的是总纲分章式结构，有总则、分则和附则；内容系统周密，该组织的指导思想和总体目标、宗旨、性质、组织机构、成员的权利义务、社团活动内容、管理制度、变更与终止、生效日期、修改权和解释权等内容俱全并按性质归类，逻辑清晰、条款简短明确。

××广播电视（集团）公司章程

第一章 总则

第一条 ××广播电视集团公司（以下简称公司），是由各有关单位为了更好地发挥整体的综合优势，实现生产要素的优化组合和企业组织结构的合理调整，以适应经济体制改革不断深入的需要而共同发起组建的。

第二条 公司是实行资产经营一体化的社会主义全民所有制性质的经济实体，是××广播电视集团的核心，由××电视一厂、××无线电四厂、××无线电十八厂、××录音器材厂、××电视电子（集团）公司、××仪表电子工业供销公司广电分公司和××广播电视工业对外技术合作公司等七个单位组成。

第三条 公司实行自主经营、独立核算、自负盈亏。依法取得企业法人资格。公司成员是公司的内部核算单位。在公司建立初期有一个过渡期，在过渡期间各成员单位仍保留企业法人地位。

第二章 公司经营范围与方式

第四条 公司经营范围：电视机、收音机、收录机、录像机、电话机等电子电器产品，雷达、卫星地面接收系统、磁带记录仪、计算机终端设备、应用电视系统等装备类产品。

第五条 公司经营方式：科研、设计、制造、检测、系统开发、工程承包、成套销售、合作生产、来料加工、进出口贸易、技术咨询、技术服务、产品经销、代销、联销、代购、批发、零售及售后服务。

第三章 领导体制

第六条 公司与各成员单位是领导与被领导的关系。

第七条 公司实行总经理负责制。总经理为法定代表人，由上级主管部门任命，任期为四年。

第四章 管理体制

第八条 公司内部管理，实行统分结合的原则和分级分权的原则。凡是有利于发挥公司整体优势和整体利益的，由公司本部组织进行；凡是各成员单位能够开展的经营业务，应充分发挥成员单位的积极性。

第五章 财务管理制度和利润分配形式

第九条 公司的财务管理制度根据资金构成等因素，采用全民所有制的财务制度。账册设置、会计报表制度、会计档案管理制度均按国家有关政策及会计法制订。公司设立专职财务部门。

点评：这是一篇写作失败的企业章程。存在以下问题：

（1）结构不够完整，公司的活动制度和行为规范都没有具体要求，章程的生效日期、实施要求、修订权、解释权等要素缺失；

（2）内容表述不清，公司经营范围很广，经营方式多样化，但是没有指出各种经营方式对应的项目，容易产生歧义；总经理的任命及任职时限、职责范围等内容欠完整；管理体制、财务管理制度和利润分配形式等叙述含糊；

（3）语句叙述倒置，如第九条公司的财务管理制度根据资金构成等因素，采用全民所有制的财务制度。账册设置、会计报表制度、会计档案管理制度均按国家有关政策及会计法制订。公司设立专职财务部门。

温馨提示

章程制定的依据：

章程是对一个组织或团体有关事项作出的规定，国家行政机关一般不用这一文种。章程一般只用于具体的政党、机关、团体等组织和单位，很少有同类机关通用的章程。国家民政部根据国务院《社会团体登记管理条例》和国家有关政策，制订了《社会团体章程示范文本》，社会团体制定章程必须以此为依据。

任务演练

1. ××公司为了保证其企业的繁荣发展特地召开了全体股东会议拟定章程，并吩咐参加会议的秘书拟写章程。

2. ××学院为扩展和丰富我院学生的课余文化生活，为同学们提供更多更好的锻炼空间，以提高同学们的综合素质。院团委以促进我院精神文明建设为宗旨，决定成立一个金话筒社团，为同学们提供更多更好的交流空间，增进同学们之间的感情，推动我社同校内外其他兄弟社团的交流和沟通，以营造良好的校内外文化氛围为目标。作为金话筒社团的负责人，请你为金话筒社团写一个章程。

任务 2　规定

知识橱窗

党政机关、社会团体、企事业单位有时为了某一方面的工作或专门的问题而提出管理措施，并要求所属部门和下级机关执行的法规性或者管理性的文书。

一、规定的概念和作用

1. 规定的概念

规定是党政机关、社会团体、企事业单位对特定范围内的工作和事务制定的具有约束力的行为规范，要求所属部门和下级机关贯彻执行的法规性公文。规约性公文中使用范围最广、使用频率最高的是规定。规定可以是长期的，也可以是"暂行"的。

2. 规定的作用

规定是人们在一定范围、一定时间内的活动规范和行为准则，具有法规性和权威性，规定的主要作用是统一思想、规范行动、保证方针和政策的落实。

二、规定的特点和种类

1. 规定的特点

（1）行文针对性强。规定都是针对国家和社会生活中出现的带有倾向性的一些问题而制定的，是为了保证某一法令、某一政策的贯彻，为使某一工作、活动能顺利地开展，而提出的相应的规范要求、规范措施。

（2）内容界限分明。凡属规定，必须是非明确，有所提倡，也有所禁止，提倡与禁止相结合，但在每一具体规定中又有所侧重，有的以提倡为主，有的以禁止为主。其共同回答的问题是哪些可以，哪些不可以，即可以怎么样，违反了如何处理等。

（3）制发机关宽泛。规定，从制发机关来看，党的机关部门可以用，行政的机关部门也可以用；高级机关可以用，基层单位也可以用。从内容来看，可用于重大事项，也可用于普通事项。篇幅可大可小，时效可长可短。这种文种用起来方便、灵活，使用范围极其广泛。

2. 规定的种类

（1）政策性规定。政策性规定用于贯彻某项具体的政策、法令、法规等，为其实施提出了较为具体的要求、措施。

（2）管理性规定。管理性规定主要是对某一事项或活动的管理，提出规范性的要求和办法，从而保证有关工作、活动的正常进行和有效开展。

三、规定的基本格式

规定由标题、签署和正文三部分组成。

1. 标题

有两种写法：一是公文标题式，即由发文机关、发文事由、文种类别（规定）三者构成，如《中共中央纪律检查委员会、中华人民共和国监察部关于保护检举、控告人的规定》；二是省略发文机关，由发文事由与文种类别（规定）组成，如司法部1999年12月制发的《未成年犯管教所管理规定》。两种标题都以使用"关于……"这种介词结构为常见，也可以在事由前不写"关于"，如《国家机关工作人员病假期间生活待遇的规定》。规定的标题，不能采用"发文机关+文种类别（规定）"的写法和只有文种类别（规定）的写法。在规定标题的文种类别前可以加上"暂行""试行""补充"等说明性的词语。

2. 签署

独立发布的规定，在标题下方正中加括号标明什么会议于什么时间通过，或什么机构于什么时间批准，如监察部发布的《监察机关参加特别重大事故调查处理的暂行规定》，标题下标明"1990年第九次部务会议通过"，并加上括号。标题下也可以只署发布时间与发布机关，如"（1999年×月×日国务院发布）"；也有的在标题下署以发文字号，如"省委办〔2001〕××号"。不在题下签署的，就在正文结束后署上发文机关与日期，或加括号写明发布施行的时间、发布机关及发布该规定所用的公文文种与文号，如"（×年×月×日国务院第×号令发布施行）"，就说明该规定是通过"命令"文种发布的，并写明令号。随命令、通知等文种发布的规定，以命令或通知的发布时间为准，规定自身不再标明制发时间。涉及问题重大、面广，发文单位级别高的"规定"，签署置于标题之下。普通的规定，标题中已标明发布单位，签署时可不签发文单位，只标明时间就可以了。

3. 正文

正文是规定的主体，大体上有以下三种写法：

（1）由开头、主体和结语组成。即开头说明制定规定的目的、依据，然后用"特作如下规定""现就有关问题规定如下"等句式过渡到主体部分。主体部分则用条列式分别对有关问题做出具体的规定。结尾，说明本规定的适用范围、解释权限、实施细则、生效日期等内容。

（2）条目法。即整个规定从头到尾都以条目陈述；一般前边写制定本规定的原因、目的、依据等。中间写规定的具体内容，一般分条行文；末尾写实施说明。

（3）用序言、小标题、结语的写法。开头以序言的形式写，主要写形势、目的、依据等；中间部分列若干小标题（一个小标题等于一章），小标题下用序码排列条目内容；结语写实施有关事项。

四、规定的写作注意事项

1. 依据要有权威性

规定要依据党和国家的政策、法令、法规，依据有关规定以及上级的指示精神，对某项工作或活动的进行做出规范。依据党和国家的方针政策、法律法令及有关规定，结合实际情况把方针政策具体化、条文化，不能离开原则写规定。

2. 规定要明确具体

规定用于对某方面工作、某项工作、某一事项做出部分的规范和要求，重在突出对有关方面、有关人员的规范性和强制约束性；规定着重写明应该、必须、可以做什么，不能、禁止做什么，违者怎样处理等内容。一般情况下，原则规范在前，具体约束在后，基本原则要专条单独说明，一般原则在各条分别交代，而后再写明具体措施的实施原则和顺序，使规定虚实结合，理论和实践统一，达到既有概括性，又有具体性。

3. 条文要简明扼要

规定要求条文清晰简明、扼要清楚，切忌含糊其辞、模棱两可、空发议论，造成理解、执行上的混乱和困难。

4. 结构要灵活安排

法规类规定大都采用分则分章的章断条连式，篇幅一般较长；规章类规定除行政规章的结构可采用章断条连式外，其他大部分采用总分条文式或条文并列式结构，篇幅一般不太长。

例文点评

学生宿舍管理规定

第一条　学生宿舍实行综合管理，所有住校学生必须服从学校宿舍管理委员会（简称"宿管会"）的领导，接受宿舍管委会监督。

第二条　宿舍门卫和宿管会、学生会轮流值班。本校学生凭胸卡出入。来客须登记，经准许后方可入内，严禁小商小贩等外来闲杂人员出入。值班室按上课和自习课作息时间提前10分钟查看寝室箱锁，上课时间寝室内一律不许留人；中途回寝室时，一律凭学生处书面证明方能进入教室。

第三条　学生上课时间一概不准会客，课余时间会客须办理登记。男女生不准互串宿舍，女生宿舍全天24小时不准接待男性客人。如遇特殊情况，男性客人须经宿舍值班员同意、登记，限时进出女生宿舍。违者，宿舍值班员有权拒绝或将其驱逐出女生宿舍，不听劝阻者，交保卫、公安部门处理。

第四条　严禁在宿舍打牌赌博、抽烟，尤其禁止在宿舍生火取暖、煮食。违者，值班人员有权当场处理，同时罚款10~30元，情节严重者给予纪律处分。

第五条　学生宿舍禁止喧闹，不准在宿舍区跳舞、酗酒、猜拳或从事其他影响人休息和学习的活动。熄灯后不准互相串门或在室外游玩，不准点蜡烛或在宿舍区燃放鞭炮。

第六条　为保证学生宿舍安全，学生宿舍在上午上课和夜间实习期间实行关楼门制度：冬季9:45查寝，10:00熄灯；夏季晚10:15查寝，10:30熄灯。晚归宿者，须出示胸卡证明系我校学生，值班人员弄清情况登记班次、姓名后方可就寝，并报学生处处理，否则，可视作外流人员拒绝入内，并驱逐出校或送保卫、公安部门处理。通宵未归者，由值班老师报学生处作严肃处理。

第七条　学生宿舍区内配备了床、柜等设备，行政科登记造册，交由寝室成员各自保管使用，室内公用设备集体负责。学生必须按指定的宿舍、床位住宿，不得擅自调房、换家具。新生入校按规定收取一定押金。学生寝室门钥匙由学校统一配给，如有遗失须报学生处和行政处，由当事人另买锁交行政处换装，严禁私自调换和乱配钥匙。毕业离校时，设备交行政处统一验收，如有丢失或损坏一律照价赔偿。

第八条　宿舍水电开关要做到省开勤关，杜绝长流水和长明灯的现象，定量供水、供电，超量费用自理。严禁自行改装照明设备和私接电源，严禁使用电炉、电熨斗、电热壶等电器用品，违者除没收电器外，并处以10～50元的罚款，情节严重者，给予纪律处分或追究刑事责任。

第九条　保持室内外清洁。房间每天由值日生打扫两次，将垃圾扫出并倒入垃圾桶内，室外过道学校派人打扫。如在其他任何时间将室内垃圾堆放在过道上，每室每次罚款5元，罚款由全室人员负责。情节严重或不听劝阻者给予必要的纪律处分。每周二中午进行一次大扫除。不准在走廊、洗脸间、厕所乱倒饭菜、污水和垃圾；不准在窗口倒水、丢果皮纸屑；不准在门窗、桌椅及墙壁上涂写、刻画、随意张贴；不准在宿舍及其过道上烧纸屑、踢球；不准脚踏墙壁。违者除损坏的公物要照价赔偿外，并按规定处以罚款并在全校通报批评。

第十条　各寝室推选一名寝室长，负责组织、督促同学执行以上各条。

点评： 这是一份规范的管理性规定。本规定由标题和正文构成，采用的是条文法，正文内容共十条，格式规范，结构简单，条理清楚，内容具体，语言通俗，约束力强。

××工会经费来源（工会法规定）

一、工会的经费来源与标准：

1. 工会会员缴纳的会费（工资额的0.6%）；

2. 建立工会组织的全民所有制和集体所有制企业、事业单位、机关按每月全部职工工资总额的1%向工会拨交经费的制度；

3. 工会兴办的企业、事业上缴的收入；

4. 人民政府的补助；

5. 其他的收入。

二、工会经费使用范围：

1. 会员活动费；

2. 职业业余教育费；

3. 事业活动费；

4. 宣传活动费；

5. 图书阅览费；

6. 文艺活动费；

7. 体育活动费；

8. 会员福利费；

9. 工会组织建设费。

点评： 该篇规定由标题和正文构成，结构简单、格式规范。存在的问题有：
① 行文中没有提出明确的相关文件的指示，缺少具体的事项依据，不具有约束力；
② 内容过于简单，行文不够严密，无法体现出这份规定的严肃性和规范性。

应用文写作

温馨提示

规定的发布及内容的完善：

《中国共产党各级领导机关公文处理条例》中，把规定列为正式文件。重要规定的实施，如国务院发布的各种规定，都要由总理发布命令。地方有些规定，虽然不用命令的形式发布，但也必须正式行文，以便遵照执行。党内行文使用规定时，可以用正本形式直接印发，不必另外用"通知"作文件头子来发布"规定"。规定在发布之后，如果有些内容不够完善，或者需要调整、增加某些内容，可发《补充规定》。补充规定一般无须分章、分条列出，也不要求完整系统，只根据需要，有多少就写多少。有的规定还加前言，有的则不写。补充规定需要特别注意的是，其内容一定要和原有的规定衔接。补充规定的发布范围要和原规定发布范围相吻合。

任务演练

1. 目前，出版物在涉及数字（如时间、长度、重量、面积、容积和其他量值）时，使用汉字和阿拉伯数字没有统一的体例，给编辑、排版、校对工作增加了许多不必要的负担，也不利于计算机输入、检索。国家语言文字工作委员会为了进一步规范汉语言文字，拟制定《关于出版物上数字用法的试行规定》并联合国家出版部门和机关发出通知。办公室主任将这个艰巨的草拟任务交给了在办公室任秘书的新闻专业毕业生苏琳。请你帮苏琳拟写这份规定。

2. 自行车管理是学校常规管理工作的一部分，为保持校园校貌的整洁、有序，根据我校实际情况，请制定一份自行车管理规定。

任务 3 制度

知识橱窗

人类的一切活动都与制度有关。经济学的一条重要原理就是：人们会对激励作出反应。而不同的制度安排会对一个人产生不同的激励，从而导致他产生不同的行为反应。

一、制度的概念和作用

1. 制度的概念

制度是党政机关、社会团体、企事业单位为加强对某项工作的管理而制定的要求有关人员共同遵守的规范性文书。

2. 制度的作用

制度对实现工作程序的规范化、岗位责任的法规化、管理方法的科学化起着重大作用。制度的制定必须以有关政策、法律、法令为依据，它的应用范围很广，上自国家党政领导机关，下至基层单位的科室班组，都要订立各种强制性的制度。制度鞭策和激励着人员遵守纪律、努力学习、勤奋工作，为人们的工作和活动提供可供遵循的依据，对维护社会秩序和劳动纪律，加强社会各项事业的管理，提高工作效率和生产效率，培养社会主义道德风尚等，都能发挥积极作用。

二、制度的特点和种类

1. 制度的特点

（1）具有较强的针对性。制度是党政机关、社会团体和企事业单位为确保工作顺利进行，针对具体某事项或某方面的工作而制定的。

（2）具有很强的强制性。制度是依据法律、法规的有关规定，针对本单位某项具体工作的管理而制定的，制度一经颁布，有关人员必须遵守；若有违反，则要受到相应的处罚，所以制度具有很强的强制性和约束力。

（3）发布方式多种多样。制度除作为文件存在之外，还可以张贴和悬挂在某一岗位和某项工作的现场。

2. 制度的种类

（1）岗位性制度。岗位性制度是针对不同行业、岗位，制定的本行业、本岗位成员必须遵行的制度，如消防工作制度、档案管理制度等。

（2）法规性制度。法规性制度是在相对比较大的范围内，必须遵行的制度，具有较强的法规性和强制性，如政治制度、审批制度等。

三、制度的基本格式

制度由标题、正文和落款构成。

1. 标题

制度的标题一般有两种构成形式：一种是由发文机关、发文事由和文种类别（制度）三部分组成，如《××团干部管理制度》《××市计划生育委员会财务管理制度》等；另一种由发文事由和文种类别（制度）构成，如《保密制度》《值班制度》等。

2. 正文

制度的正文由总则、分则、附则组成。总则是关于制定制度的指导思想、目的等项内容的说明。分则是规范项目，是制度的实质性内容。附则用以提出执行的要求等事项。内容比较简单的制度，正文可以只有分则。制度正文的结构形式比较单一，一般都是条文式的，依次列述规定内容。

3. 落款

署名写制发机关或发布机关的名称，时间写制发的年、月、日。也可在标题正下方加括号注明制发机关或发布机关的名称和日期。

四、制度的写作注意事项

1. 符合政策规定

制订制度要熟悉有关法律条文，要符合有关法律法规和政策的规定，不能与其相抵触。

2. 内容科学严谨

制定的内容要具有针对性和可行性，从而使其发挥应有的作用。不要在内容上出现前后不一致的现象，以免影响制度的严肃性。

3. 条文明确具体

制度各项条文的制定要明确具体，简明扼要，语言通俗易懂，条目简洁清晰，便于记忆与执行。条款内容要单一，一般一款一事，条与条、款与款之间应考虑操作顺序和逻辑关系，不要编排得杂乱无章。

例文点评

学生考勤制度

一、学生自开学之日起开始考勤。

二、教学计划规定和学校统一组织的一切活动，都要实行考勤。因故不能参加者必须请假。凡未请假或请假未准者，均以旷课论处；超过假期者，超过的时间作旷课处理。早退或迟到满三次作旷课一学时计，旷课一天以七课时计。

三、学生在实习、实验、演出、军训、自习、早晚自习及其他要求必须参加的会议和活动中缺勤的，均按旷课处理，旷课时间按照会议或活动的时间折合正常课时时间计算。

四、家住本市的学生，经请假批准后，星期五可回家住宿，但星期日必须返校上晚自习，家不在本市的学生不准外宿，因故必须外宿者，须经辅导员批准。

五、学生请假，必须填写请假报告单。学生请病假，须持本校医务室或市级医院的相关证明；学生一般不准请事假，特殊情况除外；在没有征求老师同意的情况下，事后补假一律无效。

六、凡遇考试（考查）请假，不管找何人请假，都须经教务处同意，否则请假无效，作旷考处理，考试成绩按零分计算。

七、学生请假期满，应由本人在期满的当天或第二天到最后审批人处办理销假手续。不及时办理销假手续者，从请假期满日起至办理销假之日止，这段时期以旷课论处。

八、学生考勤由班长总负责，可以安排班团干部轮流登记。学生考勤由班委会按日登记，每周五下午放学后交学生处，每周一全校公布。考勤工作是评选优秀干部的重要内容之一。

九、学生处随时检查考勤情况，统计缺勤及旷课节数，按《学生违纪处罚条例实施细则》有关规定，及时作出对缺勤学生的处理。一学期请假累计不得超过45天，否则，需要办理休学手续或自动退学手续。

十、学生请假手续：请假学生持有关证明或到辅导员处领取《请假条》，一天以内，由辅导员批准；一天以上五天以内，经辅导员批准后，须再经学生处批准；五天以上，经辅导员和学生处批准后，须再经学校院长批准。无论请假时间长短，如需外宿者，还须到宿舍生活老师处登记。返校后应及时办理销假手续。

××学校
××××年××月××日

点评： 这是一篇规范的岗位性制度，是针对在校学生实际情况和要求制定的必须遵行的制度，由标题、正文和签署三部分构成，正文采用条文式依次列述，内容科学严谨，语言通俗易懂。

用电管理制度
（××厂××××年×月×日发布）

第一条　为了合理利用国家电力资源，充分发挥用电设备潜力，达到安全、经济、合理、节约用电的目的，特制定本制度。

第二条　加强用电管理、严格用电制度。实行内部经济合同制，每月根据生产、工作任务把用电指标下达到车间、部门，做到日清、旬结、月考核。实行节奖超罚，充分调动各用电部门的积极。

所有用电部门应切实做到"四有"：

1．用电有计划。

为搞好计划用电，各用电部门的生产设备、照明设备不得随意更换；特殊情况需要更换时，需经动力科批准，否则动力科有权停止供电。

2．考核有计量。

所有用电部门的电度表不许任意更动，以免损坏，影响考核；不属于同一电度表的线路不准自行接线使用，违者罚款200～500元。

3．使用有制度。

各用电部门要认真执行动力部门许可的用电时间，否则动力部门有权停止供电，如劝阻不改者，每千瓦用电罚款十元。

4．节约有措施。

所有用电部门的生产、照明设备均应有专人负责，做到人走灯灭、机床停。

第三条　变电所人员要严格按规定做好用电记录，发现问题立即报管电人员，并按规定时间将用电记录呈报有关部门，登记考核。

第四条　所有办公室、集体宿舍、家属点的照明设施不得超过3000W（有特殊需要者经厂长批准），违者罚款一百元。如不经批准擅自接线使用电熨斗、电炉者，根据不同情节，处以200～400元罚款。由此造成损失者，要负经济责任。

第五条　对常年坚持节约用电有贡献的集体或个人，根据贡献大小，分别在不同范围内予以表扬，或作为评先条件之一；对提出用电合理化建议和双革措施，并且有节电经济效果的集体或个人，要给予物质奖励。

第六条　各部门要经常开展用电安全和合理节约用电教育，普及用电常识，使有限的电力资源在我厂发挥应有的作用。

点评： 该篇制度层次清楚，符合制度的结构。但存在如下问题：

（1）语句表达不顺畅，如第二条2."所有用电部门的电度表不许任意更动，以免损坏，影响考核"应修改为"为了不影响电度表的使用，方便考核，所有用电部门的电度表不许任意更动"；再如第三条"并按规定时间将用电记录呈报有关部门"应改为"并按规定时间将报表呈报有关部门"。

（2）数字写法不统一。如文中的"200～500元""十元""一百元""200～400元"等，均应改用阿拉伯数字。

（3）介词使用不当。如第五条中的两处"集体或个人"，应将介词"或"改为"和"。

（4）标点使用有误。第五条中的"双革"应用引号引起来。

温馨提示

制度的稳定性及适应性：

制度要符合工作实际，便于遵守执行。制度是行为规范，本单位人员必须遵守，其强制作用十分明显，因而条文务必周严、具体。如果定得过于原则化，发挥不了应有的作用，所定的制度就将流于形式。要注意制度的稳定性和适应性，不能朝令夕改，但也不能一成不变。由于新形势、新情况、新技术、新工艺的不断涌现，制度在保持自身稳定性的同时，还要注意随时总结、充实、修改，以适应生产经营的需要。

任务演练

1. 在食堂勤工俭学的苏明，在工作中非常认真，经常为学校食堂领导出谋划策，受到了后勤领导们的青睐，为了在新的学期把食堂卫生搞得更好，后勤主任指定要他拟写一份餐饮卫生管理制度。

2. ××系新购置了一批电脑，建立了一个学生机房，为了满足广大学生用机需求及电脑的维护，请你为××系机房制定一份管理制度。

任务4 守则

知识橱窗

要建设具有较强竞争力的组织，需要加大实施内控制度的力度，凝练和升华这个组织的核心价值观，建立自我约束的监督体系，形成共同的行为准则，规范组织内部成员的行为，指导成员自觉遵守这些准则，实现步调一致，同舟共济，这就是守则。

一、守则的概念和作用

1. 守则的概念

守则是国家机关、社会团体和企事业单位根据法律、行政规定及上级指示有关精神、习俗风尚，以及实际工作的需要制定，并要求所有相关人员严格遵守执行的行为准则。

守则除了用于规范各行各业人们的道德和行为外，还常常使用于具体操作规范。有时也称"准则""规范"，如《高等学校学生行为准则》《中学生日常行为规范》等。

2. 守则的作用

守则对其所涉及的成员有约束作用，但守则从整体上说属于职业道德范畴，不是法律和法规，不具有强制力和法律效应。也就是说，如果有人不按守则办事，可能并不违法，但会违背道德准则，会受到人们的批评和谴责。守则旨在培养成员按道德规范办事的自觉性，对本系统、本单位、本部门的工作、学习、生活也能起到一定的保证、督促作用。

二、守则的特点和种类

1. 守则的特点

（1）概括性。篇幅要短小，写作时要用简明概括的语言行文，不能写得太烦琐。

（2）针对性。要根据党的路线、方针、政策，结合本地区、本系统、本单位的实际情况，有针对性地拟定具体条文，不能过于空泛、笼统，应做到有的放矢。

（3）准确性。在文字表达上，应该准确、明白，不能模棱两可，含混晦涩。

（4）可行性。所规定的条文，所提出的要求，应该实事求是，切实可行，通过努力可以做到，防止要求过高，变成一纸空文。

（5）通俗性。语言应明白、流畅、通俗易懂，忌长句、复合句和专业术语的大量运用。

2. 守则的种类

（1）行业管理性守则。行业管理性守则，一是指某一行业的行业管理性守则；二是指在特征群体领域范围内向所属成员发布的行为准则和道德规范。

（2）特征群体性守则。特征群体性守则是针对某一具有共同特征的群体而制定的行为准则和道德规范。

三、守则的基本格式

守则一般由标题、正文和落款三部分构成。

1. 标题

守则的标题由发文机关、发文事由和文种类别（守则）组成，有时可省去发文机关和发文事由，只写"××人员守则"或"守则"。

2. 正文

正文内容包括制定守则的指导思想、目的、意义、具体事项和执行要求，篇幅一般比较简短，多采用通篇分条式写法，语言表达要简练、质朴、准确。

守则的篇幅一般比较短小，多采用通篇分条式写法。如果内容复杂，为了更有条理性，也可采用章条式写法，由总则、分则、附则三部分组成，则下面再分章，章下再分条。

在正文的写作中，条与条之间的划分是否符合逻辑规律，能不能做到条理清楚，层次分明，是写作成败的关键。

应用文写作

3. 落款

落款包括发文机关和日期。有的高级领导机关制定的守则，需要在标题下方正中加括号标注日期和发布机关或通过守则的会议。如标题中已标明发布机关和发布日期，这部分可以省略。

四、守则的写作注意事项

1. 条文简明，主次分明、内容不交叉

守则往往是直接提出要求、写明规范，条文排列逻辑有序，一般以从原则到具体、从一般到特殊、从主要到次要的顺序安排条文。

2. 内容切实可行，针对性强

守则是针对一定范围的有关人员而做出的规定、规范和要求，内容和写法力求单一、集中，每条一个重点，便于理解执行。

3. 语句通俗易懂，文字简练

守则的语言一般通俗简明，表意准确严谨，常用排列整齐的短句，如汉语中传统的四字句表述；守则注重语言的行业特点，注重简明通俗，好懂易记。

例文点评

××学生守则

一、遵守宪法和国家法令、规定，不组织、不参与未经学校批准的社团组织、政治集会和游行，不写大、小字报，不听信政治谣言和反动广播。

二、积极参加政治学习，努力学习马列主义、毛泽东思想，关心时事政治，逐步树立无产阶级的阶级观点、劳动观点、集体主义观点、群众观点和辩证唯物主义观点。

三、热爱劳动，积极参加社会实践，积极参加公益劳动、生产劳动和勤工俭学活动，虚心向工人、农民、解放军学习，不参与经商活动。

四、艰苦奋斗、勤俭节约，不浪费水、电、粮食，不向学校和家庭提出超越实际可能的生活要求。

五、树立牢固的专业思想和良好的职业道德，热爱所学专业，勤学苦练，刻苦钻研，努力学好各门课程，提高专业技能，立志成为合格的高级技术人才。

六、维护教学秩序，遵守学习纪律和实验学习操作规定，按时按要求完成作业、实验报告和实习论文，考试不作弊。

七、积极参加体育锻炼和健康的文化活动，不观看、不传播内容不健康的书刊和音像制品，不玩麻将，不参与任何形式的赌博。

八、仪表整洁、朴素大方，男生不留长发、不蓄胡须，女生不染发、不化妆、不佩戴首饰，在宿舍和浴室以外的公共场所不穿拖鞋、短裤、吊带衣、超短裙。

九、诚实守信，谦虚谨慎，尊敬师长，敬老爱幼，团结同学，乐于助人。

十、言谈举止文明，不参与封建迷信活动，不讲粗言秽语，不说低级下流话，不拉

帮结派，不打架斗殴，不吸烟、不酗酒，男女交往要得体。

十一、爱护公共财物，保护公共设施，维护教学和实验仪器设备，爱惜借阅的书刊并及时归还，损坏公物主动赔偿。

十二、讲卫生，不随地吐痰，不乱扔果皮纸屑、不乱倒饭菜、不随地泼脏水和倒垃圾，积极参加卫生活动。

十三、遵守作息制度，按时起床、就寝、做操、上课、自习，不迟到、不早退，有病有事请假，严格履行请假手续。

十四、遵守宿舍管理规定，保持宿舍的整洁、安静，按时熄灯，不在宿舍生火和使用电炉，未经批准不准外宿、不留宿校外人员。

十五、遵守公共场所有关规定，不扰乱秩序；听报告、观看演出和比赛时要做文明听众、观众，不起哄滋扰，就餐时按先后秩序排队买饭菜。

十六、遵守外事纪律，不做有损国格、人格的事，遇见外宾以礼相待，不卑不亢。

点评：这是一篇规范的特征群体性守则，所针对的群体是××学生，由标题、正文两部分构成，通篇采用分条式写法，篇幅比较简短，语言表达简练、质朴、准确。

××市××局党政领导成员守则

一、认真学习和贯彻执行党中央的路线、方针、政策，在政治上和党中央保持一致。

二、严格遵守党章和《准则》，维护团结，开展批评和自我批评，过好组织生活，做一名普通的共产党员。

三、明确党政分工，坚持集体领导，执行民主集中制。分工负责，注意协商。非主管人员不许愿、不批条、不开口子。

四、了解情况，掌握政策，重大问题亲自动手，放手让职能部门处理职权范围内的工作。

××××年××月××日

点评：该守则是一篇特征群体性守则，所针对的群体是××市××局党政领导成员，由标题、正文和落款三部分构成，正文采用条文式依次列述，守则事项比较明确，存在的问题有：

1. 第二条中"严格遵守党章和《准则》"应该把准则的全称都表述出来。

2. 第三条中"非主管人员不许愿、不批条、不开口子"一句中的"口子"应加上引号。

3. 正文的写作中，条文排列一般以从原则到具体、从一般到特殊、从主要到次要的顺序安排条文。

温馨提示

守则的特性：

守则不具备强制性，着重体现倡导性。一般是倡导、引导、教育本组织成员遵守一定的行为、品德、规定、规范等，不写对违者的处理。在较大范围内使用的守则，一般应在

应用文写作

标题下签注（题注）或在正文后写明发文机关和成文日期；机关、单位内部使用的守则、试用期限极长且属大家熟知的常规性内容的守则，可不署发文机关和日期。

任务演练

1. 苏明作为物业管理专业的学生，刚进实习单位，就被安排住进了一栋刚建成的职工宿舍楼。物业主任交给他一个任务，让他为小区拟写一份《职工宿舍文明守则》。

2. 在化学实验中，使用的仪器、装置大部分是容易破碎的玻璃器皿，许多药品都是可燃、易爆、有腐蚀性或有毒的危险品，实验过程中常常需要明火加热。因此，稍有不慎，就会发生意外事故。所以，师生都必须牢固树立安全、规范操作的思想，遵循安全守则，严肃认真地完成实验。请你为你校化学实验室拟写一份安全守则。

拓展阅读

怎样分清各种规约文书？

规约文书整体说来是由一个完整系列的文种构成的，包括法律、条例、规定、办法、细则、章程、制度、规则、守则、公约等，除法规文件以外，任何部门、单位、群众都可以自行制定，并且所制定的规约文书都有相应的约束力，至于采用法律手段、政治手段、行政手段、经济手段、职业手段、道德手段等，可以视情况而不同。

部分规约文书比较

文种	内容和作用	制作者	范例
条例	对某一方面的行政工作做比较全面、系统的规定，是具体法律性质的文件	国务院和地方人大、人大常委会（国务院各部委和地方人民政府制定的规章不得称为"条例"）	《中华人民共和国人民币管理条例》
规定	对某一项行政工作做部分的规定，是法律、政策、方针的具体化形式，是处理问题的法则	国务院、国务院各部门、地方人民政府（也适用于各级人民政府与所属机关）	《关于出版物上数字用法的试行规定》
办法	对某一项行政工作做部分的规定，包括处理某些问题的具体方法、标准	同上	《湖南省普及九年制义务教育实施办法》
细则	为实施"条例""规定""办法"作详细、具体或补充规定，对贯彻方针、政策起具体说明和指导作用	国务院各部门、地方人民政府（也适用于各级人民政府与所属机关）	《〈对外汉语教师资格审定办法〉实施细则》
章程	政党、社会团体、企事业单位用以说明该组织的宗旨、性质、组织原则、机构设置、职责范围等的纲领性文件，具有准则性和约束性的作用	政党、社会团体、企事业单位	《中国共产党章程》

续表

文种	内容和作用	制作者	范例
制度	有关单位和部门制定，要求所属人员共同遵守的准则	机关团体、企事业单位及其部门	《办公室工作制度》
规则	有关部门为维护劳动纪律和公共利益而制定的要求大家遵守的条规（地方性法规、行政规章也用这种文体）	同上	《城市交通规则》
守则	机关团体、企事业单位要求其成员遵守的行为准则	同上	《××公司员工守则》
公约	人民群众或团体经协商同意而制定出的共同遵守的准则，对参加协议者有约束力	人民群众、团体	《花园小区公约》

项目四　调研文书写作

项目情境

在实习中，班主任老师出于专业建设的需要，要求同学们在做好专业实习工作的同时，利用实习之便进行专业人才市场需求调查。实习过程中，苏明做了认真的社会调查，并且发现自己所学专业大有前途，于是爱动脑筋、敢想敢干的年轻人又产生了一个大胆的想法——毕业后自主创业，邀请一批精明能干的同学成立明峰文化服务公司。你知道苏明在自主创业前要完成哪些工作并且撰写哪些相关文书吗？

任务描述

俗话说："商场如战场。"面对瞬息万变、纷繁复杂的市场风云，要想在其中立于不败之地，就必须进行充分的调查研究，掌握大量的第一手资料，并把这些资料进行分析、归纳，找出规律性的认识，用以指导实践。在上述活动过程中，苏明必须要了解市场调查的方法、调查报告以及市场预测报告、市场可行性分析报告等应用文种的写作方法。

任务 1　调查报告

知识橱窗

调查研究是人们认识社会、了解社会、分析社会问题和社会现象、解释与预测社会发展变化的重要手段。在当代，随着工业社会和信息社会的迅速发展，随着科学技术的不断进步，科学的社会调查研究受到人们的日益重视和广泛运用，同时，在我国的社会理论研究和社会实践领域，学习和掌握现代的调查研究方法不仅是社会科学发展的需要，而且也是一些教学、科研部门和实际工作部门的迫切需要。

一、调查报告的概念和作用

1. 调查报告的概念

调查报告是根据一定的目的，针对某一现象、某一情况、某一事件或某一问题及经验进行深入细致的调查研究，掌握其本质特征和基本规律，然后用科学的方法进行分析而写成的书面报告。调查研究是报告的基础和前提，报告是调查研究的反映和结果。调查报告写作之前，必须做好系统周密的调查和客观深入的研究。

2. 调查报告的作用

总的来看，调查报告对人们的社会实践有着重要的指导作用，具体表现在下述三个方面：

（1）它可以大量反映情况，广泛交流信息。对多层面的问题进行深入的理论研究与探讨。

（2）它可用来推广新生事物和先进典型，研究事物发展规律，为领导决策提供依据，指导工作。

（3）它所揭示的问题和弊端，起着针砭时弊、纠正不正之风的监督作用。

二、调查报告的特点和种类

1. 调查报告的特点

对调查报告而言，"调查"是其工作方式，"报告"是其文体形式，二者结合所形成的文体如调查、情况调查、调查综述、考察报告等，都属于调查报告。它的作用是多方面的，可以作为制定路线、方针、政策的依据；可以通过典型事例的分析，总结出具有方向性、全局性的经验来推动工作；可以追踪和回答重大的、人民普遍关心的社会问题。

（1）针对性。调查报告是直接服务于现实工作的。这就需要针对现实中的具体工作或问题进行系统的调查，并将结果形成书面报告，或总结经验，提供情况，或反映问题，查明真相，以引起有关方面的重视，成为决策时的参考依据。因此针对性是调查报告的关键，针对性越强其价值也就愈大。这一点也与申论的特点相契合。

（2）客观性。调查报告的内容必须真实，作者写作时要力求客观。事实是调查报告的基础，在调查报告中不能夸大，也不能缩小，更不能歪曲事实。作者不能弄虚作假，必须客观地反映调查对象的真实情况，实事求是地分析评价，得出符合客观实际的结论。否则，没有真实性，调查报告也就失去了应有的作用。

（3）叙述性。调查报告的重点在于表述调查所得的材料和结果，同时要从中得出结论和意见，这就决定了它要以叙述为主，同时辅以必要的议论。它的主要内容是叙述事实，说明情况，在此基础上进行必要的分析综合，而无需完整的论证过程。

（4）时效性。调查报告服务于现实工作，这就决定了它的时效性。尽管不必像新闻那样紧迫，但必须针对现实需要，回答迫切的、具有现实意义的问题。即便是考查既往的事件，也应该着眼于今天的需要。

2. 调查报告的种类

（1）反映情况的调查报告。这类报告通常能比较全面、比较系统地反映一个地区、一个系统或一个部门的基本情况，它可以提供全面的情况，或者反映出某种动态、倾向，以引起有关部门的重视，成为决策的参考依据。

（2）总结典型经验的调查报告。这类报告通过对具有参考价值和借鉴作用的典型经验的分析，为贯彻执行党的路线、方阵、政策提供具体的经验和方法。它往往通过对某项工作的具体做法和实际收效的调查，分析概括出具有启发和参考意义的经验和办法，以指

应用文写作

导和推动整体工作。

（3）介绍新生事物的调查报告。这类调查报告比较全面、完整地反映了新生事物的发展过程和成长规律，揭示它的现实意义和社会作用。它多在"新"字上下功夫，重在扶持和促进新生事物的成长壮大。

（4）揭示问题的调查报告。这类调查报告是根据工作需要，为了解决矛盾和问题而写的。它通过对社会生活和工作中存在的不良现象和问题的调查，指出其危害性，分析产生问题的根源，提出解决问题的建议和办法，引起重视，促其解决。

（5）查明真相的调查报告。这类报告多针对社会和群众反映强烈的问题和事件进行调查，以披露真相，还其本来面目，消除人们的疑惑。它一般只叙述和说明事实，不作过多的议论。这类调查报告的对象还包括未曾显露真相的历史事实，其目的仍然是还其本来面目，还历史以真实。

三、调查报告的基本格式

一般说来，调查报告的篇幅结构没有固定的格式，内容和写作目的不同的调查报告有不同的结构形式。常见的由标题、前言、主体、结语和落款五部分组成。

1. 标题

调查报告的标题有单标题和双标题两种形式。双标题由正、副标题组成，正标题揭示主旨或指明内容，副标题由调查对象和文种组成，如《人性的扭曲——对××地区家庭暴力问题的调查》。单标题又有文章式标题和文件式标题两种。文章式标题可以标明调查的中心内容，也可以针对调查的关键点提出问题以引起注意，如《高职生的昨天、今天和明天》。文件式标题由调查机关、事由和文件组成，如《教育部关于农村中小学收费问题的调查报告》。双标题和文章式标题一般用于公开发表的、内部交流的调查报告。

2. 前言

调查报告的前言，又叫导语或开头，其写法灵活多样，有概括调查对象的基本情况或基本经验的提纲挈领统摄的提要式写法；有简单介绍调查目的、时间、背景、范围等，使读者了解调查过程和写作意图的交代式写法；也有抓住关键问题以引出下文，让读者循着作者思路的问题实质的设问式写法。经验调查报告和指导性调查报告常用提要式写法，定性型调查报告常用交代式写法，研究问题的咨议型调查报告常用设问式写法。写作前言的基本要求是：简明扼要，避免与主体部分重复。

3. 主体

调查报告的主体部分是对前言所提出内容的充分展开，由于安排材料的顺序和结构方式的不同，其写法也不同。主要有以下三种方法：

（1）以观点为线索链接各个材料对调查所获取的材料进行分类整理，从中提炼观点并用观点作为每一部分的小标题，每部分再用具体材料阐述。这种写法理论性强，容易写出一定的深度，但多层观点要形成并列关系，避免相互交叉和包含。一般用于指导型和咨议型调查报告。

（2）按材料的性质归类分层的形式适用于内容丰富、综合性强的调查报告。在写作过程中，如果提炼观点困难，就按材料的性质进行分类，再用序数符号或小标题分成若干论点叙述，每一种性质的材料内容集中在一起进行表达，这样各部分既相对独立，又有内在联系，可共同表达一个大的中心主题。

（3）以调查过程为顺序展开主体内容过程性强、事件单一的调查报告。实际上它是以时间线索来进行全文的布局。如果提炼观点和按性质归类（即前两种方法）都较困难，就可采用这种方法。这种写法现场感较强，写起来较易，但应重视对材料的合理取舍与剪裁，切忌不能写成"流水账"。这种写法常用于定性型调查报告。

4. 结语

调查报告的结语没有固定模式，从形式上看，多种多样，甚至有的不另写结语。结语的写法有以下三种：

（1）总结全文，强化主旨。在全文行将结束时，把一个思想归结到了一个立足点上，提升到一种明晰的理性高度；或把全文所阐述的主要观点简洁地点出来，以增强文章的说服力和感染力。

（2）提出问题，启发思考。在总结经验教训或表述客观事实的基础之上，有些焦点问题一时难以被人们认识清楚，作者也难以提出解决问题的具体办法，这时，作者要把问题指出来，引起普遍的关注，启发人们对所提问题的思考。例如，《不要让子孙后代埋怨我们》的结尾："假如听任水源污染这样发展下去，难道还用得着等后代去骂吗？"

（3）提出建议，引起注意。在提出有关问题之后，根据问题的发展走向，对解决这一问题提出一些比较可行的方案、意见、建议以及思路和措施。

四、调查报告的写作注意事项

1. 材料与观点需统一起来，做到两者密切结合

调查报告不是先定观点，再去寻找材料，而是从所获得的大量材料中分析出观点。其材料与观点应是有机地统一在一起的，要防止观点和材料的分离。切忌堆砌材料，罗列现象。要从对分析材料的过程中去把握说明一个问题、阐述一种观点和思想。

2. 叙述与议论要恰到好处地结合在一起

毫无疑问，叙议结合的表达方式是调查报告写作时主要运用的手法。叙述部分往往占了较多的篇幅，但调查报告的写作目的是要透过现象看本质，这样必须采用议论的手法。因此叙述和议论两者缺一不可。要求做到使两者有机结合，交叉运用，相互渗透。

3. 务实精神与风格上的生动活泼应体现出来

调查报告的语言应准确、简明、务实，这是一方面。另一方面也应力求语言叙述上的生动活泼，允许采用新鲜活泼和富有生命且能说明问题的群众语言和老百姓喜闻乐见的表达方式，使文章充满表现力，使其更加生动活泼，多姿多彩。

应用文写作

例文点评

当前高校毕业生就业形势分析报告

在失业人员再就业问题尚未得到根本解决的情况下，近年来我国大学毕业生就业问题凸现，引起了社会各方面的广泛关注。今年是高校扩招本科生的第一年，毕业生数量比去年增加近70万，毕业前夕又值非典疫情影响的特殊情况，使得今年的大学生就业形势变得更为严峻。在这样一种情况下，一些人对高校扩招产生了疑虑，一些人认为当前大学生就业难是由于高校扩招造成的。我们认为，高校扩招是党中央、国务院的重大战略决策，对于提高我国劳动者的科学文化素质，为国民经济持续健康发展提供人力资源的保障，缓解就业的总量矛盾和结构性矛盾，具有重要作用。伴随高校扩招出现的大学生就业问题，实际上暴露出现行教育体制、高校人才培养模式和结构以及大学生就业制度与市场经济要求尚存在一些不适应。应该客观认识当前大学生就业的形势，正确分析大学生就业的矛盾问题，因势利导，科学应对，深化改革，完善政策，变挑战为机遇，化压力为动力，推动高等教育事业健康发展。

一、当前大学生的就业形势

（一）近年来，大学毕业生就业率下降，就业问题比较突出。

大学毕业生的就业率下降，据教育部统计，2001年具有普通高校毕业生115万，6月份的初次就业率为70%。从2002年开始，高校扩招的大学生陆续毕业。当年全国普通高校毕业生145万人，较上年增加了27.1万人，增幅达23.1%。6月的初次就业率为64.7%，比上年下降约5个百分点。到2002年年底，又有约22万人实现就业，就业人数达到116万人，就业率上升到80%。

2002年，大学毕业生就业的结构性矛盾十分突出。从地区看，北京、上海等东部发达地区需求较旺，需求总量大于当地的生源数。中西部地区虽然有较大的用人需求，面临的问题是工作和生活条件艰苦，往往是招不到合适的人才，出现了"有地方没人去，有人没地方去"的现象。在一些西部经济不发达地区，当前就业岗位相当有限，难以吸纳本地毕业生。

从院校类别看，教育部直属高校毕业生就业情况较好，初次就业率为85%，部门高校次之，地方院校较差。从学历看，用人单位对学历高的毕业生需求高于对学历低的毕业生需求。研究生供需比约为1:2.6，本科生约为1:1.3，专科（高职）生约为1:0.4。从专业看，一些紧缺专业如计算机、通信、电子、土建、自动化、机械、医药和师范等科类的毕业生需求旺盛，毕业生供不应求，而一些长线专业如哲学、社会学、经济学、法学等科类的毕业生需求较少。

（二）今后几年大学生毕业人数增长快，就业压力将进一步加大，根据前面几年招生数据推算，今后几年，普通高校毕业生将保持大幅度的增长。2003年为212万人，较上年增加了67万人，增幅达到46.2%的高峰。2004年毕业生为280万人，较上年增加68万人，增幅达32.1%；2005年为340万人，较上年增加60万人，增幅达到21.4%。届时，毕业生总量为扩招前的2.9倍。由于今后几年社会对高校毕业生的需求增加幅度不会有大的变化，可以预计，大学生就业竞争将更加激烈。

（三）有就业意愿但未能就业的大学生群体最值得关注未就业的高校毕业生，社会上称为"毕业漂族"。其具体情况有以下三类：一类是复习考研者。为提高自身的就业条件，获得更好的工作职位，毕业后没有找到合适工作而选择考研的毕业生迅速增多，这部分人约占"毕业漂族"的 30% 左右。他们中的不少人集聚在大中城市的大学附近租房住，以便及时获得考试信息，参加学校组织的考研培训。（略）

二、大学毕业生的就业问题

从根本上说，当前大学生就业问题，是前进中的问题，发展中的问题，是高等教育事业改革和发展必须经历的过程。我们在看到当前大学生就业压力的同时，也要看到近年来我国高等教育和大学生就业制度等方面取得的巨大成就和进步。传统的高等教育体制和大学生就业制度，导致了教育事业发展缺乏应有的活力和效率，人才培养机制和人才培养结构僵化，人才培养规模增长缓慢，人才配置不合理，人才资源浪费严重，人才的创新热情和积极性受到抑制。

实践证明，不改革高等教育体制，我国教育事业发展就没有出路，高等教育就不能担负起为国民经济和社会发展提供高素质人才的重任。改革高等教育体制，扩大高等教育机构的自主权和积极性，改革大学毕业生分配制度势在必行。通过高等教育体制的改革，变主要由国家承担有关教育费用为国家、社会和学生等各方面共同投入，有效地开拓和扩大了全社会教育资源，为扩大高等教育规模、提高高等教育运行的效率创造了条件。同时，社会经济发展和高等教育自身发展客观上也提出了高校扩招的要求。高校扩招为更多的青年人提供了接受高等教育的机会。可以说，高校扩招是经济体制改革和高等教育改革逻辑的自然演绎，是我国社会经济发展的客观要求，也是维护公民平等教育权利、扩大人们接受高等教育机会的重要举措。（略）

第一，大学毕业生的就业机制有待改革，就业政策有待完善（略）。

第二，大学毕业生的就业渠道亟待畅通（略）。

第三，大学毕业生的就业服务有待加强（略）。

第四，大学专业结构和教育体制需要进行调整和改革（略）。

三、结语

这些年来，虽然加快高等教育专业结构和人才培养结构的调整，已经成为政府和社会各方面的共识，并且也确实取得了一定进展，但从总体上看，这项工作还不尽人意。目前，大部分学校缺乏足够的自主权，招生和专业设置与市场需求脱节。同时，不少学校缺乏改革和调整积极性、主动性，专业设置和专业调整往往不是面向市场需求，而是单纯立足于自身师资条件等。高职生和专科生就业率较低，原因是高职和专科院校大多仍按照本科压缩型来培养人才，未与市场需求接口，没有体现高职生突出的技能特点。结果是长线更长，结构性矛盾更加突出。这一情况在扩大招生规模后被放大，加剧了问题的严重性。

大学毕业生身上凝聚着巨大的人力资本，他们是国家和社会的宝贵财富。目前，我国的大学生不是多了，而是不够。但如果较大规模的大学毕业生不能实现就业，不仅是对人力资源的巨大浪费，而且也将打击社会和家庭的人力资本投资热情，降低人们参加教育与培训的积极性，对劳动力市场产生较大的负面影响。同时，大学生思想处于不成熟阶段，又多集中在城市，长期不能就业会影响社会稳定。因此，高校毕业生就业问题，需要引起

应用文写作

高度重视,切实加以解决。

(选自《新华文摘》2003 年 8 期 作者莫荣 刘军)

点评: 本文围绕中心以分论点为线索链接各有关材料,从两个方面客观分析了大学生就业的形式和就业工作中存在的问题。结构清晰、逻辑严谨,起到了调查报告应有的反映情况、服务决策、引起重视的作用。

春节送礼情况调查报告

火红的灯笼挂起来,欢乐的歌儿唱起来,随着噼里啪啦的鞭炮声,春节如约而至。下面,让我们去作个春节社会调查吧!Let us go!

春节是我国的传统节日,是家人团聚,欢天喜地的日子。大部分人在这时走访亲戚,互相送礼是不可少的。当今社会,春节送礼,许多人已经司空见惯了。那多少人认为"送礼"是春节必不可少的一个内容呢?调查显示:68.5%的人认为"送礼"是春节必不可少的内容,仅有 8.9%表示"送礼"并非春节必不可少的内容,有 22.6%的被访者表示不好判断。

从我们调查的情况看,既然大部分认为送礼是春节必不可少的一个内容,那么今年春节送什么礼物好呢?其中,50%的人认为送食品合适;35%认为送保健品高雅;10%认为送烟酒茶类时尚;5%认为送什么也无所谓。

在与被访者的交谈中可以了解到,大家认为"送礼"往往会让人在人情往来上有点累,这"累"需要精力的付出,更需要人民币的"支持"。

据有关资料表明,我县一个中等家庭月收入大约为 800 元左右,而在调查中,受访者的春节消费额度,在 400 元以下的占 19.5%,400~600 元的占 35.8%,600~700 元的占 21.5%,700~800 元的占 12.2%,800~1000 元的占 9%,在 1000 元以上的占 2%。调查表明,23.2%的家庭,春节期间大约将消费一个月的家庭收入。

过春节,当然也少不了给孩子们发压岁钱。如今社会,孩子们的压岁钱在 600 元以上的占 40%,在 500 元左右的占 50%,在 300 元以下的仅占 10%。

"春节黄金周"期间,少部分人会借着这个机会,出去散散心,去一些山清水秀、环境幽雅的地方去过这一年一度的春节,当然,这也少不了人民币的支持,旅游消费额在 1000 元左右的占 20%,在 3000 元左右的占 45%,在 5000 元左右的占 35%,看来,春节旅游也是一笔大消费啊!

点评: 这是一篇写作上存在诸多毛病的调查报告。首先,作为调查报告,文章中叙述和议论没有很好地结合,只把送礼的需求情况、送礼的种类和送礼支出的一些数据简单地罗列出来,没有反映一定的问题和社会现象,看不出调查的结论,全文没有提炼出鲜明的观点。其次,观点与材料不一致,主题不集中。该调查报告的主题是"春节送礼情况调查报告",但"春节消费额度"与"给孩子们发压岁钱"以及"黄金周消费"等均不属于该主题范畴,与送礼无关,只是材料的简单罗列,显得调查报告的材料混乱、逻辑性差。再次,调查报告的问卷设计要科学,但是从正文看问卷,设计简单而且数量不足,导致调查内容单薄。调查报告的语言应该平实客观,而该文开头违背了这个原则,华而不实。

项目四　调研文书写作

温馨提示

调查研究"八戒"

调查研究工作还应该注意调查的态度和作风,力求做到"八戒"。

一戒先入为主,主观片面;

二戒粗枝大叶,笼笼统统;

三戒以假当真,移花接木;

四戒以偏概全,捕风捉影;

五戒手脚不勤,五官不灵;

六戒走马观花,隔岸观火;

七戒亲朋领导,唯亲是从;

八戒好好先生,拉拢奉承。

任务演练

1. 你认为语文应用能力是不是一个高职生应该具备的职业核心能力？试就"高职学生要不要继续开设语文类课程"进行一次全院各专业在校生的民意调查,并写出调查报告。

2. 曾经的岁月里,你认为哪一个学习时段（小学、初中、高中、高职）老师布置的作业量不太合理（太多、太少）？请针对你愿意了解的学习时段设计一份调查问卷。如果愿意将它做成论文或者课题,那么还可以自己组织一个调研小组进行调查和分析,之后写成调查报告。

任务2　市场预测报告

知识橱窗

市场预测报告是建立在市场调查和市场分析的基础之上的合理推论,是经济理论和经营实践有机结合的成果,是促进市场经济建设有序发展的重要手段。市场预测报告是市场经济中常用的文体,通过对市场现状充分、准确的分析和预测,有助于企业管理的决策者把握市场的变化规律,洞察业内的动态走势,明了未来的经营方向,是企业科学决策的向导,是企业发展的动力,有利于企业资源优化、科学整合。

市场预测是一门应用性的边缘学科,运用经济学、市场学、计量经济学、统计学、系统工程学和信息论等各门学科知识进行定性、定量分析,并以现代计算手段对经济现象进行描述和运算。

应用文写作

一、市场预测报告的概念和作用

1. 市场预测报告的概念

市场预测报告是以经济理论为基础，依据已掌握的有关市场的信息和资料，以市场的历史和现状为出发点，运用经济预测手段进行统计归纳、分析研究后，对市场经济的变化规律及其发展趋势做出科学判断的一种前瞻性报告。市场预测报告主要为有关部门和企业提供信息，以改善经营管理，促使产销对路，提高经济效益。

2. 市场预测报告的作用

市场预测报告可以使企业和管理部门了解市场供应发展的趋势，为经济决策提供科学依据；也可以使企业和管理部门更深入地掌握市场变化规律，从而根据市场需要，调整产品结构，改善经营管理，为企业制订和调整生产经营计划提供科学依据；还可以促进商品的供需平衡，提高企业的经济效益和社会效益。在市场经济条件下，市场预测已经成为探索经济规律，提高经济效益的重要环节。

二、市场预测报告的特点和种类

1. 市场预测报告的特点

（1）预见性。市场预测报告是对市场未来发展趋势做出的预见性的判断，是在深入分析市场既往历史和现状基础上的合理判断，可以将市场需求的不确定性极小化，使预测结果和未来的实际情况的偏差概率达到最小化。

（2）科学性。市场预测报告运用科学的预测理论和预测方法，以周密的调查研究为基础，充分搜集各种真实可靠的数据资料，找出预测对象的客观运行规律，得出合乎实际的结论，从而有效地指导人们的实践。

（3）针对性。每一次市场调查和预测，只能针对某一具体的经济活动或某一产品的发展前景展开。选定的预测对象越明确，市场预测报告的现实指导意义就越大。

（4）创见性。预测本身是一种创见。一般来说，市场经济是有规律可循的，但市场经济的明天不会是今天或昨天的简单重复。市场预测报告的写作就是要拨开重云迷雾，摒弃人云亦云的做法，形成独到的见解。

2. 市场预测报告的种类

市场预测报告根据不同的分类标准可以分为不同的类型，一般可以分为以下几种类型：

（1）以预测的范围为标准。

以预测的范围为标准，可将市场预测报告分为宏观市场预测报告和微观市场预测报告。

① 宏观市场预测报告。宏观市场预测报告是对大范围或整体现象的未来所作的综合预测，常指有关国民经济乃至世界范围内的各种全局性、整体性、综合性的经济问题的报告。宏观市场预测报告主要包括社会商品购买力与商品可供量总额平衡的预测、商品供求构成的发展变化趋势及特点的预测，商品供应量的城乡、地区分布趋势的预测。

② 微观市场预测报告。微观市场预测报告是某一部门或某一经济实体对特定市场商

品供需变化情况、新产品开发前景等分析研究的预测报告。微观市场预测报告主要包括主要商品市场需求量发展趋势预测、市场占有率预测、主要商品供应量发展趋势预测、新商品发展趋势预测、商品价格变动趋势预测、商品生命周期预测。

（2）以预测的时间为标准。

以预测的时间为标准，可将市场预测报告分为长期预测报告、中期预测报告、短期预测报告。

① 长期预测报告，是指超过五年期限的经济前景的预测报告。

② 中期预测报告，是对两年至五年时间内经济发展前景的预测报告。

③ 短期预测报告，是指对一年内经济发展情况的预测报告。

（3）以预测的方法为标准。

以预测的方法为标准，可将市场预测报告分为定量预测报告和定性预测报告。

① 定量预测报告。定量预测报告包括数字预测法预测报告和经济计量法预测报告。数字预测法预测报告，是对某一产品（商品）已有的大量数据进行分析研究，用统计数字表达，从中找出产品（商品）的发展趋势而写成的报告。经济计量法预测报告，是根据各种因素的制约关系用数学方法加以预测而写成的报告。

② 定性预测报告。定性预测报告。是对影响需求量的各种因素，如质量、价格、消费者、消费点等进行调查、分析研究，在此基础上预测市场的需求量而写成的报告。

三、市场预测报告的基本格式

市场预测报告一般由标题、前言、正文和结尾四部分组成，有些市场预测报告还会带上落款和附件部分。

1. 标题

市场预测报告的标题可分为公文式标题和文章式标题两种。公文式标题一般由范围、时限、预测对象、文体名称四个要素组成，如《华北地区2014年羽绒服销售预测报告》，有时对象和时限可以省略，如《格力空调销售预测报告》。文章式标题可由主标题和副标题组成，主标题点名预测报告主旨，副标题点名预测对象和文种，如《互联网将成为未来经济原动力——美国经济学家对世界经济的预测》《春风将度玉门——我国A股市场2007年走势展望》。市场预测报告的标题可表明预测对象的范围，反映期限、预测目标的，语言要简明、醒目。

2. 前言

前言，又称导言，以简明扼要的语言，交代预测的对象、目的和意义。有时前言部分可以简单概括全文的主要内容，或将预测的结果提前到这部分，以引起注意。预测对象单一、篇幅短小的市场预测报告，前言部分可以省略，一开头就直接进入主题。

3. 正文

正文是市场预测报告的核心部分，一般包括现状、预测和建议三部分。三部分分别回答了"现在怎么样""将来什么状况""最终怎么办"的问题，三部分之间的内容紧密相连，有着严密的逻辑关系，先后顺序不是一个固定模式，可灵活进行调整。

应用文写作

① 现状。市场预测报告的现状部分事先要广泛搜集资料，并从中选择有代表性的材料、数据来说明经济活动的历史和现状，为进行预测分析提供依据。市场预测现状部分，一般主要反映市场需求情况、商品资源情况、市场行情情况、企业生产经营状况等。

② 预测。预测部分在调查研究或科学实验取得资料数据的基础上，对材料进行认真分析研究，利用资料数据进行科学的定性分析和定量分析，再经过判断推理，从而预测经济活动的趋势和规律。预测部分是市场预测报告主体的重点部分，是体现预测主体特征的部分。

③ 建议。建议部分根据预测分析的结果，提出切合实际的具体建议，以适应经济活动未来的发展变化，为领导决策提供有价值的、值得参考的建议。建议部分是一篇市场预测报告的最终落脚点，内容要尽量地具体，切实可行，切忌脱离现实的空想。

4. 结尾

结尾是预测报告全文的收尾和结束，主要目的是为了照应前文，起到首尾呼应的作用。

市场预测报告结尾的写法很多，有的是归纳预测结论，提出展望，鼓舞人心；有的照应前言或重申观点，以加深认识；也有的以预测中的问题结尾，以引起重视。结尾部分要简洁自然，干脆利落，简明扼要，切忌画蛇添足，空喊口号。

5. 落款

在正文的右下方注明署名和日期。署名可以是拟写报告的单位或拟写人。如果文前写明了日期，文末可以省略。

6. 附件

主要是与正文有关的图、表等数据材料，以及其他具体的辅助材料。

四、市场预测报告写作的注意事项

1. 深入调查，从实际出发

市场调查报告要运用资料数据，准确说明现状，分解资料数据，科学推断未来。调查阶段所取得资料不真实、不全面、不准确，会影响把握市场变化的趋势和规律，甚至做出错误的结论，给生产和决策带来损失。

2. 目标明确，突出重点

预测目标在市场预测报告的写作中具有重要作用，明确的目标是材料收集、筛选、使用、报告结构安排的依据。目标明确后要突出重点。

3. 依据分析预测，提供可行性建议

市场预测报告的价值，主要在于预测结论的准确性和建议的可行性，所以一定要提出合理化、科学化的建议。

4. 语言要求准确、简练

市场预测报告在撰写时必须对采用的资料反复落实、推敲，语言的运用要准确、简洁，不必单纯追求语句的华丽和渲染。

例文点评

沪产电吹风产销预测报告

电吹风原是理发店的专用工具，近年来，随着生活水平的提高，已广泛进入家庭使用。目前上海市场供应的有功率450W、配以感应式或串激式电机的理发专用电吹风和功率在450W以下、配以直流式电机的家用电吹风两种，前者价格50元左右，后者价格15元至35元。

一、基本情况

本市生产电吹风已有40多年的历史，较早生产的上海南翔电器二厂近年转至嵩明电器厂生产。自1979年起，上海电器六厂和长乐电器厂相继试制家用电吹风投入市场。80年代以来，沪产电吹风生产和销售迅速增长，1980年全市年产232 510只，1984年已达到496 797只，5年累计生产1 784 189只，年递增率为21.63%。1980年销售225 565只，1984年达到502 046只，5年累计销售1 766 629只，年递增率为22.57%。据调查，沪产电吹风生产迅速发展，销售持久坚挺，原因如下：

一是沪产电吹风以造型新颖，质量稳定，价格适中，在各地享有声誉，知名度高。

二是购买家电产品已成为新婚家庭的一种时尚。电吹风由于价格便宜，实用性强，已成为新婚必需品之一。

三是人们生活观念起了变化，转向求新爱美。近年来音乐茶座、舞会的兴起，化妆用品销售的激增，都带动了人们对电吹风的需求。

四是由于市场对电吹风的需求量大，刺激了工厂的生产。嵩明电器厂的"万里"牌，长乐厂的"长风"牌，电器六厂的"金螺"牌几年来均发展了系列产品。

二、趋势预测

随着收入的增加，人们的消费结构起了变化。"用"的比重逐年上升。沪产电吹风5年来销售递增22.57%。高于近几年全国城乡居民消费平均增长10%的水平。说明沪产电吹风已进入成长期。今年，随着工资的改革和农副产品的收购价格的提高，职工和农民的收入都将提高，对沪产电吹风的需求将有大幅度的上升，其原因是：

第一，社会保有量低。据调查，本市销售量占产量的30%，别除外贸收购因素，按本市总销量116.5万只推算，社会保有量为34.9万只，以市区170万户计算，每百户家庭普及率仅20%。就全国而言，城乡每百户家庭普及率达不到1%。

第二，各地区新兴大量贸易公司，它们需要电吹风作为铺底商品。

第三，去年本市进口电吹风4万只，今年将限制进口。

第四，电吹风外贸出口还有潜力。

根据以上分析，可知近期产销趋势如下：

今年计划安排生产68.5万只，比去年增长37.88%。其中家用36.7万只，理发用20.8万只，外贸出口9.5万只，袖珍型1.5万只。到1990年，根据规划及增长趋势预测，嵩明电器厂产量为100万只，长乐厂90万只，电器六厂30万只，年总产量达到220万只，比今年增长2.2倍。今年计划销售70万只，其中商业经销30.9万只，占44.14%，工厂自售29.6万只，占42.29%，外贸收购9.5万只，占13.57%。据本市专营批发的上海理发用具商店统计，今年1～5月共销售10万只，比去同期上升20%，如果货源充足，可上升到

30%。以自销为主的长乐厂今年1~5月销售10.4万只，比去年同期上升33.33%。下半年由于增加工资因素，购买力将比上半年旺盛，预测今年销售量将比去年增长35%左右，全市销售量约为68万只，产销基本上是平衡的。

三、几点建议

（1）积极开发理发美容专用的高档电吹风。全市有理发店659个，理发师6000余人，拥有电吹风8000余只，每年至少需添置1000余只。这就要求生产厂能提供功率在700W以上，价格在200元左右的高档电吹风。

（2）加强市场动向和产品的预测工作，减少盲目性。

（3）进一步提高产品质量，积极发展多功能电吹风。

（4）限制进口，保护国产电吹风的发展。

（本文选自百度文库，略有改动。）

> **点评：** 本文是一份关于电吹风产销的市场预测报告，标题为省略了时限和区域的公文式标题，由预测对象和文种构成。导言部分用简洁的语言介绍了上海市场电吹风的供应情况，是进行市场预测的基础。主体部分由三部分内容构成：① 基本情况：先运用准确、翔实的数据介绍沪产电吹风的历史，然后从产品造型、新婚家庭的时尚追求、人们生活观念的转变、市场需求变化四个方面分析了该产品销售良好的原因；② 趋势预测：以调查分析为根据，对该产品近期的产销趋势作了预测；③ 建议部分：从新产品开发、加强市场预测、提高产品质量、限制进口四个方面提出良好建议。该预测报告数据准确、思路清晰、逻辑性强，结构完整，格式正确，具有很大的参考作用。

变频空调有望成消费首选

虽然还是春寒料峭，但各空调企业的激烈竞争，已使大江南北的空调市场呈现出不低的热度。从"两节"前后的市场反馈来看，变频空调正在成为越来越多空调消费者的首选目标。业内人士指出，随着整体经济形势好转、企业技术进步以及人们消费观念的变化，原本属于高档消费品的变频空调获得了走向寻常百姓家的有利契机，有望成为今年空调市场的一个消费新热点。

据了解，变频空调由于调整了电机与控制系统，工作效率可实现大跨度变化，与普通空调相比，有舒适、静音、恒温、高效运转、使用寿命长等显著优势。目前，变频空调是世界家用空调消费的流行趋势。

变频空调早在1996年前后就进入我国，但由于技术、资金、生产条件等因素的制约，它被打上了"贵族"的标签，其价格也比普通空调至少贵千元以上，令普通百姓望而却步。近两年，国内企业开始大规模进军变频空调领域，随着生产和市场规模的扩大，技术和资金门槛的降低。加上去年全国只有上海日立一家企业批量生产变频空调压缩机，而今年将增加到5家左右。而海信、长虹和美的等整机企业也在抓好技术引进的同时，加快了技术消化以及创新步伐，变频空调技术日渐成熟。

另一方面，随着生活水平的不断提高，城乡居民的空调消费观念也在发生变化。选购空调，不仅要看质量和品牌，更关注产品的环保、舒适性等，这也为变频空调市场的发展提供了有力支撑。有关人士认为，随着消费者对变频空调的不断了解以及产品价格走低，今年我国变频空调的销量会进一步增长。

(本文选自百度文库，略有改动。)

点评： 本文是关于变频空调市场销售的市场预测报告，标题是文章式的标题。第一段是前言部分，直接点明了调查的结论，便于引起读者的注意。第二段点明了变频空调销售和使用的现状，第三段和第四段分别从生产厂家和消费者两个角度做出了预测。但文章的整体结构不够完整，缺少建议和结尾部分，建议是一篇市场预测报告的落脚点，也是最终目的所在，所以不能缺少。结尾更多地用以与开头相对应，如果缺乏结尾，就会显得虎头蛇尾，使文章缺乏深度和力度。

温馨提示

市场预测报告和市场调查报告的联系和区别。

1. 联系

（1）市场调查是市场预测的手段，是市场预测的基础；

（2）市场预测报告实际上是调查报告的一种特殊形式，二者都建立在市场调查的基础上。

2. 区别

（1）对象不同。市场调查的对象是过去和现在已经存在的经济现象，市场预测的对象是尚未形成的经济现象。

（2）目的不同。市场调查在帮助企业进行市场预测时，偏重了解市场的过去和现状，旨在总结经验，发现问题，掌握市场营销的状况及发展规律。市场预测偏重于了解市场的将来走向，预测商品供求的变化趋势。

（3）方法不同。市场调查报告一般通过现场调查或抽样调查获取材料，通过分析整理，得出结论，而市场预测报告主要根据统计资料，通过数据分析，预测市场的走向。

任务演练

1. 苏明是长沙××职院电子商务专业大二的学生，一直以来，他计划自己创业，在学校周边开一个中式快餐店，事先需要对学校学生用餐情况、周边消费人群、周边现有的中式快餐店等情况进行调查分析，对未来的市场和消费能力做出预测，以确定自己开设中式快餐店的具体方案，如果你是苏明，你认为该如何进行市场调查和预测？

2. 对在校学生电子产品消费情况进行调查，然后根据自己经过问卷调查得到的数据，经过分类整理、分析研究后，写一篇市场预测报告。

应用文写作

任务 3　可行性研究报告

知识橱窗

项目可行性报告主要是通过对项目的主要内容和配套条件,如市场需求、资源供应、建设规模、工艺路线、设备选型、环境影响、资金筹措、盈利能力等,从技术、经济、工程等方面进行调查研究和分析比较,并对项目建成以后可能取得的财务、经济效益及社会影响进行预测,从而提出该项目是否值得投资和如何进行建设的咨询意见,为项目决策提供依据的一种综合性的分析方法。

一、可行性研究报告的概念和作用

1. 可行性研究报告的概念

可行性研究报告是为项目投资者的最终决策提供科学依据的一种应用文体,是项目前期工作最重要的内容。它要解决的主要问题是:为什么要进行这个项目、项目的产品或劳务市场的需求情况如何、项目的规模多大、项目选址定在何处合适、各种资源的供应条件怎样、采用的工艺技术是否先进可靠、项目筹资融资渠道、项目盈利水平以及风险性如何等。

2. 可行性研究报告的作用

可行性研究报告是从事经济活动(投资)之前,双方要从经济、技术、生产、供销直到社会各种环境、法律等各种因素进行具体调查、研究、分析,确定有利和不利的因素、项目是否可行,估计成功率大小、经济效益和社会效果程度,为决策者和主管机关审批的上报文件。可行性研究报告是确定建设项目前具有决定性意义的重大工作,是在投资决策之前,对拟建项目进行全面技术经济分析论证的科学方法,在投资管理中,为投资决策提供科学依据,作为投资项目中的前期工作的重要内容,对项目具有十分重要的作用。

二、可行性研究报告的特点和种类

1. 可行性研究报告的特点

根据我国有关法规的规定,可行性分析报告是国家审批项目投资时提交的重要文件。其特点具体表现在:

(1)论证的科学性。项目的合理与否、是否切实可行,可行性分析报告的论证是否科学、严密至关重要。

(2)分析的多样性、全面性。各类可行性研究的内容及侧重点因行业特点等的不同而差异很大,但一般都应包括对投资必要性、技术可行性、财务可行性、组织可行性、经济可行性、社会可行性等的分析和对基本情况、市场环境、风险因素等的说明以及提出相应的可行性对策。对于工业项目,应对原材料供应方案、厂址选择、工艺方案、设备选型、土建工程、总图布置、辅助工程、安全生产、节能措施等各方面内容进行分析研究；对于非工业项目，应重视项目的经济和社会评价，重点评价项目的可持续性和经济社会环境影响。

（3）决策的准确性、可靠性。可行性分析报告是一种指导未来行动的文书，是项目开发的决策依据。其主要写作目的是论证项目是否可行，寻找最佳可行方案，从而推出正确的结论。

2. 可行性研究报告的种类

根据项目的内容来分，可行性研究报告可以细分为以下四种：

（1）用于企业融资、对外招商合作的可行性研究报告。此类研究报告通常要求市场分析准确、投资方案合理，并提供竞争分析、营销计划、管理方案、技术研发等实际运作方案。

（2）用于银行贷款的可行性研究报告。商业银行在进行风险评估时，需要项目方出具详细的可行性研究报告，对于国家开发银行等国内银行，该报告由甲级资格单位出具，通常不需要再组织专家评审，部分银行的贷款可行性研究报告不需要资格，但要求融资方案合理，分析正确，信息全面。另外，在申请国家的相关政策支持资金、工商注册时往往也需要编写可行性研究报告，该文件类似于用于银行贷款的可研报告。

（3）用于申请进口设备免税的可行性研究报告。主要用于进口设备免税的可行性研究报告，申请办理中外合资企业、内资企业项目确认书的项目需要提供项目可行性研究报告。

（4）用于境外投资项目核准的可行性研究报告。企业在实施走出去战略，对国外矿产资源和其他产业投资时，需要编写可行性研究报告报给国家发展和改革委或省发改委，需要申请中国进出口银行境外投资重点项目信贷支持时，也需要可行性研究报告。

三、可行性研究报告的基本格式

可行性分析报告依据种类的不同，其内容和写作格式会有所不同，以下以"合营项目可行性分析报告"为例进行介绍说明。

1. 标题

标题一般由单位名称、项目名称、文种组成，如《湖南××公司年产5000辆重型汽车可行性分析报告》，也可舍去单位名称。

2. 主体

（1）基本情况。包括项目名称、地址、项目宗旨、经营范围和规模、项目总的分析和结论等。

（2）市场分析。介绍产品国内外市场需求情况、产品规格、技术性能、销售价格，以及对国内外竞争对手产品的质量、价格、销售情况等的对比分析。

（3）物料供应与安排。说明对原料、配件、能源、交通等的要求及依据。

（4）厂址选择、工程内容及安排。说明厂址选择的依据，介绍场地面积和土建工程内容、工作量等。

（5）引进技术与进口设备及其依据。

（6）生产组织安排的具体情况及其依据。此项包括对设备的实用、劳动定员及技术人员、管理人员等的安排。

（7）资金筹措及其依据。说明合资年限、投资总额、投资比例和资金来源、依据及筹措情况。

（8）外汇收支安排及其依据。包括外销产品的外汇收入、进口材料的外汇支出、偿还外汇贷款数额、外商分利情况、创汇余额等。

（9）经济效益分析和投资利率分析。一般包括产品销售收入、销售成本、利润总额（含利润率）、缴纳所得税、双方分配利润额等。

（10）项目实施计划与进度要求。详细说明项目的土建工程、生产计划的组织实施和进度要求。

3. 落款

落款包括署名和日期。一般于正文右下方署可行性分析报告的报告人（个人或团队）和报告时间，有的也可以不写。

四、可行性研究报告的写作注意事项

（1）内容的专业性。可行性研究报告的专业性较强，往往涉及经济、工程、技术、财务、法律、环境等各方面的专业知识，因而编制一份好的可行性研究报告一般需要组建一个专门的团队，以提高报告的质量。

（2）表述的周密性。可行性分析报告的表达方式以叙述和说明为主、议论为辅，这就要求报告提出观点要明确、列举事实要可靠、分析问题要辩证、得出的结论要正确，使之层次清楚、严谨周密。

（3）要注重评估的公正性。可行性研究报告是供上级领导或主管部门对项目最终决策研究的主要依据，其公正与否，直接关系到项目投资的社会效益和经济效益的好坏。因此，在编制研究报告时，必须实事求是、科学准确、客观公正。

（4）要坚持原则性。可行性分析报告要坚持"先论证，后决策"的原则，处理好项目建议书、可行性分析研究、评估这三个阶段的关系，哪一个阶段发现不可行都应当停止研究。同时，要制订多个方案，以便分析比较，择优选取。

例文点评

关于进一步开发厨卫小家电市场的可行性分析

一、市场分析

长期以来，国内居民因生活水平较低，对以"厨房"和"卫生间"为主要对象的小家电消费很少。据统计，目前国内城镇家庭小家电的平均拥有量只有三四种，而欧美国家这一统计数字高达37种。据统计，每年国内有至少260万住户搬入新家，随着人们生活水平提高，对"厨房"和"卫生间"的日益重视，小家电产品的加速普及与换代升级必将孵化出惊人的市场推动力，小家电的市场发展前景非常广阔。今后2至3年内，我国小家电行业将步入黄金发展阶段，市场需求量年增幅有可能突破30%。

对于浴室取暖用的小家电目前只有浴霸和暖风机两种。目前全国生产浴霸的企业为376家，2001年国内销量估计为400万台，2002年为550万台，2003年达到700万台，销售额超过 10 亿元。在城市居民家庭中，浴霸拥有率不到 15%（2004 年），国内消费者对浴霸认同度达 82%，市场空间巨大。

浴霸在浴室取暖设备中占着绝对优势，其中杭州奥普浴霸 2004 年销售额为 2.6 亿元，市场份额第一。目前生产浴霸和暖风机的厂家大都集中在浙江、广东一带，但其中小厂居多，多为仿制或 OEM，自主研发能力不强。

我国长江流域地区，大多住宅没有暖气，冬季洗澡取暖一直是个大问题。虽然有浴霸和暖风机，但人们更期待一种简便、有效的取暖器具。根据我的调查，人们对本产品的印象还是不错的，市场潜力巨大。

比照浴霸和暖风机市场，本产品销售市场至少在 5~10 亿元以上。

我们完全可以借助专利技术优势，迅速占领浴室取暖设备市场，建立自己的品牌和销售网络。

二、我们的目标

我们的目标是，在 2006 年制出样品进入市场，发展地市级以上代理商 10~15 家，销售额在 200 万元以上，2007 年达到 500 万销售额，2008 年达到 2000 万销售额，利润率保持在 30%~50%。

三、资金使用

由于本产品以前市场上从未有过，所以初期样品试制、模具开发等费用投入较大，估计在 10~15 万元；

各种认证、许可证、商标：5 万元；

公司组建、购买相关办公用品、人员招募、公司网站等：10 万元；

房租水电费、人员工资（半年）：15 万元；

参加展会、广告费：10 万元；

小批量生产成本（5000 件）：20~25 万元；

周转资金：20 万元。

合计：100 万元。

四、产品成本及盈利分析

为节省费用，降低投资风险，先期的小批量生产以委外加工为主，暂不购买生产设备。本产品主要包括桶体、盖子、加热盘、漏电保护器、防干烧保护器、开关、蒸汽调解板、底座、密封圈。其中加热盘 7~8 元，漏电保护器 12 元，防干烧保护器 1.5 元，开关 0.5 元，其余为塑料件，价格 15 元；另外，产品包装、接线螺丝、运费等，成本合计在 40 元以下。

五、销售前景

目前市场上还没有同类产品，产品销售压力较小。建议利用各地电器批发商批发现成的销售网络，进行代理销售。目前已与多家商家联系过，已初步达成销售意向。

六、合作方案

本专利项目是非职务发明，专利权为个人所有。具体合作方式由双方协商议定。

七、原材料供应方案

可外协生产，无特殊要求。

八、本项目的未来

由于本产品制造简便，门槛不高，难免被人仿造。除了加强打假力度之外，不断升级产品也是拓展市场的必要手段。目前，已开发了两款样品，准备在明年继续推出 3~5 款新品，随着产品的升级换代，我们必能牢牢站稳市场。

（文章选自 ELAB.ICXD.COM 世界创业实验室）

> **点评**：这是一篇关于进一步开发厨卫小家电市场的创业型可行性研究报告，由标题、正文两部分构成。标题由项目名称和文种组成，直陈可行性分析的目标。正文从市场分析、创业目标、资金使用、产品成本及盈利分析、销售前景、合作方案、原材料供应方案以及项目未来方面作了比较详细深入的分析探讨，具有较强的可操作性，对是否创业的决策具有很好的参考价值。

××市××电影城可行性研究报告

一、项目名称

××市××电影城。

二、项目提出的背景

××电影院始建于1932年，位于××市的商业中心的××园商场内，地理位置优越、交通方便、人员流量大。1991年，在市文化局、市影剧公司的关心和支持下，自筹资金1000多万元，对已使用了几十年的老影院进行了彻底的改造，建筑面积由原来的1800平方米扩大到3600平方米。建成了全省第一家70mm道尔贝八声道立体声超大银幕影院。十几年来，经过不断地对影院技术和设备的更新和改造，先后建成了全省第一家数码电影厅和3D立体电影厅，影院的票房收入一直处于全省首位。影院连续多年获得市级文明先进单位、卫生先进单位和安全文明业户等荣誉，为××市的精神文明建设做出了一定的贡献。但是，目前××电影院的空间已达到了极限，目前的设施和设备已经满足不了观众的需求，因此急需建设一个现代化的符合××"十五"期间城建工作要求的现代化的电影城。

三、项目提出的理由

××市现有5家专业影院，现在除××电影院是以放映电影为主营业外，其他几家影院都不以放映电影为主业，有的已停业多年，有的已转做他行。大部分影院设施陈旧，技术和设备由于缺乏资金而得不到维修和更新，各影院负债累累，人员臃肿，大堂式的单厅放映和环境的脏乱差严重影响着影院的发展，失去了大量的观众，已极不适应人们对文化娱乐的高品位需求。在地处繁华商业中心建成的××电影城，是集电影、购物、音像超市、客房、名优美食城、游艺城、咖啡厅、网吧、书吧、健身房等为一体的综合性的大型文化娱乐场所。五星级的标准，先进的设备，现代化的管理，必将给我市增加一个城市建设的亮点。

四、项目选址

××电影城建设地址：影城位于××园商场内××电影院原址（占地2.09亩），另需要征地2.6亩（需要拆迁××电影院宿舍楼和南面的民房），建筑面积约2500平方米，拆迁费用800多万元。

××电影城位于繁华的××园商场内，大纬二路、经四路是××市的主要交通干道，20多条公交线路经过该区域，商场云集，交通非常方便，是通向××市各个方向的中心枢纽，是一个理想的建设场所。

五、市场前景预测

1. 电影：总共有1600座位，按照10%的上座率计算，每天每个放映厅放映电影六场，电影票按每张12元计算，每天的票房收入为：11万多元，年票房收入为：4147万元，税后利润1359万元。

2. 其他项目的经营由于不是我们的专长，可以以出租或其他的方式进行招商和合作。如果以××园现在的租价每平方米每天4元计算（电影院由我们自己经营），5层（除电影院一层和地下室一层）按使用面积11500平方米计算，一天租金46000元，一个月为138万元，一年为1656万元。每年总的收入为3015万元，预计6年收回建设投入资金。

××电影城的建设是××市电影事业发展的美好前景，电影具有巨大的市场潜力，谁先占有这个市场，谁就能够统领××的电影市场，这需要我们开拓思想，大胆进取，尽快地建设成这个项目，那么××的电影市场就是我们自己的。

××市影剧公司
20××年12月31日

（选自叶坤妮，李佩英《应用写作》，湖南科技出版社，2008年8月）

点评： 这是一篇可行性研究报告，有一定的可取性，语言文字表达尚可，但存在一些几个问题：一是表述还不够周密；二是标题要添加一个动词，以明示项目要领；三是建设投入资金如何筹备没有交代；四是主体部分不够详细，没有具体提出项目的建设规模和建设方案，项目的实施缺少步骤和计划，这样对可行性操作的参考价值不大。

温馨提示

市场调查报告和可行性研究报告的区别

（1）市场调查的目的是为管理部门提供参考依据。市场调查的目的可能是为了制定长远性的战略性规划，也可能是为制定某阶段或针对某问题的具体政策或策略。其内容可以是涉及民众的意见、观念、习惯、行为和态度的任何问题，可以是抽象的观念，如人们的理想、信念、价值观和人生观等；也可以是具体的习惯或行为，如人们接触媒介的习惯、对商品品牌的喜好、购物的习惯和行为等。可以是纯学术的问题，也可以是商业性的问题或是其他实用性的问题。

（2）可行性研究报告是为项目投资者的最终决策提供科学依据，是项目前期工作的最重要内容。它主要解决为什么要进行这个项目、项目的产品或劳务市场的需求情况如何、项目的规模多大、项目选址定在何处合适、各种资源的供应条件怎样、采用的工艺技术是否先进可靠、项目筹资融资渠道、项目盈利水平以及风险性如何等问题。

（3）市场调查报告，主要是对市场现状的描述，重在调查的结果；可行性研究报告重在调查研究后的分析对策。一个是陈述事实，一个是分析对策是否会有效。

应用文写作

任务演练

（1）汤小龙是长沙××职院电子商务专业大二的学生，一直以来，他很想用品质与诚信打造大学生自己的购物网站，取名为"大狗网站"。这是一个以"大狗"为消费标志的针对大学生消费群实施网上销售的网站，它实行会员优惠制度，以淘宝网网销和联系经销商合作为主要经营方式，并结合校园学生销售网点（直接送货上门的方式销售）、地摊购物（我们负责物流和物品的选择以及规则的制定）、学校内部销售服务网点比如盒饭等一些校外服务等。假设你是汤应龙，你认为该如何进行市场分析？

（2）进入大学了，很多学生的课余时间多了起来，一些有经商头脑的大学生想通过社会实践培养自己的能力，锻炼自己的胆量，于是，为了做到学习与创业两不误，他们想模仿那些摆地摊的生意人的做法，在课余时间去摆地摊，大学生课余摆地摊可行吗？在哪里摆地摊效益会更好呢？请进行可行性分析，之后写出可行性分析报告。

拓展阅读

调查报告的写作基础

调查研究是写作调查报告的基础，调查研究的好坏，关系到调查报告质量的高低。因此，写调查报告，必须重视调查研究工作。

什么是调查研究？"调查研究"是指人们有目的、有意识地运用一定的手段和方法，对客观事物进行考查、了解、搜集资料和分析研究，以此来正确认识事物本质及其发展规律的活动。调查研究是人们认识世界的一种手段，也是党和政府部门的一种最基本的工作方法、工作制度。调查研究是国家工作人员必须具备的一项基本功。

调查研究是一个复杂的动态过程，必须按照一定的步骤进行，循序渐进，尊重客观规律，认真落实、完善每一个环节，才能取得好的效果。

调查研究应做好调查前的准备。

（1）是学习掌握与调查对象相关的方针政策、上级指示，在理论上武装自己；

（2）是查阅有关的信息、情报、理论和资料；

（3）是在明晰调查意图基础上拟订调查提纲。

调研提纲是调查研究前使用的一种纲领性文书。其主要内容包括：调查的目的、要求，调查的对象、要点和项目，调查的方法、时间、进度的安排以及调查表格的制作等。作为提纲，调查提纲的写作要求是简要概括、有针对性。

为了全面贯彻中央工作会议精神，保证价格、工资改革的顺利进行，请各有关单位立即着手进行调查研究。

附：提纲案例

调查提纲

1．调查内容：我市基本建设规模的基本情况、社会集团购买力增长情况、工资总额和奖金增长情况、金融现状等。

2．调查范围：市委市政府各直属机关。

3．调查方式方法：抽样法、询问法、座谈法、观察法

4．调查重点：物价上涨情况

5．调查步骤：拟写提纲、调查准备、制作问卷、实施调查、统计分析、总结报告

6．调查要求：各有关单位积极配合，采取具体措施认真调研……

中共××市委办公室
××市人民政府办公室
××××年×月×日

项目五 传播文书写作

项目情境

毕业实习的时间到了，在同学的帮助下，苏明来到省内一家较有影响力的民营企业实习，被安排在办公室工作，协助公司对外宣传工作，他愉快地接受了任务。苏明一边工作一边认真温习在学校所学的传播文书写作知识，还到书店买了相关的书籍。在实习期，他在各报刊杂志发表动态新闻、人物通讯报道等12篇，还成功参与组织了一次大型民营企业高层论坛活动，并为此次活动撰写了一期简报，对该民营企业起到了很好的宣传作用。你知道在工作单位一般要使用哪些传播文书吗？

任务描述

苏明实习所在的民营企业正在组织一场大型民营企业高层论坛活动，邀请省内外各民营企业家代表来此参观，对企业的发展历程、企业文化等进行宣传，并将举办义卖等慈善活动，苏明需要参与策划一系列的宣传活动，对企业进行积极正面的宣传，请根据该民营企业举办的一系列活动拟写消息、通讯、简报等新闻稿，以便在企业网站及报刊上发表宣传。

任务1 消息

知识橱窗

随着传播时代的到来，人们通过翻阅报纸、打开电视机或收音机，方便快捷地实现了"秀才不出门，能知天下事"的理想，并且通过这些传播媒介，人们逐渐意识到了平日自己往往熟视无睹的东西——新闻的存在；新闻，它就像空气，无时无刻不在我们的身边。

一、消息的概念与作用

1. 消息的概念

新闻，就是对新近发生或发现的、具有新闻价值的事实的报道。新闻有广义和狭义之分。广义的新闻是指报刊广播中常用的各种新闻报道体裁，包括消息、通讯、特写、调查报告、新闻评论等；狭义的新闻专指消息。

消息是报纸、广播、电视新闻、网络等传播媒介的主力军,被称为"报纸的主体""报纸的主角""新闻纸"。消息最大的功能是能够及时、快速地满足人们对各类新闻事实知晓的欲望,为经济建设和人民的生活服务。此外,消息作为最基本的新闻体裁,是其他新闻体裁产生与发展的基础。其他新闻体裁在不同程度上具有消息的一般特征,是消息的延伸、扩展与补充,如早期的通讯就是由"记事消息"发展而来的。

2. 消息的作用

消息在新世纪新阶段有如下作用:

(1)为经济的发展"穿针引线""铺路搭桥"。自党的十一届三中全会以来,随着党的工作着重点转移到以经济建设为中心的轨道上来,消息要更多地为经济建设和人民的生活服务,广大读者也越来越关心新闻报道。大至投资开发某项资源,小至一种商品的供求信息、市场动向,都能引起各方面的广泛兴趣和强烈反响。

(2)消息是开展批评的有力工具。人民是国家的主人,也是新闻事业的主人。人民不但要通过新闻报道,及时了解国内外各方面的新情况,发表各种不同意见,监督党政干部。党的十一届三中全会以来,不少报纸和电台、电视台开辟了群众性论坛,读者或听众来信专栏或节目,对于保护人民的民主权利、密切联系群众、反映群众的要求和呼声以及纠正不正之风等,都起到了很大的作用。

(3)消息是稳定人心、澄清事实的工具。有些带有社会性的事件和问题,在社会上流传很快,大道不传小道传,难免添油加醋,以讹传讹,甚至坏人趁机造谣,搞乱人心,影响社会秩序和安定团结的政治局面。将消息及时地加以报道,让社会上各界人士了解事实真相,就有利于安定人心,防止发生思想混乱,并使坏人无空子可钻。

(4)消息是保证下情上达、密切党与群众联系的重要渠道。在新世纪,消息是上情下达、下情上达的重要渠道。一方面党和政府要通过消息宣传党的方针政策,另一方面要把群众生活中需要解决的问题反映出来,引起党和政府的重视。近年来,各地新闻单位在反映群众呼声方面做了不少努力,帮助群众解决了不少问题,受到群众的好评。

二、消息的特点与种类

1. 消息的特点

消息是新闻报道文体中的主角,一直都是新闻报道中运用最广泛的报道形式。消息的特点是快、实、新、短。

(1)快,即迅速及时地报道某一处变动中的事实,使读者能最快地获得对事务现状的了解。

(2)实,也就是消息的报道必须确保真实准确。

(3)新,报道时必须选择新事物新情况,必须是读者想知道而又不知道的新鲜事。

(4)短,报道时须做到文字简短,篇幅较小,将事实表述完整即可。

2. 消息的种类

消息的种类较多,按不同的标准可以划分出不同的种类。

按新闻所报道事件的性质来分,有事件性消息和非事件性消息;按照报道内容分,有政治新闻、经济新闻、社会新闻、军事新闻、体育新闻等；按照媒体分，有报刊消息、广播消息、电视消息、网络消息等；按篇幅的长短分，有长消息、短消息、简讯、一句话新闻、标题新闻等。

通常，可将消息分为动态消息、综合消息、人物消息、述评消息等。

（1）动态消息。动态消息是对国内外正在发生或新近发生的事件和社会生活的新情况、新动向、新成就的报道。动态消息是最基本、最常见的消息类型，它注重抓住动态，鲜明地反映了消息短、快、新的特点；信息量大，贴合实际，语言生动活泼，文字简练，篇幅短小，一般只有三五百字，如《中国"南非年"在京开幕》。

（2）综合消息。与动态消息"一事一报""一时一报"不同，综合消息是对带有全局性而非单一事实的报道，它往往围绕一个主题，综合一个地区或一个行业在一个时期内发生的事情而写成的消息，既有基本情况的概括，又有典型事例的说明，以点带面，点面结合，具有综合性、全局性和稳定性的特点。

（3）人物消息。人物消息是对新闻人物进行报道，反映其事迹和思想的新闻体裁。与人物通讯不同，人物消息侧重于对新闻人物新近事迹的报道，主要通过叙述和白描的手法描述事实，以事显人。

（4）述评消息。述评消息是在客观的新闻事实报道基础之上，边述边评、评议结合的消息类别，常冠以"本报（台）述评""本报（台）记者述评"字样。它一方面报道国内外重大的新闻事件或具有普遍意义的新闻事实，一方面对其进行分析和评论，揭示其本质意义，指明发展趋势，以提供借鉴，指导工作实际。它有时以述为主，即以报道新闻事实为主，适当加以解释和评论；有时以评为主，报道新闻事实只是为了给评论提供新闻依据，借此进行评论、引申和发挥。

三、消息的基本格式

消息一般由标题、导语、主体、结尾和背景材料等构成。

1. 标题

消息的标题和其他文章的标题，尤其是文艺作品的标题比较，有很大的不同。一般来说，文艺作品的标题要含蓄些，不直接把文章的内容明示出来，如《绿化树》。而消息的标题则恰恰相反，它要求简明实在，揭示新闻的主要内容，透露其中的信息，让读者产生阅读欲望。消息标题可按内容构成分，消息标题包含有实标题和虚标题两类。实标题重在叙事，着重具体表现新闻事实中的人物、事件、地点等要素，让人一看就明白主要事实是什么，属题材型标题；虚标题重在说理、抒情，着重揭示新闻事实中所蕴含的道理、思想、精神等，让人明了新闻事实的意义及价值，属主题型标题。

消息标题亦可按结构形式分，如下文所示：

（1）单行标题。这种标题称为正题，只有一行文字，表示消息最主要的内容。如"中国人民解放军代表团今天离京赴朝访问"。

（2）双行标题。正题+引题：引题一般用来交代背景，说明原因、烘托气氛，一般没有实际的新闻内容（其位置处于正标题上面一行）。例如：

专家献策团第三次恳谈会妙语连珠（引题）

省领导鼓励科技人员献良策（主题）

正题＋副题：副题一般用来补充注释和说明主题，同样具有新闻内容（其位置处于正标题下一行）。例如：

"肥水"流入"外人田"（正题虚标）

我省一批医药科研成果被省外企业买走（副题实标）

（3）完全标题：正题＋引题＋副题（一般用于重大新闻）。例如：

知否？知否？应是贱"肥"贵"瘦"（引题虚标）

爱吃瘦肉者，请您多付钱（正题实标）

本省十几个县市调整猪肉各品种之间的差价（副题实标）

2. 导语

（1）导语与电头。导语一般指的是消息开头的第一句话或第一段话。它用最简明的语言把最吸引人的、最重要的资讯往前放，可以说是浓缩精华。

在导语的前面一般还会有"电头"，如"新华社12月6日电"或"本报讯"。

（2）导语的类型。

① 直述式。这种导语直接把消息中最主要、最新鲜的事实，简单直接地概括叙述出来，是典型的"开门见山"式。

② 渲染式。这种导语先进行概括性陈述以营造背景，然后再进入对最新动态事实的报道。与渲染式导语类似的还有点题式、故事式、比兴式导语等。它们大都是以不同的方式由"外"及"内"、由"表"及"里"地开头，然后把最新鲜的、最重要的新闻内容和盘托出。

③ 设问式。这种导语形式是首先提出问题或者摆出困惑，引起受众的关注和兴趣，以激起他们继续阅读下文的欲望。设问式导语的优点是有"悬念"，缺点是有点绕弯子。

④ 引语式。直接引语用作导语是传统媒介上常见的样式之一。但要注意，所用引语一定是加引号的严格的直接引语，转述的间接引语已经等于改编；所用引语应尽量挑选"掷地有声"的"点睛"之语，起到一语胜千言之效；所用引语不要让人感到费解。

3. 主体

主体是消息最核心、最重要的部分，承接导语之后，对导语进行更进一步的解释和补充，使导语陈述的新闻事实更加清楚、全面。

消息主体的写作顺序：

（1）按时间顺序排列。根据事情发生的先后来安排消息的相关内容。

（2）按逻辑关系安排。根据事物的内在联系、发展来安排材料。

4. 背景材料

背景材料是为主题服务的，使用它的目的在于突出主题、深化主题、丰富所报道的内容，可收到更好的宣传效果。背景材料一般是介绍知识、补充情况，帮助读者了解消息中涉及的人或事物。不是每篇消息都需要背景材料。

5. 结尾

结尾是消息的最后部分，它可以是消息的最后一段，也可以是消息的结束句且不另起一段。结尾使消息的结构更加完整，在内容上有助于拓展内涵，升华主题，加深印象。

应用文写作

在表现形式上，或阐明结论、或指出趋势、或照应开头、或托物寓意等。

常见的消息结尾方式有：

（1）自然结尾，随着主体的结束而结束。

（2）概括结尾，概括主体的内容。

（3）议论结尾，对消息的内容发表自己的看法。

（4）背景结尾，介绍相关背景材料结尾。

四、消息的写作注意事项

要写好消息，首先要学会鉴别什么样的事件可以成为新闻消息，有没有新闻价值。一般来说，新闻素材的选择要遵循以下6条原则：

（1）时效性。指新闻事件是新近发生（或发现）的而且是社会大众所不知道的，包含着时间近、内容新两个含义。

（2）重要性。指新闻事件与当前社会生活和大众的切身利益的密切度，关系越密切，事件就越重要。

（3）显著性。指新闻中的人物、地点或事件越是著名，越是突出，新闻价值就越大。

（4）接近性。指新闻事实发生的地点越近，读者越关心，新闻价值就越大；事情涉及读者的切身利益与思想感情越是密切，读者越重视，新闻价值就越大。

（5）奇异性。西方新闻界流行这样的说法："狗咬人不是新闻，而人咬狗则是新闻。"这句话意指不寻常的事情就是新闻。这样的新闻事实可以增加一定的可读性，激起读者兴趣。

（6）趣味性。指能够引起人们感情共鸣，富有人情味和生活情趣的事实，即通常所讲的趣闻奇事。

例文点评

上海将建养老需求评估体系

本报上海11月10日电 （马剑、姜泓冰）记者近日从上海市人大代表书面意见督办座谈会上了解到：上海将建立养老服务需求统一评估体系，以保证养老服务资源的公平分配和有效使用，从而实现"医养结合"。目前，评估标准已基本完成，今年第四季度有望出台，将在徐汇等5个区试点。

该体系旨在通过形成统一的需求评估受理渠道，整合社区居家医疗护理、机构养护和老年护理医院资源，减少"急惊风遇上慢郎中"型的服务错位，实现老年人服务需求与各类服务合理匹配。

据悉，今后上海的社区卫生服务中心将承担社区内医养结合的责任，在继续做好原有服务工作的同时，还将为住养老人提供医疗服务。

（资料来源：《人民日报》2014年11月11日第28期第15版）

点评：这是一篇倒金字塔结构的动态消息，导语前有一个电头，导语部分开门见山，点出新闻事实，接着按照事情发生的逻辑顺序写，对建立养老需求评估体系这一新闻事实的目的和意义进行解释，详略得当，重点突出，最后补充有关评估体系的工作责任，给人一种清晰、完整的印象。

沙区一报刊亭遭偷

昨天晚上，沙区小龙坎报刊亭被一伙不明身份的人偷窃，报亭内几十本杂志，神秘失踪。目前，警方正在调查此事。

据附近一位老住户讲，事发当晚，她听到楼脚发出一阵巨响，好像感觉玻璃被打烂了。后又听到有人悄悄说话，估计有人在偷东西。

老板娘张女士悲痛万分，发势要抓住这一群歹徒。"这些人早晚要受处罚。"张说。

第二天，民警在现场查看、取证、工作有条不紊。张感激地说："谢谢你们的帮助。我们相信你们一定会查过水落石出。这样我们也就放心了。"民警说，"不用谢，这是我们应该做的事情。"

民警说完转身离开，张向他招手说，"谢谢你，欢迎你下次再来。"

点评：这是一则问题很多的消息。首先，本消息方言词滥用："遭"应换成"被"。"楼脚"应换成"楼下"。"打烂"换成"打破"；其次，标点符号使用不当，如"报亭内几十本杂志，神秘失踪"。当中的逗号应去掉，因这个句子不长，主语谓语之间不必用逗号隔开。"民警在现场查看、取证、工作有条不紊"中"取证"后的顿号应改为逗号，因顿号连接的几项一般应是同一类型的词语，而"工作有条不紊"是主谓短语，"查看""取证"是动词。再次，前后文意不通："一阵"改为"一声"更好，因打破玻璃声音不会延长很久，况且贼人既然是悄悄说话，也不可能明目张胆长时间弄出太大声音；"悲痛万分"用词不妥，丢掉几十本杂志是不会如此悲痛的。"发誓要抓住这一群歹徒"也不大可能是失主所为，因为不是她自己去抓；"这样我们也就放心了"这句话的前边应有过渡句，联系才紧密；"好像感觉"改为"感觉好像"更合适。最后，语言啰唆，如"民警说：'不用谢，这是我们应该做的事情'"可以去掉；"民警说完转身离开，张向他招手说，'谢谢你，欢迎你下次再来。'"可以去掉，是画蛇添足。此外，还有错别字，如"发势"应改为"发誓"；"查过水落石出"应改为"查个水落石出"。

温馨提示

消息与采访的关系

采访和写作的关系非常密切。采访不仅是消息写作的基础，也是所有新闻体（尤指新闻报道体裁）写作的前提和基础。要写出好的、有新闻价值的消息，首先要求记者深入细致地采访，占有丰富、典型而真实的材料。这就要求记者要有较强的新闻敏感，善于获取新闻线索，掌握基本的采访方式、方法，有熟练的采访技巧。要求记者全身心地投入到实践中去，眼观六路、耳听八方，"上天"有路、"入地"有门，巧问详听、勤记细想，在有限的时间里进行成功的采访，为消息写作做好准备、打下基础。

应用文写作

任务演练

1. 一件新闻在不同的报纸上刊出时，会因作者及编辑的眼光不同而出现不同的标题。请选择你所在城市近日发生的一件重大新闻，比较、分析各大报纸刊出时的标题有何不同。

2. 请根据下面这段材料写一篇消息，标题自拟，字数不超过200字。

静静地悬垂在两条钢丝上的吊环，引起了天津观众的极大兴趣。因为今晚参加这个项目决赛的八名选手中，有中国国家队的选手董震，他就是"咱们天津人"。

董震这次得以入选中国体操队进入世锦赛主力阵容，与他在吊环这个项目上的突出实力有很大关系。在资格赛中，他在这个项目上的得分就排在八名决赛选手之首。由于中国男队在全能决赛时意外失误，今晚的单项决赛，教练组希望董震不受外界干扰，稳定发挥，拿下这枚金牌。

晚9时30分，当现场解说员报出"董震"的名字时，全场观众爆发出热烈的掌声。第五个出场的董震稳住情绪，手握双环，成十字水平，再接向后翻成倒十字，整套动作连环巧妙，标准到位，编排独特，最终得到了9.775分，当董震稳稳地落地后，无论是他身边的教练，还是现场的观众，都长长地舒出了一口气。大家知道，这枚金牌已属于董震了。

22岁的董震是中国队参赛选手中年龄最大的。苦练体操多年，是天津世锦赛给了他一战成名的机会。董震今天的成功，源于他的实力和难得的自信。正如他所言："我的力量和技术经过这么多年的苦练，可以说是处于世界前列，只要不出现重大失误，以一颗平常心去参加角逐，就一定能够赢得比赛。"

天津体育馆的万名观众再次以热烈的掌声，向走上领奖台的天津小伙董震表示祝贺。这掌声代表着一个共同的心愿，激励着董震向2000年悉尼奥运会挺进。

任务 2　通讯

知识橱窗

如果说，消息是"戴着铁链跳舞"（有严格的写作要求），那么通讯就是不拘一格地具体而详尽地报道事实。当然，不论报道的是事件还是人物，通讯一般都要始终围绕"人"做文章，通过人的活动和思想展现事实，所以一般来说带有情感色彩，这正是通讯的魅力所在。通讯写作比消息灵活，允许记者表达倾向（当然，某些通讯也可采用客观报道的方式），但要写好不容易，因为需要更扎实的文字表达功底和作者较强的分析能力，以及较高的思想水平。

一、通讯的概念与作用

1. 通讯的概念

通讯，是一种比较详细深入地报道客观事物和情况的新闻体裁。它以叙述描写为主要表达方式，迅速、具体、生动地报道有新闻意义的人物、事件和情况，是报纸、广播电台、通讯社常用的文体。

2. 通讯的作用

通讯的作用主要有以下几点：

（1）为读者提供更多的新闻细节。消息把国内国外、各行各业的有价值的新闻都作了报道，保证了新闻的全面性。可是，读者不会因此而满足，对于他们特别关心或感兴趣的新闻，他们总想知道得更详细一些。为此，需要发相应的通讯，以满足读者了解详情的需要。

（2）使新闻具有感染心灵的艺术品格。通讯和消息的本质区别在于消息是对事实概括的实用性的反映，而通讯是在实用的基础上对事实的详细的审美化的反映。通讯是有文学性的，文学性一方面表现在形象性上，一方面表现在情感性上。有了一定的文学性，形象感强了，感染力强了，阅读的效果就大不一样。

二、通讯的特点与种类

1. 通讯的特点

通讯作为一种文艺作品和新闻相结合的文体，具有以下鲜明的特点：

（1）描写形象生动。通讯尤其是人物通讯具有一定的文学色彩。消息在表达上主要是平面的叙述，语言追求简洁、明快、准确。通讯则较多借用文学手段，可以描写、抒情、对话，可以用比喻、象征、拟人等修辞。它在报道真实的人和事的过程中，善于再现情景，给人以立体感、现场感。

（2）叙述详尽完整。新闻业内人士认为，通讯是"消息的展开"或"展开了的消息"。消息侧重告诉人们"发生了什么事"，叙述简明扼要，一般不展开情节。通讯可写人物也可写事件，其材料比消息丰富、全面，其容量比消息厚实、充足。它要求详尽、具体地报告事件的经过、演绎人物的命运，充分展开情节，甚至描写细节和场面。

2. 通讯的种类

按内容分，通讯一般分为人物通讯、事件通讯、概貌通讯、工作通讯；按表现形式划分，则有记事通讯、访谈实录型通讯（包括专访、谈话记录等）、新闻小故事、新闻特写、大特写（包括新闻纪实、深度报道等）、集纳、巡礼、速写、侧记、采访札记（包括记者来信）等。

（1）人物通讯，以表现人物为中心，从不同角度反映人物的事迹和思想的通讯，如《共产主义战士——雷锋》《县委书记的好榜样——焦裕禄》等。

（2）事件通讯，以记写事件为中心，重点描绘社会生活中带倾向性和典型性的生动事件及具有普遍教育作用的新闻通讯。它的特点是以记事为主，全面、客观地反映其始末，形象、具体地描绘其细节，集中、深刻地揭示其主题，进而反映社会风尚，弘扬时代精神。

（3）工作通讯，又称经验通讯，是以报道先进工作经验或某项工作的成就和存在的问题为主要内容的通讯，目的是从中找出规律性的东西，以指导、推动实际工作。

（4）概貌通讯，也叫风貌通讯。它是反映社会生活、风土人情、自然风光和现实建设成就为主的报道。

三、通讯的基本格式

和所有其他文种的写作一样，通讯的写作要服从表现主题的需要，要求完整、严谨、巧妙、和谐。其基本格式包括以下几个部分：

1. 标题

通讯的标题从结构上分，有两种：单一型，即只有正题；复合型，即"正题+副题"。

2. 正文

（1）开头。正文的开始部分，一般要点出报道的主要对象。

（2）主体。由于通讯的内容较多、篇幅较长，主体部分常常划分为若干层次，并冠以小标题的形式。它通常有下面三种结构形式：

① 纵式结构，即按单纯的时间发展顺序、事物发展的顺序（包括递进、因果等）、作者对所报道事物认识发展的顺序、采访过程的先后顺序等来安排层次。

② 横式结构，即以空间转换或按事物性质层次安排材料。常见的有：空间并列式，即按空间变化为序组织内容；性质并列式，即按新闻事实各个侧面之间的关系来安排材料；群相并列式，即按不同人物及其事迹组织材料；对比并列式，即将正、反的人物或事件并列，从对比中见主题。

③ 纵横结合式结构，即将纵式和横式结合起来。既注意时间顺序，又注意空间顺序或事物的性质层次，此结构多用于事件复杂而时间跨度大、空间跨度广的通讯，如《为了六十一个阶级弟兄》等。此结构有纵横交叉式和蒙太奇式两种。

3. 结尾

人物通讯结尾方式通常有鼓舞展望式或者哲理思索式两种，用以造成一种余味无穷的意境。而事件通讯的结尾则常常是一种感慨和展望，或者是主题的总结和升华。

四、通讯的写作注意事项

1. 主题要明确

主题是文章的灵魂和统帅。有了明确的主题，取舍材料才有标准，起笔、过渡、高潮、结尾才有依据。

2. 围绕主题选取材料

材料是文章的骨骼和血肉。为了更好地反映主题，应精心选材和剪材，尽量选用最能反映事物本质的、具有典型意义的和最有吸引力的材料。

3. 合理安排结构

在纵式结构里，时间发展的顺序、情节展开的顺序、作者认识事物的顺序为行文的线索。在采用这种结构时，要详略得当，布局巧妙，富有变化，避免平铺直叙；横式结构概括面广，采用空间变换的方法组织结构时，要用地点的变化组织段落；按事物性质安排结构时，要围绕主题，并列地写出不同的几个侧面；采用纵横结合式结构，要以时空的变化组织结构。

4. 细节真切、生动

具体说来，要选用最能表现事物本质的细节、最能揭示报道主题的细节、最能表达人物特点的细节、最能展示现场情景的细节、最能反映富有人情味的细节。哪怕仅一两个，都能给读者留下深刻的印象。

5. 表现手法灵活

通讯具有表现手法灵活多样、不拘一格的特点。通过生动的叙述、细致的描写，再现事件过程、人物活动及相关背景，展现对象的原貌；同时表达作者的主观感受，发表自己对事件、人物的看法，揭示人物事件的意义和价值。

例文点评

八十三天的"打工梦"——向明春外出沈阳遇难获救备忘录

天有不测风云，人有旦夕祸福。谁也不会相信，一个身强力壮的男子汉，外出打工归来时，却成了一个失去四肢，生活不能自理的残疾人。眼前的他，年过40岁，是四川省广安县石笋镇文昌街居民向明春。提起他的不幸遭遇时，人们议论纷纷："是沈阳人民救了他的命，外出打工真难啊！"

今年3月1日，向明春带着挣钱的梦想，告别爱妻和两个未成年的女儿，去大连市打工。当他来到广安火车站时，突然改变主意，决定去沈阳。3月6日，当他抵达沈阳下车时，才发现自己那个装有衣服，身份证和100多元现金的行李包被扒手洗劫一空。

3月7日，向明春拖着疲惫的身体，穿梭于沈阳北站附近，盲目找工无着落。当晚，他蹲在候车室里过夜，晚上没有衣服增添，没有被子盖，又无钱购买所需物品，冷得发抖，只好蜷缩在长条椅上。由于他没有身份证，无处住宿，一连几个晚上都被拒之于候车室和旅馆的大门外。不明真相的值班人员错把他当成流浪汉，他有口难言，欲哭无泪。就这样，他白天走街串巷，寻找四川老乡，晚上露宿沈阳街头。当时，春寒料峭，沈阳的气温零下10多度。日复一日，他忍饥受冻，双手双脚便不知不觉地冻伤了。3月13日，当他路过沈阳钢厂基建处时，这个身高1.65米的汉子终于倒下了，他的四肢已经冻僵了。此刻，幸好被队长王宏宽发现，询问情况后，王队长立即给他找住宿，并安排在这里打工的四川射洪县刘博给他端水，喂饭，扶他大小便。他在钢厂住了7天，伤情稍好，就回到车站等候家里人来接他。这期间，他靠乞讨度日，每晚躺在售票厅外面的石阶上，导致冻坏的手脚流出血水，周身麻木。一些好心人目睹此情此景，一方面洒下同情之泪，一方面请求新闻界为他呼吁。

4月7日，在沈阳电视台记者赵阳、张吉顺等人的帮助下，要来救护车，把向明春送到沈阳市第四人民医院观察治疗，医院还专门雇请一位民工照顾他。赓即，沈阳电视台播放了向明春冻伤住院的新闻，引起当地群众的关注，沈阳市政府很快与广安县政府联系，通知其亲属火速赴沈。向明春之妻柏长余接到电报后，心急如焚，她东拼西凑，好不容易凑齐500元钱，去邮局电汇到向明春所住的医院。接着，柏长余又想方设法筹措路费，她

应用文写作

怀揣着镇粮站、供销社、医院、学校等单位职工和乡亲们捐助的1100多元现金，在广安县石笋司法所律师李正法的陪同下，搭乘了驶向北国的列车，于4月18日抵达沈阳。当柏长余见到自己丈夫面黄肌瘦，双手双脚用布包裹着的模样，禁不住泪如泉涌。向明春见到亲人突然出现在病床前，顿时悲喜交加。随后，李正法和柏长余查看了患者的病情，因冻伤严重，导致四肢腐烂，如不及时做四肢截除手术，将直接危及病人的生命安全。医生说："现在，患者的身体臭味熏人，污染了整个病房，住院的其他病人对此提出抗议。要救向明春的命，必须做截肢手术！"

为了救人，李正法和柏长余请求医院立即给病人做截肢手术。然而，当柏长余得知手术、输血等费用大约要用1万多元时，急得六神无主。天啦！她哪里交得出这么多钱呢？为难之际，李正法陪他去找市长张荣茂求援，张市长当即表示："先做手术，救人要紧！"沈阳电视台率先捐赠1000元，交给医院为向明春做手术，并拍摄电视新闻播出，再次呼吁各界人士为四川患者奉献爱心。4月21日，沈阳市政府、卫生局、医政处、民政局、红十字会的领导和同志们聚集医院现场办公，分别听取了患者病情、家庭经济状况的汇报，拍板解决了医疗费用。李正法和柏长余才如释重负。4月23日，医生们给向明春冻坏的四肢作了截除手术，当地广播，电视及报社作了报道。手术后，许多人从四面八方涌向医院，有的送来现金，有的送来糖果、馒头和面包……用爱点燃了他的希望之火！

冻伤无情党有情，惨遭不幸遇恩人。经过43天的精心治疗和特殊护理，向明春终于痊愈了，1.5万多元医疗费，只交了1500元，其余费用全部由医院承担。5月20日，向明春在亲人的护理下出院启程回四川。临走时，辽宁森工地板实业公司余经理给他捐款1500元，沈阳市民政收容遣送站赠给他500元……

沈阳电视台记者摄下了人们为他送行时那一幕幕感人肺腑的场面。从沈阳到北京直到广安，他沿途受到特殊照顾，一律免费乘车、吃饭。北京到重庆的9次特快列车全体乘务员给向明春捐款445元，并给他写了一封热情洋溢的慰问信。一路上，不少乘客都给他送钱、送物、送水果……这一切的一切，向明春看在眼里，记在心上，他不知有多少感激的话儿要说啊！

5月23日，向明春终于从遥远的北国回到了生养他的家乡。从出走到归来，整整83天，他历尽艰辛，饱受了人间的冷暖。连日来，乡亲们纷纷前去看望他，为他奉献一片爱心；县、镇、村的干部们也去安慰他，为他排忧解难。

夜幕降临，向明春躺在他那睡了多年的床上，万感交集。

正欲外出打工的人们，你能从向明春的遭遇中吸取什么教训呢？

（资料来源：百度文库）

点评：这是一篇事件通讯，文章的一开头就交代了事情的结果，然后按照时间顺序，叙述了事情的起因、经过和结果。全文围绕着向明春83天的打工经历，前后描写了队长王宏宽、向明春的妻子、路过的好心人、沈阳电视台记者赵阳和张吉顺、向明春之妻柏长余、市长张荣茂等众人形象，以事带人，将身处不同地方、不同身份的人用一件事情给串连起来。对向明春受伤以及其妻知情后的一系列活动进行了详细细致的描述，对沈阳市政府、卫生局、医政处、民政局、红十字会等政府机关和人民群众的捐款进行了简明扼要的描述,详略得当。而且对向阳春受伤前后的情景进行了对比性描述,冻伤无情党有情,惨遭不幸遇恩人。歌颂了人民群众无私奉献的精神和人与人之间的关爱。通讯的结尾以问句结尾,发人深省,引人深思。

记严师刘展阳

长沙县嘉义乡评议村有个小民师叫刘展阳,乡亲们异口同声地称他是名医!

1975年,刘展阳接过教鞭,在评议村小的三尺讲台上一站就是20年。如今,他已由血气方刚的毛头小伙变成了鬓角染霜的"小老头",可他痴心不改,无怨无悔。

说他是名医,不是因为他有多高超的医术,而是因为他一直坚持义务为学生和乡亲们治疗疾病。嘉义乡缺医少药。刚当上民办教师时,学生们因营养不良,常生病。刘展阳买来一些医学书籍,在认真教书的同时挑灯自学,掌握了儿科推拿术,并学会了用中草药治疗简单的疾病。

他爱生如子。学生刘三幅学习用功,成绩优良,可连续几天没到校上课了。刘老师在家访中得知,其父病故后家庭难以维持生计,刘三幅只好不读书了。他当即决定免去刘三幅的学费,并保证供给他课本和学习用品,使即将失学的刘三幅重返校园。

他抓校风、学风十分严格。自1983年以来,他所教班级的成绩,在全区的会考中总是名列前茅;其中,1983年毕业的40人就有32人升入初中学习。突出的成绩使刘老师多次被乡、区、县、地评为先进教师。他于1994年9月获得中国青少年发展基金会"希望工程"园丁奖,去年夏天又光荣地出席了全省乡村教师"夏令营"活动。

点评: 这则通讯写作存在以下问题:首先,是主题不集中。作为通讯,本文究竟要歌颂刘老师是名师还是名医呢?标题是"记严师刘展阳",那么本文的主要亮点应该是老师如何"严格治学"并取得成果的,但开头第一句话却话锋一转"乡亲们异口同声地称他是名医",这就让读者"丈二和尚摸不着头脑"了。下面的材料也是一会东,一会西,主题严重不集中。其次,内容单薄,通讯必须相对完整、具体地报道人物事件的过程,材料也要翔实可信,内容应该厚实充足。而本文材料分散,篇幅短小,谈不上厚实充足。还有"小民师"这个词易产生歧义,应改为"小学教师"。

温馨提示

消息与通讯的区别

(1)通讯须相对完整、具体地报道人物或事物的过程。消息侧重写事,叙述简明扼要,一般不展开情节。通讯可写人物也可写事件,其材料比消息丰富、全面,其容量比消息厚实、充足。

(2)通讯须运用夹叙夹议的方法对人或事做出直接的评论。消息是以事实说话,除述评消息外,一般不允许作者直接发表议论。

应用文写作

任务演练

1. 根据消息与通讯写作知识谈《龙游太空耀神州》一文具有怎样的写作特点。
2. 就本学期你参加的某项社会实践活动，以"_____事件记实"为题，写一篇事件通讯。
3. 就你了解的某一位人物的事迹，以"我身边的模范人物"为话题，写一篇人物小通讯。

任务 3　简报

知识橱窗

在机关应用文中，简报最普遍、最常见、使用范围最广，各级机关、各种会议、各种事件都会用到简报这个简便的应用文文种，对事实迅速加以反映。可以这样说，整个社会肌体，上下左右之间，要交流情况，简报是一条必不可少的重要渠道。

一、简报的概念

简报，是机关团体、企事业单位编发的反映情况、交流经验、传递信息的一种内部文件，是信息类公文中最重要、最常用的一种。简报能迅速地向上级机关反映日常工作和业务活动，便于上级了解下情，及时作出指示，有利于正确决策。简报能沟通情况、交流经验、加强协作、推动工作正确有序地进行。

二、简报的特点和种类

1. 简报的特点

简报具有一般报纸新闻性的特点，这是共性；它又有本身的特点，主要是：

（1）篇幅比较简短。简，是简报区别于其他报刊的最显著的特点。

（2）内容专业性强。简报一般由有关单位、部门主办，专业性十分明显，如《人口普查简报》《计划生育简报》《水利工程简报》《招生简报》等，由主办单位组织专人撰写，传递该项工作的各种信息。

（3）限于内部交流。简报一般在编报机关管辖范围内的各单位之间交流，不宜甚至不能公开传播，特别是涉外机关和专政机关主办的简报更是如此。

2. 简报的种类

简报是个统称，根据不同的内容有多种不同的称谓，如"简报""××简讯""××动态""情况反映""内部参考""××快报""××通讯"等都属于简报。

简报可依据不同的标准分出不同类型。按时间分：有定期的（如周刊、月刊、季刊），有不定期的，也有根据某种需要编发的临时性简报；按内容的性质分：有工作简报、学习简报、会议简报、信访简报等；按内容涉及范围分：有综合性简报和专题性简报；按行文去向分：有上行简报、平行简报、下行简报。

下面介绍几种常用的简报：

（1）动态简报。反映社会情况、动态，如国内外重大事件，思想认识倾向；反映科技工作动态或各部门、各领域的新情况、新动态，如《市场动态》《学术动态》常以"内部参考"的形式出现。

（2）工作简报。主要用来及时反映工作情况，也常称"情况简报"，即反映本部门、本系统贯彻执行上级精神的情况，生产、经营等方面的工作任务的进展情况，工作中的经验教训和问题等。

（3）会议简报。会议期间专门用来反映会议的进程，并组织引导会议进行的简报，如会议的概况，会议期间的活动，会议研究讨论的问题，典型发言，与会代表的情绪、愿望、意见等。

三、简报的基本格式

简报的结构由报头、报核、报尾三部分构成。

1. 报头

报头部分在首页的上方，约占全页的三分之一版面，下边用横线与正文隔开。一般包括以下五项内容。

（1）简报名称：在报头的居中位置，用大号字体或套红样醒目地标出，简报的名称由简报内容加"简报"两字组成，如"工作简报""情况简报""××动态""××会议简报"等。

（2）密级：简报的内容如果是保密的，则在报头的左上面再注明秘密等级，或写上"内部文件，注意保存"等字样。

（3）编号：也称期号，标注于简报名称的正下方，先写第×期，再写总第×期加括号，编号有一年一编的，也有历年统编下来的，会议简报按编发的顺序依次编号。

（4）编发单位：在编号下方的左侧标明编发单位名称，与编发日期的位置平行。

（5）编发日期：在编号的右下方，标明×年×月×日，年月日要齐全。

报头部分用横线与报核隔开。

2. 报核

报核就是简报所刊登的文章，也称文稿或报文，是简报的主要部分，包括以下内容。

（1）按语。

按语即作者或编者对文章所做的说明、评价，发表倾向意见或对某一点加以强调、提示，以引起读者的重视，帮助读者理解文章精神的文字。

可根据需要分为评价性按语、说明性按语、提示性按语三种。

简报的按语在间隔线下方，目录或文稿标题的上方。有的简报加上"内容提要"，内容提要一般印在标题的下方，两侧各向中间缩进两格，字体也可与正文不同，以示区别。

按语不是简报必备的结构要素，有的简报可以不写按语，按语的作者一般由编发机关指定有关人员撰写。

（2）目录。

标注在按语下方，文章标题上方，居中标"目录"字样。只有一篇文章的简报不写目录。

（3）标题。

标题在横割线之下空一行，正文之上居中，用大于正文的字号标出。一般要求简明地概括正文内容，即一般文章式的单标题，也可以用复式标题，用引题来交代背景或揭示意义，用正标题概括报文的主要内容，用副标题补充、注释或限制正题的内容，也可以省略引题即双标题。

（4）正文。

正文内容的写法分开头、主体、结尾三部分。根据内容需要，一般有以下几种写法：

① 新闻式。这是简报最常用的写法，同新闻中的消息的写法类似，由导语、主体、结尾和穿插在叙述中的背景材料组成。

② 指示式。主要用于上级机关对下级机关部署工作，其内容一般由导语和指导的具体内容组成。导语主要写明指示的内容和意义，主体内容可分条列项，眉目清晰，简洁明快。

③ 总结式。主要用来介绍和推广先进经验，与总结的写法类似。导语概括主旨或内容，主体承接导语，分条列项写出成绩与经验。

④ 会议报道式。分两种，第一种与公文中的会议纪要写法一样，导语介绍会议的概况，主体报道会上研究的问题、讨论的意见、做出的决定和对今后提出的任务和要求等，结尾提出希望和号召。第二种是对会议情况的报道，如会议的时间地点、与会人员、会议内容及会议的主要精神。

⑤ 转发式。转发对本单位（或系统）有借鉴或参考作用的重要文章。该类简报主要撰写"编者按"，以说明转发文章的撰写单位、文章的内容和性质及对其进行评价。

3. 报尾

于正文之下两条平行线之间，间距的大小一般根据线内文字的多少而定，在平行线内的左方分别写明报、送发单位名称，在平行线的右侧写明印刷份数。

四、简报的写作注意事项

1. 选材要准

简报不能有事就报，它要注意从党的中心工作和单位阶段工作的需要出发，在众多的事件中选取那些最有指引意义或必须引起重视的经验、状况和问题，予以全面的、实事求是的报道。那种捡起芝麻丢掉西瓜，或者只看表象忽视实质，误把芝麻当西瓜的做法，是要尽力避免的。

2. 速度要快

简报也是一种"报"，它有新闻性。这就要求简报的编写应该求快，对于工作中、会议中出现的新动向、新经验、新问题，编写者要及时地予以捕捉，并用最快的速度予以报导。否则，失去了新闻性、时效性，简报就会降低指导意义，乃至完全失去应有的作用。

3. 文字要简

简报的一个"简"字，代表了简报的基本特性。为了体现这一特征，作者在编写简报时要首先注意选材精当，不求面面俱到；其次，要求文字简洁，对事物作概括的反映。一篇简报最好是千字以上，至多不超过两千字。篇幅过长、文字过繁的做法，是不符合简报的编写要求的。

例文点评

司 法 简 报

第×期（总第×××期）

××市司法局编　　　　　　　　　　　　　　　　　　××××年×月×日

按语：省司法局长暨司法所建设会议明确提出了加强司法所建设的目的，为我们加强司法所建设提供了契机，我们要抓住这一契机，切实整合司法行政部门有限的人力、财力、物力资源，充分发挥司法所的作用，树立司法行政部门的形象，更好地为构建和谐社会保驾护航。

目　　录

1. ××市局迅速行动　贯彻落实全省司法局长会议精神
2. 今年我市国家司法考试报名有四大突破
3. ××市举办领导班子成员法制培训班

××市局迅速行动
贯彻落实全省司法局长会议精神

全省司法局长暨司法所建设现场会议在××召开以后，××市局迅速行动，全面贯彻落实会议精神，有力推动了我市司法行政工作特别是基层司法所建设工作向前发展。

（一）高度重视，迅速行动

×月×日省厅会议结束后，会议代表当天赶回××地，×日分别召开局长办公会议和局党组会议，传达省厅会议精神，专题研究部署下半年工作及司法所建设工作。×月×日，召开了全市司法行政半年工作会议，总结回顾上半年的工作，安排部署下半年工作，重点部署全市第一批司法所办公用房建设工作。局领导和工作人员加班加点，全市上下紧锣密鼓，把省厅会议精神迅速贯彻落实到位。会上，五个县市区的司法局长纷纷表示，一定进一步振奋精神，努力工作，按照省厅和市局的要求，在抓好全面工作的同时，突出重点，切实做到保质保量按时完成好第一批司法所办公用房建设的任务。

（二）精心组织，扎实推进

（三）重点突出，强化措施

应用文写作

今年我市国家司法考试报名有四大突破

国家三大考试之一的国家司法考试，以其规范公正、含金量高而著称，也越来越受到人们的关注和参与。今年，我市国家司法考试报名有四个新突破。

……

在今年的全省国家司法考试工作会议上，我市做了经验介绍，得到了省司法厅的充分肯定。

××市举办领导班子成员法制培训班

×月×日至×年×月，×××市依法治市领导小组，在市委党校举办全市科级领导班子成员法制培训班。这次培训班分三期，共500余人参加了培训。市委常委、宣传部长×××、市委常委、市委政法委书记×××分别为参训学员做了学习动员。

……

报：省司法厅、市委、市政府、市人大、市政协、市委政法委

送：××日报社

发：各县市区司法局、本局领导、局机关各科室

主编：×××　　　　　　　　　　　　　　　　　　　组稿：××

（选自叶坤妮《新编实用文体写作教程》，中南大学出版社，2006.8）

点评：这是一组比较规范的工作简报。按语、目录、标题、正文要素完整，第一篇标题概括了简报内容，导语部分概述了全文，并引起下文，主体部分从三个方面报道了贯彻落实会议精神的情况。第二、三篇报道信息，反映动态，简洁明晰。

简　报

9月16日，校长、党总支书记张三丰同志出席了创建平安校园、学校维稳工作的会议。其主要目的是布置国庆前期的维稳工作。

一、提高政治敏锐性

全体党员、干部在大是大非的问题上，立场要坚定，要与党中央保持高度一致。

二、把学校的利益放在首要位置

树立校兴我荣、校衰我耻的观念。对于存在的有些问题，作为干部不能听之任之，要做好解释工作。

三、严校长的几点意见

1. 学校新校区的建设，事关学校生存发展，也可以说是未来我校新一轮发展的硬件基础，要全力以赴，顺利建成。

2. 校园文化的建设，要建设好文化长廊。

3. 整治校园"牛皮癣"，禁止乱停乱放自行车、摩托车。

××实验中学综治办

2009年9月16日

点评：这是一篇写作不成功的简报，存在以下问题：首先，没有抓住简报编写的要领，抓要害——抓主导，抓全局性、指导性的问题，抓问题的核心、关键；抓热点——热点问题不仅是群众关心的问题，同时也是各级领导关心的问题；抓沸点——热点问题更让人关注，因而引起的反响会更大；抓亮点——能让人眼睛一亮、为之一振的事情。一个会议不值得用简报的形式，写一个动态消息即可。其次，该简报结构不严谨，文中内容之"一、二、三"根本不构成并列关系。作为简报，应该系统反映一个单位某阶段的风采或工作动向。而该文篇幅如此短小，内容阐释简单粗糙。完全不符合简报写作要求。

温馨提示

简报编写要领

一、抓要害。即抓主导，抓全局性、指导性的问题，抓问题的核心、关键。
二、抓热点。热点问题不仅是群众关心的问题，同时也是各级领导关心的问题。
三、抓沸点。所谓沸点，就应比热点问题更让人关注，因而引起的反响会更大。
四、抓亮点。亮点，必定是能让人眼睛一亮、为之一振的事情。

任务演练

1. 开展一次班级活动，编写一份班级活动简报。
2. 将以下会议记录改写成简报。

会议记录

时间：××年××月××日

地点：××××公司办公楼会议室

主持人：李明程经理

参加人员：公司副经理张大有，劳资科科长赵有光，财务科科长王有年，安全科科长王英，人事科科长刘右生，办公室主任伍大年。

会议议题：

1. 年终奖金发放办法
2. 新增人员招工方案
3. 有关人员的调动问题
4. 对违反劳动纪律人员的处理

会议决定事项：

1. 公司年终奖金按照总公司××年××月制定的《奖金发放办法》第四条、第五条办。
2. 新增员工要求大专以上学历，并实行笔试、面试、择优录取的办法，详细规则由劳资科负责制定。
3. 同意王玉刚请调一事，并根据本人申请和特长从生产科调往营销部工作。

4. 对第三车间王正顺因多次迟到并两次旷工的行为，责成劳资科在全公司给于通报批评并扣发当月奖金。

×××公司办公室
×××年×月×日（盖章）

拓展阅读

企业报刊新闻写作常见问题与解决技巧

据不完全统计，目前国内共有企业自己创办的非营利性"企业内刊"12 000 多种，总印刷量达 1000 万份左右，国人平均每百余人就可免费分得一本。如果按每种每年的成本支出（含人工）40 万元（保守估计），那么中国内刊一年的经营成本在 48 亿元以上，相当于我们每人每年要为此支付近 4 元。而且内刊数量每年还在以 25% 左右的速度递增，内刊的影响力在不断扩大，被文化界称为"企业文化新军"。内刊人也有了自己的组织——北京企业媒体沙龙。

但客观来说，目前各家内刊的水平参差不齐，这其中有机制的问题，也有内刊人自身的问题。本文拟就企业报刊新闻写作中暴露出的一些问题进行解剖，并提出对策，以期抛砖引玉。

一、企业报刊新闻写作中的常见问题

1．新闻与宣传不分

宣传与新闻被一部分人视为同义语，这至少说明两者之间存在着广泛的联系。首先，宣传与新闻都属于传播的范畴。其次，现代宣传主要通过新闻媒介来进行。最后，新闻事业脱胎于宣传活动。

另一方面，宣传与新闻传播等大部分传播活动在内容、方法和目标上，都有若干的不同点。就宣传与新闻的实际运作而言，它们通常有以下相异之处：宣传重符号，新闻重信息；宣传重反复，新闻重新意；宣传重观点，新闻重事实；宣传重时宜，新闻重时效；宣传重操控，新闻重沟通；宣传有重点，新闻讲平衡。

2．不会写新闻导语

无论任何媒体报道新闻，导语是基础。一般而言，导语是整篇消息的第一个单元，它以凝练简洁的语言告知最重要的新闻事实和观点。好的导语给读者和观众一种期望，一种诱惑。如果你在导语部分失去了读者，你就别想指望在稿件的中间把读者拉回来，因为读者通过阅读导语，已经认定自己对该文章没有兴趣，就不会再继续阅读了。

二、解决办法

1．更新观念，打破惯例

要更新观念，打破惯性，就要求我们首先要主动加强学习，而且要学习一些"新新闻学"的观念。同时，在内刊的新闻写作中去实践这些新的理念。

2．学习一些写作技巧

导语不必包括稿件里所有的要点，只需选取其中最吸引读者的一两点就可以。《新闻学核心》中说："永远把最有意思的放在导语中。导语中只包含和强调突出一件事情。""把新闻事件中最重要的和最能吸引读者的行动、讲话、声明或场景放在导语中。有的新闻事件里包含多个兴奋点和亮点，记者只能金子里挑钻石，选取最大的钻石。""导语是事件的高潮"，而不是无关紧要的铺垫和引入。

想吸引读者，必须知道读者的心理。作为写作者，心里应时刻记得读者，不要忘了自己也是读者。你要知道读者喜欢什么，反对什么，什么内容读者感兴趣。你自己都不信、连你自己都无动于衷的文章，最好不要写。写导语时，尤其要注意导语的作用是要读者看了后愿意读下去。

写导语的经验如下：

（1）导语中选用的事实，必须是有必要与大家分享的内容，这种事实有一种紧紧抓住读者的力量；

（2）所报道的事实或观点有新意或新的味道；

（3）坚持倒金字塔结构，导语不要超过50个字，最好是一句话导语；

（4）导语内容越具体越好；

（5）导语要有一个兴奋点或卖点，要调动读者的情绪，而不是他的大脑；

（6）用讲故事的口吻写导语，好像你在跟一个坐在对面的朋友讲故事；

（7）从具体问题入手，然后在正文拓展话题；

（8）导语最好有视觉感；

（9）导语写作要有针对性，要明确消息的读者群；

（10）尽量使用直截了当、生动的、不拘形式的语言和短句。

项目六　求职文书写作

项目情境

光阴似箭，日月如梭，苏明转眼间已临近毕业。毕业前夕，学院办公楼电子屏幕上出现了一条吸引学生的招聘启事：省内著名的企业"三一重工"要到学院召开人才专场招聘会！为办好这个招聘会，学院就业处希望得到部分学生的协助，有意者可到就业处王老师办公室报名。到大公司工作一直是苏明梦寐以求的事情，他当然不会放过这个既可以展示自己才华又可以接近招聘单位进行自我推荐的良机。为了做到万无一失，苏明特意先去找就业处王老师进行了会务工作咨询，之后又向班主任老师进行了求职事宜的请教，假如你是苏明，你知道他应该准备哪些文书写作资料吗？

任务描述

在苏明参加这个活动的过程中，要用到会务文书及求职文书，为达到求职成功的目的，苏明需要掌握求职文书写作的相关知识，求职文书包括：求职信、个人简历、竞聘词、演讲稿。在本项目中，主要学习求职文书写作知识。

任务 1　求职信

知识橱窗

在市场经济的大潮中，你要想找到一份称心如意的工作，往往要通过求职这一道关口。在找工作的过程中，一封漂亮的求职信就像一位出色的"使者"，可以在你和用人单位见面之前，给人留下深刻的印象，从而增加你面试的机会。因此，你需要学会撰写你的求职信。

一、求职信的概念和特点

1. 求职信的概念

求职信是向用人单位自荐谋求职位的书信。它分自荐信和应聘信两种，这是一种随着社会经济的发展而产生的新应用文体。

2. 求职信的特点

求职信虽然也是一种书信，但是由于其写作目的是为了找工作，因此要讲求针对性、自荐性和独特性。

（1）针对性，是指要针对求职单位的实际情况、读信人的心理和个人的求职目标写。否则，求职信会因为针对性不强而石沉大海。

（2）自荐性，是指要恰当地推销自己。求职信是沟通求职者与用人者的一种媒介，在相互不熟悉不了解的情况下，写作者要善于推介自己，并恰如其分地表现自己，用你的成绩、特长、优势，甚至用你的个性，你的"闪光点"吸引对方，使对方在即使未曾谋面的情况下，产生一种心动和值得一试的感觉。

（3）独特性，是指内容和形式不同一般。求职就是竞争，你要想在竞争中取胜，必定要出类拔萃，不同一般，有自己的个性特色。这一点要在你的求职信中得到充分体现。

二、求职信的基本格式

一般来说，求职信的写作包括四个要素。

1. 求职目标

求职目标即你要求到什么公司或什么单位工作？你想干什么工作？这一点必须明确，决不能模棱两可。

2. 求职缘起

求职缘起即交代求职的理由，说明你为什么要到该公司工作？你想获得那份工作的原因是什么？回答这个问题时，要简洁，不要啰唆；既要实事求是，又要机智灵活。

3. 求职条件

求职条件是求职的关键。写作时，要善于扬长避短，针对求职目标，表现自己的主要业绩和优势，在陈述自己求职条件的时候，一定要恰如其分。过于卑怯，读信人会认为你没有信心，缺乏进取心和创造力；一味浮夸，读信人会觉得你不知天高地厚，干事不踏实。

4. 附件

这是附在信末的，是对你起着证明或介绍作用的有关材料。它包括你的个人简历、所学专业课程一览表、各门课程的成绩一览表、发表的论文或论著，单位、学校或某个教授、专家的推荐信等。附件在求职信的写作中，具有重要意义。它不仅让读信人对你有具体的了解，还可增强他对你的信任感。

求职信的基本写作格式一般由六部分组成，即标题、称呼、正文、敬语、落款及附件六部分。

1. 标题

可直接标明文种"求职信""求职书""自荐信""应聘信"，位置为首行居中。

2. 称呼

它是对读信人的称谓。由于读信人是公司或单位的负责人，故可直呼他为"××公司负责人""××厂厂长""××企业经理"等。求职信不同于一般的私人书信，故称呼时应注意，不要用"亲爱的""我最尊敬的"等字眼。为了礼貌起见，可用"尊敬的××"来称呼。

3. 正文

这是求职信的主体，也是求职信的重点，它一般包括以下几个部分：

（1）开头。一般书信的开头为问候语，但是求职信的开头，可直截了当说明自己写信的目的，表述时应简洁，并能吸引读信人看下去。

（2）主体。这是求职信写作的重点。一般交代你求职的原因，应聘、应征的条件，尤其要注意表现你的主要成绩，突出你的优势。

（3）结尾。主要强调你的愿望和要求。例如，你希望他给你一个会面的机会，或期望他作出肯定答复等。

4. 敬语

出于礼节，信的最后往往写上简短的表示敬意、祝愿之类的祝词。常用的有"此致敬礼""愿公司鹏程万里，事业发达"等。

5. 落款

指在结尾语右下方写上求职人姓名，可以用"敬上"或"谨呈"等词以示礼貌和谦逊。姓名下面写日期，成文日期要写年、月、日。如用打印机打出，在求职人姓名处最好使用亲笔签名。要认真书写，不能潦草马虎。

6. 附件

指对求职人有用的材料，如简历、学历证、学位证、职称证、身份证、获奖证书、外语等级证书、计算机等级证书以及获奖证书的复印件等。如前所述，选用的这些证明材料，应有必要的签名和盖章。

三、求职信的写作技巧

撰写一封得体的求职信可能是你在寻找工作的时候遇到的棘手问题之一。在求职的过程中，体现个人才智并且文辞精美的求职信，一定能帮助你顺利地谋求到一份理想的工作。因此，写求职信，还须讲究写作技巧，力求做到"情""诚""美"兼备，即以"情"感人，以"诚"动人，以"美"迷人。

1. 以"情"感人

"感人心者，莫先乎情"（白居易《与元九书》）。写求职信时也同样要讲究感情色彩，语言有情，有助于交流思想、传递信息、感化对方。作为求职者，在相互较为陌生的情况下，要以情感人，关键做到以下两点：

（1）把握用人者的心理，投其所好。

（2）寻找共同点，引起对方的情感共鸣。

2. 以"诚"动人

在科学史上，法拉第之所以能成为名震全球的科学家，得益于他给戴维写的别具一格的"求职信"。1813年，法拉第冒昧地给戴维写了一封信，寄去了认认真真整理好的旁听戴维讲演记录，表示自己对科学的热心以及求师的诚意。他当时只想碰碰运气。谁知，戴维很快回了信，并约法拉第面谈。之后戴维毅然决定请法拉第做他的助手，安排在皇家学院实验室工作。就这样，在戴维的帮助下，法拉第终于成了伟大的科学家，当上了英国皇家学会会员。我们常说,"真诚能感动上帝",写求职信也是这样。

3. 以"美"迷人

一封文情并茂的求职信,往往会让人爱不释手。要使信写得"美",应力求做到:语言要饱含感情,在求职信中,适当地选用一些谦词、敬词,如"恳请""敬请""您""贵公司"等,以表达亲切、相互尊重的气氛。语言要富于生气,善于运用成语和口语,使语言表达更精湛、凝练、精辟、形象、朗朗上口。

四、求职信的写作注意事项

1. 戒长篇大论

内容以简洁为原则,看求职信的人日理万机,不会有时间看冗长的求职信,所以求职信应尽量在一页纸内完成,两页为上限。

2. 戒啰唆重复

每段写一个重点,不要反复讲述同一论点。求职信是与简历相辅相成的,而不是段落形式的简历,因此你可以提及一些简历上的重点,如你在该行业的突出成就,但切勿全盘重复简历上的项目。

3. 戒华而不实

外观格式整洁,给人一目了然的感觉即可,应把重点放在内容上。

4. 戒流水作业

公式化、千篇一律的求职信不足以吸引人,所以求职信的范例只是让你参考,而非抄袭。

5. 戒对象模糊

留意招聘广告,或打电话到该公司,找出收信的人是谁,在上款写上收信人的姓名称谓,如"陈经理""马主任",会比称收信人为"厂长先生"效果更好。

6. 戒自以为是

不宜用太多艰深的生字,这不是表现你语文能力的正确方法。

7. 戒粗心大意

要重复翻看,避免错字和语法错误,资料要齐全。

8. 戒措辞不当

自我推荐时要注意措辞得体,做到不卑不亢。过于谦卑,会给人庸碌无为的不良感觉;过于高傲,会给人轻佻浮夸的恶劣印象。

9. 戒条理不明

如招聘广告上附有参考编号,最好在信首和信封面上都列明,这样可以方便和缩短对方处理你的信件的时间,那你便可以更快地获得回复。

应用文写作

例文点评

求 职 信

尊敬的公司领导：

您好！

我是岳阳职业技术学院文秘专业2009届大专毕业生，女性，湖南郴州人。满怀着对前途的自信，对事业的渴望，从网上得知贵公司招聘文秘工作人员一名。大学三年的学习使我具有扎实的秘书基础知识、熟练的办公操作技术及一定的公关能力，我有信心胜任贵公司这份工作。在此，我向贵单位毛遂自荐。

我深知，机会只青睐于有准备头脑的人，因此，大学期间，我努力学习专业知识，在校文学社"飞翼杯"写作比赛中获得一等奖，在学院第一届应用文写作技能比赛中获得一等奖。课余，我广泛阅读秘书相关知识，自学办公自动化操作知识。我还担任过校文学社编辑部部长和应用文写作工作室室长，积极组织了社里的各类活动，这使我的组织领导能力得到了锻炼和提高，也强化了我的团结协作意识。

通过学院安排的一年实习工作，我更了解了社会。在不断地学习和工作中养成的严谨、踏实的工作作风和团结协作的精神，使我有信心做好文秘工作。我自认为有如下优势：

1. 写作基本功扎实。学习期间，我各科学习成绩优异，获得过班级一等奖学金，考取了三级秘书资格证；广泛阅读，打下了扎实的写作功底，多次获得学院征文比赛奖项；在《岳阳职院报》、校刊、菏泽大众网和各类杂志上也发表过一些作品，曾被评为优秀编辑。

2. 沟通协调能力强。在校社团和工作室工作期间，我承办了系部的一些大型活动，经过了各种磨炼，能力随之增强。尤其是在人际交往方面，善于交际、沟通，遇到困难，能够团结同学圆满解决问题。

3. 有文秘实战工作经验。实习期间，我先后做过办公室文员、服务员、经理助理（即秘书）和人事文员。每一份工作经历，对我来说都是宝贵的经验积累，更是无法抹去的记忆。特别是在担当经理助理的工作中，我学会了收发文处理，协调各部门相关工作，安排召开会议，做好会议纪录，做好工作落实情况，负责拟定月、季、年终的绩效目标和工作总结，整理保存公司公文，负责公司的费用预算等，这些锻炼了我从事文秘工作的能力，尤其培养了我的公关和组织协调能力。

4. 计算机操作熟练。业余时间我积极学习电脑知识，能熟练使用Office办公软件，并拿到了全国计算机二级证书。

这些为我进一步从事文秘工作打下了基础，也符合贵单位所需人才的要求。

丰富的经验，就像鸟儿成熟的羽翼；坚定的信念，就像给羽翼装上了马达。我相信，有梦就能飞翔，有志者，事竟成。尊敬的领导，您相信吗？给我次机会，也许能够还您一个夺目的光彩。

话不在多，真诚则灵。恳请贵单位给我一次机会，如蒙录用，本人一定忠于职守，竭尽全力为单位效力。

祝您在未来的每一天里，百事可乐！

求职者：×××
20××年×月×日

附：本人简历、学校推荐表、英语等级证书、获奖证书的复印件。

> 点评：这篇求职信格式规范，内容上较全面地介绍了求职者的自身条件，有针对性地介绍了自己的专业优势，突出了自己具有符合岗位要求的能力和特长，条理分明，语言谦逊有礼，措辞讲究分寸，恰到好处。

求 职 信

尊敬的×××先生/小姐/尊敬的人事部门：

　　您好！某领导是我姑妈，她很关心我的求职问题，特让我写信给你，请多关照。加上我对贵网站网页兼职编辑一职很感兴趣，所以特写此信。

　　我现在是××职业学院的平面设计与网页设计专业学生刘某，从 2006 年入校以来，一直在学院学报、院心理辅导网站的网站任编辑。两年以来，对学报、心理网的编辑的工作已经有了相当的了解和熟悉。经过××市出版者工作协会的正规培训，并且获得了国家劳动部颁发的高级网站设计员的证书，我相信我有能力承当贵报所要求的兼职网页编辑任务。

　　我对计算机有着非常浓厚的兴趣。我能熟练使用 FrontPage 和 DreamWeaver、Photoshop 等网页制作工具。本人自己做了一个个人主页，日访问量已经达到了 100 人左右。通过互联网，我不仅学到了很多在日常生活中学不到的东西，而且坐在电脑前轻点鼠标就能尽晓天下事的快乐更是别的任何活动所不及的。

　　由于现在是大二阶段，学院的工作室以及项目制作安排的时间很灵活，决定了我拥有灵活的工作时间安排和方便的办公条件，这一切也在客观上为我的兼职编辑的工作提供了必要的帮助。

　　基于对互联网和编辑事务的精通和喜好，以及我自身的客观条件和贵报的要求，胜任该职位绰绰有余。本人谨以最诚挚的心情，应聘贵公司的会计一职，希望得到贵公司的尊重、考虑和录用，不过现已有多家公司要聘我，所以请贵公司从速答复，我相信我的努力能让贵公司的事业更上一层楼。

　　随信附上我的简历，本人于 6 月 5 日要放假回家，敬请人事经理务必于 6 月 1 日前复信为盼。

　　此致

　　敬礼

刘某
2013 年 11 月 25 日

> 点评：这是一篇写作失败的求职信。存在以下问题：称谓，有三个，一般有一个即可；在语言表达上，"某领导是我姑妈"显得盛气凌人，"胜任该职位绰绰有余"显得过于自夸，"请贵公司从速答复"，带有强迫的口吻，很不得体；展示特长"基于对互联网和编辑事务的精通和喜好"与求职目标"应聘贵公司的会计一职"不一致；结尾处"敬请人事经理务必于 6 月 1 日前复信为盼"这种命令式语气不妥；致敬语格式不对，"此致"二字应该空 2 格，"敬礼"顶格，落款"刘某"应该另起一行。

应用文写作

温馨提示

求职信与书信的区别

区别 \ 文种	求职信	私函	公函
对象	个人—单位	个人—个人	单位—单位
内容	表现特长 以期求职	叙友情 谈私事	办公事
语言	委婉礼貌 大方得体	随意自然 亲切亲昵	公事公办 礼貌得体

任务演练

1. 大学三年的学习生活就结束了，苏明要展翅高飞了，为了找到一份自己满意的工作，苏明开始认真地思考该如何撰写自己的求职信。假设你就是苏明，请代写一份求职信。

2. 某大宾馆因工作需要，需招聘大堂经理、公关助理、餐饮、客房部领班。请据以上材料代写一份求职信。

3. 假使你即将毕业，希望毕业后到某地某单位工作，请按求职信的写作要求，为自己拟写一封求职信。

任务 2 个人简历

知识橱窗

英国评论家、历史学家 Tomas Carlyle 曾说："对人来说，最重要的课题是找到自己这辈子想从事的工作。"在目前的就业市场，想找到一份可以实现自我、与自己兴趣相符、又有一定薪水的工作，是许多人梦寐以求的。求职简历可以说是打开就业大门的钥匙。它是书面的"自我介绍"，更是"自我推销"的利器。

一、个人简历的概念和特点

1. 个人简历的概念

个人简历就是对某个人的生活经历有重点地加以概述的一种应用文。它是一个人生活经历的精要总结，在一定程度上是一个人整体形象的缩影，因而是现代社会人事档案的一个重要组成部分，也是考察干部、选拔和任用人才等必须具备的重要资料。

2. 个人简历的特点

简历通常作为求职信的附件，一起呈送给用人单位，求职者希望借此让用人单位全面了解自己，从而为面试创造机会，最终达到就业目的，因此，个人简历在写作上讲求真实性、正面性和精练性。

（1）真实性。指自己给自己写简历时一定要客观理性地总结自己的经历，做到真实、准确、不夸大、不缩小、不虚构编造，这样才能取信于人。

（2）正面性。指内容应当是正面性的材料。它应当告诉人们真相，但没有必要告诉全部真相。虽然不能说谎，但不需要全部都说出来，负面的内容要远离简历。

（3）精练性。指个人简历要越短越好——在大多数情况下，一两页就足够了。

个人简历可以采用第一人称为自己写，也可以采用第三人称，为他人写。

二、个人简历的基本格式

1. 个人简历的形式

简历在形式上可以采用条文式，也可以采用表格式。生活中采用何种简历，应视个人的需要和目标而定，看哪种形式最能展现你的优点和长处。

（1）按年代顺序排列型个人简历。用这种形式写简历时，你的个人经历和学习或社会实践活动中取得的成就，应按照时间先后次序排列，重点应强调近几年的情况。它的优点是使你最近的工作经历，看上去一目了然，容易看懂，这是求职简历普遍采用的方式。

（2）实用型个人简历。这种简历无须把个人取得的成就按年代顺序排列，而应该将它们分别列在不同的实践活动名称下。然后按照这种排列，将具体日期写上，把它们作为辅助资料。也就是说，把你认为是最重要的成就排列在前面。这种简历可以掩饰你就业经历不足的劣势，可以针对你最感兴趣的职位目标组织个人经历背景。

2. 个人简历的基本格式

个人简历的写作格式一般由五个部分组成，即标题、个人简介、学习经历、工作经历、求职意向、杂项部分。自己写自己的还可以加上署名和日期。

（1）标题。标题可以直接写"简历"二字，也可以在简历之前冠以姓名和称谓。

（2）个人简介。个人简介指对个人的基本情况作简要介绍，基本情况包括姓名、性别、出生年月日、诞生地、民族、政治面貌、职务职称等。

（3）学习经历。学习经历可按时间顺序来写自己的学习过程，主要写最高学历。

（4）工作经历。工作经历主要写参加工作之后各阶段的情况，要注意突出主要才能、贡献、成果以及学习、工作、生活中有典型意义的事迹等。

（5）求职意向。求职意向主要写求职人对哪些工作岗位、行业感兴趣及相关要求。要表明自己应聘的职位，说明自己具备的资格和技能，想找什么样的工作。

（6）杂项部分。杂项部分包括出版物、社团成员资格、奖励和获得的资格证书以及个人兴趣、联系方式、证明材料等。同封面所要突出的内容一样，一定要清楚地表明怎样才能找到你，区号、电话号码、手机号、E-mail 地址等。简历的最后一部分一般是列举有关的证明人及有关附加性参考材料，附加性材料包括学历证明、获奖证书、专业技术职务证书、专家教授推荐信，所发表的论文著作等。证明人，一般提供 3~5 个，作为你求职资格、工作能力和个人情况的保证人。

三、个人简历的写作技巧

简历的内容、式样、设计方案很多，仁者见仁，智者见智，那么，怎样制作个人简历呢？你要记住，任何一个好单位，他们收到的求职简历都会堆积如山。和你的预想正好相反，没有哪个人事主管会逐一仔细阅读简历，而是以快速的方式匆匆而过，每一份简历所花费的时间一般都不超过两分钟。无法吸引他们注意的简历很可能被忽略而过，将永久地沉睡在纸堆里。因此，"突出个性、与众不同"便是你设计个人简历的成功的法宝。故进行个人简历写作时要注意以下几点技巧：

（1）内容上突出个性。内容就是一切，所以一定要突出你个人的能力、成就以及过去经验，使你的简历更出众。

（2）形式上与众不同。如果你想求职成功，首先就要将简历设计得与众不同，你得用足够的时间，从形式到内容把简历设计得落落大方，不落窠臼，从而使你脱颖而出。

（3）篇幅上短小精美。目的是使招聘者在最短的时间内读到更多的信息。篇幅最好不超过两页（A4复印纸）。

（4）表达上转劣为优。如果你只是一个刚毕业的学生，你可能正在与那些有相同学历但是有更多工作经历的人竞争。你太年轻，你没有相关职业的丰富工作经历，这是你的弱势，写作时你需要巧妙处理，以转劣为优。

（5）用证据证明实力。招聘人员想要你证明你的实力的证据。记住要证明你以前的成就及你的前雇主从你那里得到的益处，包括你为他节约了多少钱、多少时间等，说明你有什么创新等。这样，你成功的几率将大许多。

（6）用词上力求精确。阐述你的技巧、能力、经验要尽可能地准确，不夸大也不误导。确信你所写的与你的实际能力及工作水平相同。不要写错别字，雇主们总认为写错别字的人素质不够高。

四、个人简历的写作注意事项

（1）简历内容要简。简历的"简"字，就决定了简历的篇幅不能太长，应做到简明扼要。

（2）详细写出特长。求职者在填写自己的特长时，比较模糊和笼统，没有说明到底"特"在哪里。这让用人单位很难做出准确判断，也容易产生怀疑。因此，填写时一定要详细。

（3）求职目标明确。所有内容都应有利于你的应征职位，无关的妨碍你应聘的内容不要叙述。

（4）突出过人之处。每人都有自己值得骄傲的经历和技能，如你有演讲才能并得过大奖，你应详尽描述，这会有助于你应聘营销职位。

（5）用事实和数字说明。不要只写上你"善于沟通"或"富有团队精神"这些空洞的字眼，应举例说明你曾经如何说服别人，如何与一个和你意见相左的人成功合作。这样才有说服力并给人印象深刻。

（6）自信但不自夸。充分准确地表达你的才能即可，不可过分浮夸，华而不实。

（7）适当表达关注及兴趣。在简历中适当表达你对招聘单位的关注和兴趣，这会引起招聘人的注意和好感。

例文点评

个人简历

个人情况

姓　　名	×××	性　别	男	照片
民　　族	汉　族	出生年月	1986.6	
籍　　贯	湖南岳阳	婚姻状况	未　婚	
专　　业	文　秘	健康状况	良　好	
学　　历	大　专	学　制	三　年	
联系地址	××学院文秘××班			
E-mail	××@126.com	邮　编	××××××	
联系电话	1359872××××			

求职意向

★ 办公室文员、总经理助理

教育背景

★ 2005.9—2008.6　　　就读于××学院文秘专业
★ 2002.9—2005.6　　　就读于××市南湖中学

社会实践

★ 2007.12—2008.5　　　在×××公司实习
★ 2007.9　　　　　　　曾参加校庆接待工作
★ 2006.7—2006.9　　　从事家教
★ 2005.12—2007.11　　担任校"小草"文学社编辑及主要撰稿人

个人技能及职业资格证书

★ 全国秘书资格三级证书
★ 全国英语六级证书
★ 普通话一级乙等证书
★ 全国计算机一级证书

荣誉证书

★ 2005年12月获"大学生艺术节"三等奖
★ 2006年9月获院级"三好学生"称号
★ 2007年9月获"专业一等奖学金"
★ 2008年5月获"优秀实习生"称号

发表作品

★ 2005年9月荣获校第八届演讲比赛二等奖

应用文写作

★ 2006年10月获校《庆元旦》征文比赛一等奖
★ 2007年8月在《××日报》上发表《飞舞的青春》
★ 2007年9月获校《我爱读书》征文比赛一等奖
★ 2008年3月在《××晚报》上发表《我爱我家》
★ 2008年3月在《××日报》上发表《思乡》

自我评价
★ 温和、谦虚、自律、自信
★ 专业功底扎实，拥有文秘工作经验
★ 工作责任心强，组织协调能力强
★ 爱好广泛，为人稳重，诚实守信

点评： 这是一份表格条文式个人简历，主要项目齐全且安排得当，能根据自己的求职意向，有针对性地介绍本人掌握的专业技能及综合素质，并重点介绍了求职岗位所要求的各项能力的相关证书，具有较强的说服力。

个 人 简 介

姓名：×××　　　　　　性别：女
年龄：18　　　　　　　　身高：157cm
学历：中专　　　　　　　政治面貌：中国共青团

个人简定：
性格开朗、活泼。为人诚实稳重。有一定的管理能力，对工作认真负责，有一定的处理问题的能力。

学习经历：
毕业于××职院文人系，中英文秘专业。

其他培训情况：
（1）参加过普通话、计算机培训。
（2）能熟练的操作电脑、使用Office等应用软件。

工作经历：
（1）自初中以来，每个暑假都有打暑假工，当过餐厅服务员、网管、话吧管理员。
（2）在校三年，一直在学校机房当管理员。

求职意向：
文秘、文员、助理、销售员。我确信，以我的工作经验和能力，一定能把这些工作出色地完成。"世有伯乐，才能千里马。"我相信，我的伯乐将出现。

求职人：×××

点评： 这是一份写作不合要求的简历。首先，写作上粗心大意，多处有错别字，措辞错误之处颇多，如标题不能是"个人简介"，应该是"个人简历"；"中国共青团"应该是"中国共青团员"；"简定"应该是"鉴定"；"文人系"应该是"人文系"；"世有伯乐，才能千里马"应该是"世先有伯乐，才有千里马"等。其次，学习经历介绍过于简单，

112

个人情况介绍少了一些,联系方式等信息应该放在末尾。再次,介绍的培训情况与专业无关,求职意向不明确,自我评价不恰当。最后,在结构上不完整,缺联系方式和联系地址、证明材料等。

温馨提示

填写特长应具体详细

在美国耶鲁大学的入学典礼上,校长每年都要向全体师生特别介绍一位新生。去年,被校长隆重推出的,是一位自称会做苹果饼的女同学。在这么多学生中,为什么单单这位女同学如此幸运呢?原来,在耶鲁大学,每年入学新生都要填写自己的特长,而在当年的学生中,其他新生填写的都是诸如运动、音乐、绘画等,只有这位女生以擅长做苹果饼为"卖点",结果便脱颖而出。这就是"具体详细"给这位女学生带来的成功。毫无疑问,如果这位女学生在特长一栏填写的是"擅长厨艺"而不是"会做苹果饼"的话,恐怕幸运不会降临到她的头上。

任务演练

1. 下面是一则求职者的简历,存在哪些问题?请修改。

个人简历

姓名:王××   性别:男
民族:汉   政治面貌:团员
学历(学位):大专   专业:工程机械
联系电话:0731-5510××   手机:1384963××
联系地址:长沙市××路××号   邮编:410000
Email:××@163.com
毕业院校:湖南××学院 2006-2009 机电工程系
其他培训情况:有驾照
自我评价:业余爱好广泛。喜爱球类运动及爬山,大学曾任校足球队队员。另外还喜欢唱歌、音乐等。
本人性格温和、谦虚、自律、自信(根据本人情况)。
另:最重要的是能力,相信贵公司会觉得我是此职位的合适人选!期盼与您的面谈!

2. 请按照简历的写作要求,给自己写一份求职简历。

3. 广州市××公司是一家从事健康产业的专业化公司,集研发、生产、经营、售后服务为一体,主要生产、经营医疗器械、保健器材、健康食品、功能纺织品等。为了扩大公司的业务,现在向社会公开招聘如下人员:

储备干部:专科以上学历,较强的组织、沟通、协调能力,有吃苦创业精神、团队协作意识和一定的管理悟性,人数8名,男女不限。

应用文写作

　　文秘人员：专科以上学历，形象气质佳，普通话标准，文笔流畅，有才艺者优先，男生1.75米以上，女生1.6米以上，人数5名。

　　营销人员：中专以上学历，五官端正，身体健康，敬业爱岗，积极向上，人数15名，男女不限。

　　售后服务人员：中专以上学历，五官端正，口齿流利，敬业爱岗，人数2名，男女不限。

　　储备财务人员：专科以上学历，财会类相关专业，诚实敬业，人数5名，男女不限。

　　专卖店店长：专科以上学历，较强的组织、沟通、语言表达能力，形象好，有魄力，有亲和力，人数5名，男女不限。

　　请你根据自己个人的爱好，按照简历的写作要求写一份个人简历。

任务3　竞聘词

知识橱窗

　　没有人注定终身幸福，没有人注定终身不幸。圣经上说：上帝赐福给你。如果世上真有上帝，那就是我们自己。只要我们有勇气、肯尝试，做好竞聘的万全准备，当机会来临时紧紧抓住，充分展示自己的才华，彻底释放自己的能量，未来就充满了希望。用积极的态度去写竞聘词，必能造就平凡中的不平凡。

一、竞聘词的概念和特点

1. 竞聘词的概念

　　竞聘词，又叫竞聘演讲稿，或叫竞聘讲话稿。它是竞聘者为了实现竞争上岗，展露自我具有足够的应聘条件的讲演稿。大至竞选总统，小到竞聘上岗，都要用这种讲话稿。

2. 竞聘词的特点

　　竞聘词实际上是演讲词中的一类，由于它是针对某一竞争目标而进行的，因此它除了具有演讲词的一般特点外，还有自己的"个性"，即：

　　(1) 目标的明确性。写作时要亮出自己所要竞聘的岗位目标。

　　(2) 内容的竞争性。要显出"人无我有""人有我强""人强我新"的胜他人一筹的"优势"来，有时，甚至要化劣为优。

　　(3) 主题的集中性。指表达的意思单一，不枝不蔓，重点突出。

　　(4) 材料的实用性。指所选材料既是符合实际的，又是对自己竞争有利的。

　　(5) 思路的"程序"性。指演讲词的思维脉络有一定的顺序，不像一般演讲词那么自由。

　　(6) 措施的条理性。指在讲措施时要条理清楚，主次分明。

　　(7) 语言的准确性。指要恰如其分地表情达意之外，所谈事实和所用材料、数字都要"求真求实"，准确无误。

二、竞聘词的基本格式

竞聘词的写作格式与演讲词大致相同，只是在写法上还必须突出它自身的特点——应聘条件。这里说的应聘条件，包括个人的主观条件和竞聘者提出的未来的任期目标、施政构想、措施方略等要项。因此，在结构上它可以分为以下三个部分：

1. 标题

有三种写法。

（1）文种标题法，即只标"竞聘词"。

（2）公文标题法，由竞聘人和文种构成或竞聘职务和文种构成，如《关于竞聘××公司经理的演讲》。

（3）文章标题法，可以采用单行标题形式，也可采用正副标题形式，如《明明白白做人，实实在在做事——竞聘学校办公室主任的演讲词》。

2. 称呼

即对评委或听众的称呼。一般用"各位评委""各位听众"即可。

3. 正文

这是全文的重点和核心，应围绕以下几个方面展开：

（1）开头。开门见山地叙述自己竞聘的职务和竞聘的缘由。应自然真切，干净利落，如"我非常感谢各位领导、同志给了我这次竞聘的机会"，用诚挚的心情表达自己的谢意，这种开头方法能使竞聘者和听众产生心理相融的效果；再如"我今天的演讲内容主要分两部分：一是我竞聘人事局副局长的优势；二是谈谈做好人事局副局长工作的思路。"这种开头方法能使评选者一开始就能明了演讲者演讲的主旨。

（2）主体。竞聘演讲的目的，就是要把自己介绍给评选者，让评选者了解你的基本情况，了解你对竞聘岗位的认识和当选后的打算。所以，竞聘词的主体内容应该包括以下几方面。

① 介绍自己竞聘的基本条件。所谓基本条件就是政治素质、业务能力和工作态度等。这一部分实际上是要说明为什么要竞聘，凭什么竞聘的问题。竞聘者在介绍自己的情况时，一定要有针对性，即针对竞聘的岗位来介绍自己的学历、经历、政治素质、业务能力、已有的政绩等。并非要面面俱到，而应根据竞聘职务的职能情况有所取舍。

② 简要介绍自身的不足之处。竞聘者在介绍自己应聘的基本条件时，要尽可能地展示自己的长处，但不是对自身的不足之处。闭口不言。请看某竞聘者的表述：我从没有担任过班干部，缺少经验，这是劣势，但正因为从未在"官场"混过，一身干净，没有"官相官态""官腔官气"；少的是畏首畏尾的顾虑，多的是敢做敢为的闯劲。正因为我一向生活在最底层，从未有过"高高在上"的体验，对摆"官架子"看不惯，弄不来，就特别具有民主作风。因此，我的口号是"做一个彻底的平民班长"。

③ 表明自己任职后的打算。评选者更关心的还是竞聘者任职后的打算。因此，竞聘者在撰写竞聘词时，一定要用简明扼要的语言亮明自己的观点，也就是说，要紧紧围绕着听众关心的热点、难点问题，提出明确的工作目标和切实可行的措施。

（3）结尾。结尾用最简洁的话语表明自己竞聘的决心、信心和请求。好的结束语能加深

应用文写作

评选者对竞聘者的良好印象，从而有利于竞聘成功。竞聘词常见的结尾方法有以下几种。

① 表明对竞聘成败的态度。这种方法能使评选者感受到竞聘者的坦诚。例如：

作为这次竞聘上岗的积极参与者，我希望在竞争中获得成功，但我绝不会回避失败，不管最后结果如何，我都将"堂堂正正做人，兢兢业业做事"。

② 表达自己对竞聘上岗的信心。例如，我今天的演讲虽然是毛遂自荐，但却不是王婆卖瓜、自卖自夸。我只是想向各位领导展示一个真实的我。我相信，凭着我的政治素质，我的爱岗敬业、脚踏实地的精神，我的工作热情，我的管理经验，我一定能把副处长的工作做好。如果各位有疑虑，那就请给我一个机会，我决不会让大家失望。

③ 希望得到评选者的支持。例如，各位领导、各位评委，请相信我，投我一票！我将是一位合格的处长。

当然，竞聘词由于它要考虑多种临场因素与竞争对手因素，它的结构可以灵活多样，但是其基本内容离不开这样几个部分。

三、竞聘词的写作技巧

随着国家干部制度、人事制度以及机构改革的发展，愈来愈多的人将通过竞选的方式实现自己的人生理想。同时，随着社会竞争的日趋激烈，大中专毕业生的求职和下岗职工的再就业，也都面临着竞职、竞聘的考验。竞聘演讲为广大人才提供了一个充分展示自我、表现自我的舞台，为了获得竞争的胜利，有必要在竞聘词的写作上多花些工夫，因此，在写作上要注意如下技巧。

1. 开头要开门夺气

竞聘词的一个重要特点，就是要有竞争性，而竞争的实质就是要争取听众的支持，鼓舞、壮大己方支持者队伍，瓦解、分化对方支持者的营垒。做到这点的有效手段之一，就是在演说之初的几分钟内，在气势上争取主动，战胜对方。

2. 主体要突出要项及优势

毫无疑问，获取竞聘演讲成功的关键部分就在主体部分。因此，在这部分的写作上，要突出要项，充分展示竞聘者的竞争优势。具体地说，可以从以下几方面努力：

（1）任期目标。竞聘者提出的任期目标要明确且具体实在，才能使人信服。例如，要竞聘厂长，对未来的生产规模、产品质量、经济效益、技术水平、职工福利等项目，以及任务、指标要明确，能量化的要尽量量化，不能量化的要具体化；如果为了争取听众而说大话，开空头支票，谎骗听众，听众是不会买账的。同时，竞聘者所定目标除要具有竞争力外，还必须注重目标的先进性。

（2）施政构想。竞聘者写作时可以联系客观实际、体现岗位特点、注重难点问题、适应发展形势来谈施政构想，对未来的岗位工作做统筹安排。重点办哪几件实事；解决哪几个主要问题，特别是职工关注的焦点、难点问题，能在多大程度上解决、能解决多少，竞聘者都应该胸有成竹地提出来。

（3）措施方略。竞聘者围绕实现未来的任期目标所提的方法、措施必须切实可行，让人感到踏踏实实，可以操作。同时，思路要新颖独到，使人感到你有创新、有发展、高人一筹。这样，才会有吸引力、号召力。

（4）个人优势。它的内容广泛，包括个人的各种素质、能力、水平。其中常提到的有政治、思想、文化、义务、心理、身体等方面的素质；有管理、公关、组织、协调、表达等方面的能力；有政策、理论水平；有个人资历、工作经验、专业技术等。这方面的内容，要根据设置岗位的实际需要，有选择、有针对性地介绍，或在经历上突出优势，或在素质上突出优势，或在构想上突出优势，或在语言技巧上突出优势，等等。总之，这部分宜简不宜繁，内容要充实。

3. 结尾要恳切有力

竞聘词的结尾，犹如乐曲结束时的"强音"，可以动人心魄，因此，也要认真对待，以给听众留下更深更好的印象。它可以卒章显"志"表真诚，也可以发出号召表真心，也可以巧借"东风"表决心，还可以借景抒情显水平，等等。当然，也可以随要项的说完而结束，不另外画蛇添足。

4. 讲究竞聘技巧

有竞争，就有比较，有比较就有等级差距。每个竞聘者都希望自己成为优胜者，怎么取胜呢？是贬低别人，抬高自己呢，还是巧妙地说明"他行，我更行呢"？当然要采用后面的方法。具体说来，一是要根据岗位工作的需要，善于扬己之长，用事实表明自己比对手更有特长；二是根据群众的美好愿望，善于体察民心，用事实表明自己比对手更能满足民众的急切需要；三是根据单位现有的条件，善于物尽其用，人尽其才，用比对手略胜一筹的任期目标，提出对手未曾想到的点子，说明自己比对手更有办法。

总之，竞聘者准备竞聘词，要善于扬己之长，用事实说话。切忌吹牛、海夸、华而不实。

四、竞聘词的写作注意事项

1. 气势要先声夺人

竞聘演讲的一个重要特征就是具有竞争性，而竞争的实质，是要争取听众的响应和支持。而做到这一点的有效方法之一，就是要有气势，"气盛宜言"。这气势不是霸气，不是骄气，不是傲气，而是浩然正气。有了渊博的才识、正大的精神和对党的事业和人民的深厚感情，作者就不难找到恰当的语言表达形式。

2. 态度要真诚老实

竞聘演讲其实就是"毛遂自荐"。自荐，当然应该将自己优良的方面展示出来，让他人了解自己。但要注意的是，在"展示"时，态度要真诚老实，有一分能耐说一分能耐，不能为了自荐成功而说大话，说谎话。

3. 语言要简练有力

老舍先生说："简练就是话说得少，而意包含得多。"竞聘演讲虽是宣传自己的好时机，但也绝不可"长篇累牍"。应该用简练有力的语言把自己的思想表达出来。

4. 内心要充满自信

著名演说家戴尔·卡耐基曾说过："不要怕推销自己。只要你认为自己有才华，你就应该认为自己有资格担任这个或那个职务。"当你充满自信时，你站在演讲台上，面

应用文写作

对众人，就会从容不迫，就会以最好的心态来展示你自己。当然，自信必须建筑在丰富的知识和经验的基础上。这样的自信，才会成为你竞聘的力量，变成你工作的动力。

例文点评

竞选班长的演讲词
宗莉莉

同学们：

你们好！

今天，我走上演讲台的唯一目的就是竞选"班级元首"——班长。我坚信，凭着我新锐不俗的"官念"，凭着我的勇气和才干，凭着我与大家同舟共济的深厚友情，这次竞选演讲给我带来的必定是下次的就职演说。

我从没有担任过班干部，缺少经验，这是劣势，但正因为从未在"官场"混过，一身干净，没有"官相官态""官腔官气"，更不可能是"官痞官油子"；少的是畏首畏尾的顾虑，多的是敢作敢为的闯劲。正因为我一向生活在最底层，从未有过"高高在上"的体验，对摆"官架子"看不惯，弄不来，就特别具有民主作风。因此，我的口号是"做一个彻底的平民班长"。

班长应该是架在老师与同学之间的一座桥梁，能向老师提出同学们的合理建议，向同学们传达老师的苦衷。我保证做到在任何时候，任何情况下，都首先是"想同学们之所想，急同学们之所急"。当师生之间发生矛盾时，我一定明辨是非，敢于坚持原则。特别是当老师的说法或做法不尽正确时，我将敢于积极为同学们谋求正当的权益。

班长作为一个班级的核心人物，应该具有统御全局的大德大能，我相信自己是够条件的。首先，我有能力处理好班级的各种事务。因为本人具有较高的组织能力和协调能力，凭借这一优势，我保证做到将班委一班人的积极性都调动起来，使每个班委成员扬长避短，互助互补，形成拳头优势。其次，我还具有较强的应变能力，所谓"处变不惊，临乱不慌"，将损失减少到最低限度。再次，我相信自己能够为班级的整体利益牺牲一己之私，必要时，我还能"忍辱负重"。最后，因为本人平时与大家相处融洽，人际关系较好，这样在客观上就减少了工作的阻力。

我的治班总纲领是：在以情联谊的同时以"法"治班，最广泛地征求全体同学的意见，在此基础上制定出班委会工作的整体规划；然后严格按计划行事，推选代表对每个实施过程进行全程监督，责任到人，奖罚分明。我准备在任期内与全体班委一道为大家办十件好事：

1. 借助科学的编排方法，减轻个人劳动卫生值日的总长度和强度，提高效率；
2. 联系有关商家定期送纯净水，彻底解决饮水难的问题；
3. 建立班级互助图书室，并强化管理，提高其利用率，初步解决读书难的问题；
4. 组织双休日城乡同学的"互访"，沟通情感，加深相互了解；
5. 在得到学校和班主任同意的前提下，组织旨在了解社会、体会周边人们生存状况的参观访问活动；

6. 利用勤工俭学的收入买三台处理电脑，建立电脑兴趣小组；

7. 在班级报廊中开辟"新视野"栏目，及时追踪国内改革动态和风云变幻的国际形势；

8. 帮助寄宿生和通勤生结成互帮互促的对子；

9. 建立班级"代理小组"，做好力所能及的代理工作，为有困难的同学代购物件、代寄邮件等；

10. 设一个班长意见箱，定时开箱，加速信息反馈，有问必答。

我会是一个最民主的班长，常规性的工作要由班委会集体讨论决定，而不是由我一个人说了算。重大决策必须经过"全民"表决。如果同学们对我不信任，随时可以提出"不信任案"，对我进行弹劾。你们放心，弹劾我不会像弹劾克林顿那样麻烦，我更不会死赖着不走。我决不信奉"无过就是功"的信条，恰恰相反，我认为一个班长"无功就是过"。假如有谁指出我不好不坏，那就说明我已经够"坏"的了，我会立即引咎辞职。

同学们，请信任我，投我一票，给我一次锻炼的机会吧！我会经得住考验的，相信在我们的共同努力下，充分发挥每个人的聪明才智，我们的班务工作一定能搞得十分出色，我们的班级一定能跻身全市先进班级的行列，步入新的辉煌！

谢谢大家！

（摘自《演讲与口才》）

> **点评：** 这篇竞聘词特点鲜明，竞聘目标十分明确，自我介绍巧化劣势为优势，施政纲领新颖独特，施政措施醒目且切合实际，语言充满稚气而又风趣诙谐，富有文采，结构上丝丝合缝，环环相扣，十分严谨。因此很能赢得"选民"的支持，现场效果颇佳。

竞聘词

老师，同学们：

你们好！

今天很荣幸能有机会站在讲台上竞选本班的团支书，这可是我心向往之的一个"职务"哟。

由于在机房担任网管一职，我老是唯恐自己不能兼数职，所以每每竞选班干部的时候我只能无奈地将其"团支书"一职拱手让予他人。但是现在我来了，并且我深知自己有能力胜任此职。

首先，我凭借自己在机房当网管所磨炼出来的较强的组织能力和吃苦耐劳的精神；其次，我是在班上活跃的一分子，我想在今后的学习生活中将要开展什么活动时，我会贡献出自己的所有力量，带动活动气氛，让我们的活动举办得有声有色，使同学们受益匪浅。

我知道刚刚上台的发言的每一位同学都很优秀，但我坚信在以后的日子里我会取其长处，去其短处，把我的工作做得更出色，我同时，我也会配合老师将班级工作做好，跨上一个新的台阶。

同学们，请信任我，给我一次锻炼的机会吧，我将给你们更多的惊喜！

竞选人：××
20××年5月27日

点评： 这是一篇竞聘失败的习作。失败的原因主要有：在正文中没有突出自己的竞聘优势，也没有介绍自己竞聘的施政构想，更没有提出切实可行的施政措施，展示自己的所长与竞聘职位没有必然的联系，不能使人产生投票的信任感，此外，还有一些地方用词不当，如"向往之"应该是"向往已久"等。

温馨提示

竞聘词写作要善于把握好五大关系

竞聘词是谋职时发表的公开演讲，具有明确的针对性和强烈的竞争性，要取得成功，还须认真处理好以下五个关系：

一是朴实与生动的关系。演讲者在介绍个人简历、陈述竞职条件、提出岗位目标和工作措施时，用朴实的语言固然能够给评委和听众以质朴诚实的印象，但是既充满活力又能感动人的生动语言，同样能够从另一侧面展示演讲者的口才魅力和性格风采。例如，一位高中生的竞职演讲的开头写道："春天来了，我也来了。我驾着踌躇满志的春风而来，来竞选学生会主席一职……"朴实中不泛生动，生动中又见朴实，受到听众的欢迎。

二是直率与含蓄的关系。竞职演讲的针对性特点要求演讲者要以直率的态度，明确地表达自己的竞职动机和条件等，这种直率并非毫无节制，在演讲者突出自身的竞争优势，力图胜过对手的时候，不妨运用含蓄一点的语言，巧妙地说明"他不行，我行"，或"他行，我更行"，以避免"抬高自己，贬低别人"之嫌。

三是严肃与幽默的关系。竞聘演讲是一件非常严肃的事情，但它并不意味着演讲者要板着面孔，用抽象的概念和枯燥的数据来说话。演讲者不失时机地用一用幽默手法，往往会获得出人意料的现场效果。

四是自信与谦恭的关系。竞职演讲是一种竞争，演讲者都要善于展示自己的特长，突出自身的优势，以唤起听众的信任感。同时，又要充分尊重评委和听众，虚心听取对手的经验，学习别人的优点。因此，在演讲时要在演讲内容、语言气势和仪态气质上表现出一种强烈的自信，使听众产生靠得住的感觉；另一方面，也要表现出一种谦恭的良好风度，给听众留下虚怀若谷、文明礼貌的好印象。

五是理智与情感的关系。无论是介绍、自我评价，还是提出和阐释构想，竞职者的语言态度表现都要给听众以鲜明的理智感，但是它同样需要情感的作用，因为真挚而强烈的情感，能够使听众产生心理共鸣，从而确立有利于竞聘者的情感意向。情理交融的竞职演讲，必定会产生良好的效果。

任务演练

1. 假设你们学校将进行学生会改选，请你站在候选人的角度发表你的竞聘演讲。
2. 根据个人意愿，拟写一则竞聘词。
3. 为了建设一支强有力的班干部队伍，调动全班同学的学习和工作的积极性，使同学们能够发挥各自的特长，人尽其才，班主任老师决定在全班开展班干部竞选活动，请你根据你的兴趣爱好准备你的竞聘演讲词。

任务 4　演讲稿

知识橱窗

美国哈佛大学有这样一种理念：思考能力是你的第三只眼，创造能力是你的第二本能，表达能力是你的第一亮点。拿破仑说："机会总是青睐有亮点的人。"想得好，还要做得好，做得好，更要说得好。良好的口才是成功者的鲜花和光环。今天，一个没有口才和演讲能力的人很难适应工作和生活的需要。

一、演讲稿的概念和特点

1. 演讲稿的概念

演讲稿也叫演说辞，它是在较为隆重的仪式上或者某些公众场所发表的讲话文稿。通常情况下，演讲者演讲都是有准备、有文稿可以遵循参照的。中外许多成功的演讲者都十分重视演讲稿的写作。写好演讲稿是演讲成功的关键，也是一个成功的演讲者所应具备的基本功。

2. 演讲稿的特点

演讲稿具有以下三个特点：

（1）针对性。演讲是一种社会活动，是用于公众场合的宣传形式。它为了以思想、感情、事例和理论来晓喻听众，打动听众，"征服"群众，必须要有现实的针对性。

（2）口语性。演讲，听众能否听懂，要看演讲者能否说得好，更要看演讲稿是否写得好。如果演讲稿不"上口"，那么演讲的内容再好，也不能使听众"入耳"，完全听懂。一篇好的演讲稿对演讲者来说要可讲；对听讲者来说应好听。

（3）鼓动性。演讲是一门艺术。好的演讲自有一种激发听众情绪、赢得听众好感的鼓动性。

二、演讲稿的基本格式

演讲稿包括标题、称谓、开头、正文、结尾五个部分，其结构与一般文章相比，要求更明晰、确切，逻辑性强。

1. 标题

演讲稿的标题是一篇演讲的有机组成部分。它与演讲的内容、风格、语调有直接关系。内容决定了题目，题目则鲜明地表现内容的特点。演讲稿的标题要求简练、新颖、生动、深刻并且富有吸引力，如《反对党八股》《心底无私天地宽》《青春为祖国奉献》等。

2. 称谓

演讲的对象不同、场合不同，称谓也就不同。常见的有"各位领导""各位来宾""女

应用文写作

士们、先生们""同志们""朋友们"等，通常在称谓前加上"尊敬的""敬爱的"等词，以示尊重和友好。

③. 开头

演讲稿的开头，也叫开场白。它在演讲稿的结构中处于显要的地位，具有重要的作用。瑞士作家温克勒说："开场白有两项任务：一是建立说者与听者的同感；二是如字义所释，打开场面，引入正题。"好的演讲稿，一开头就应该用最简洁的语言、最经济的时间，把听众的注意力和兴奋点吸引过来，这样，才能达到出奇制胜的效果。写作时要简短、精彩，很快与听众沟通，引人入胜，调动听众的情绪，为后边内容的展开打下基础。

演讲稿的开头有多种方法，常用的有：

（1）开门见山，提示主题。这种开头是一开讲就进入正题，直接提示演讲的中心。

（2）介绍情况，说明缘由。这种开头可以迅速缩短与听众的距离，使听众急于了解下文。

（3）提出问题，引起关注。这种方法是根据听众的特点和演讲的内容，提出一些激发听众思考的问题，以引起听众的注意。

除了以上三种方法，还有释题式、悬念式、警策式、幽默式、双关式、抒情式等。

④. 正文

这部分是演讲稿的中心部分。要根据演讲对象、内容的特点选择材料，要选取有力的例子，鲜明深刻地阐明主题，做到有理、有物、有文、有序、条理分明、层次清晰。语言的运用要把握好节奏，时时抓住听众的情绪，做到张弛有道。在行文的过程中，要处理好层次、节奏和衔接等几个问题，可采用并列式、递进式、对比式、抑扬式等行为方式。

（1）并列式：从不同角度、不同侧面进行演讲，围绕主题，证明主题。

（2）递进式：由小及大，由表及里，层层递进，步步深入。

（3）抑扬式：先抑后扬式，先扬后抑式，跌宕起伏，变化多姿。

（4）对比式：进行对比，使主题明确。

⑤. 结尾

演讲稿的结尾没有固定的格式，或对演讲全文要点进行简明扼要的小结，或以号召性、鼓动性的话收束，或以诗文名言以及幽默俏皮的话结尾。但一般原则是要力求做到简洁明快、精辟有力，要善于运用感情色彩浓郁的词语或修辞手法，要富于鼓动性，给人留下深刻的印象。

三、演讲稿的写作技巧

一篇好的演讲稿应该具有"凤头、猪肚、豹尾、精短"的特色。

1. 凤头

凤头就是指开头要开门见山、新颖精彩。常用的开头方式如下：

（1）提问式开头。以提问方式开头，可以马上把听众推进思考的激流，使听众在演讲者问句的攻势面前无暇顾他，不由自主地紧跟演讲者的思路，以期获得答案，从而达到抓住听众注意力的目的，如闻一多《最后一次的讲演》的开头。

（2）名言警句式开头。名人名言、格言、警句、歌词、谚语、诗词等语言简洁优美，蕴含着丰富的知识，极富哲理，启迪性强，具有引人注目的力量。恰当地引用名言警句，是开头的好方法。

（3）故事式开头。故事式开头就是演讲者用形象的语言开讲，绘声绘色地讲述一个内容生动、情节动人的精短故事，故事可以是生活中触目惊心的突发事件、人物传奇、历史典故等，使听众对故事的发展和人物命运产生同情、关注、惊奇等心理变化，进而迅速进入演讲者演讲的主题框架中。

（4）道具展示，由实入虚式开头。以道具展示开头就是演讲者在开讲前，先展示某种实物，给听众一个新鲜、感性的直观印象，从而引起听众的注意，充分地调动起听众的兴趣和期待心理，一下子抓住听众。

（5）即景生题，巧妙过渡式开头。一上台就开始正正经经地演讲，会给人生硬突兀的感觉，让听众难以接受。不妨以眼前人、事、景为话题，引申开去，把听众不知不觉地引入演讲之中。可以谈会场布置，谈当时天气，谈此时心情，谈某个与会者形象……

（6）逆向思维，奇妙论语式开头。听众对平庸普通的论调都不屑一顾，置若罔闻；倘若发人未见，用别人意想不到的见解引出话题，造成"此言一出，举座皆惊"的艺术效果，会立即震撼听众，使他们急不可耐地听下去，这样就能达到吸引听众的目的。

2. 猪肚

"猪肚"是指中间部分应该内容丰富、跌宕起伏。这一部分除了用新颖感人的事例之外，还应注意运用比喻、拟人、排比等多种修辞手法增强文章的艺术魅力。例如，《对"迟到"说不》，围绕着政府不能迟到的主题，用四个分论点来阐述。"首先""其次""再次""最后"四个过渡词，分别带出"责任""服务""诚信""法治"不能迟到这四个分论点，从四个不同方面说明我们的政府应尽的职能，材料丰富，内容充实，有理有据。

3. 豹尾

"豹尾"是指结尾部分要简短有力，留有余香。在听众听得饶有兴味还想再听的时候，就要戛然而止，给人回味。例如，"谈到这里，我不由得想起一百多年前生活在哥尼斯堡的一位叫歌德的老人说过的一句话："这个世界唯有两样东西能让我们的心灵深深地震撼，一是我们头顶上灿烂的星空，一是我们内心崇高的道德法则！谢谢各位！"

这是1993年国际大专辩论会上，冠军队复旦大学队在辩论"温饱是谈道德的必要条件"时，四辩手蒋昌建在总结陈词时作的结束语。真是言有尽而意未绝，令人回味，发人深省。

4. 精短

"精短"是指写作演讲稿，既要主题集中，思想凝练，又要构思用语奇妙，言简意赅。演讲稿最忌讳穿靴戴帽、庞杂冗长、繁文缛节、千篇一律，陈腐之言无异于自欺欺人，绝对不受欢迎。契诃夫说："简洁是才能的姊妹。"短小精悍，内容新颖的演讲总是使人印象深刻、受人欢迎的。林语堂曾幽默地说过这样的话："演讲稿如同美女的裙子，越短越好。短而精，是才情的标尺，成功的要素。"

应用文写作

四、演讲稿的写作注意事项

1. 了解对象，有的放矢

演讲稿是讲给人听的，如果不看对象，演讲稿写得再下功夫，说得再天花乱坠，听众也会感到索然无味，无动于衷，也就达不到宣传、鼓动、教育和欣赏的目的。

2. 观点鲜明，感情真挚

演讲稿观点鲜明，显示着演讲者对一种理性认识的肯定，显示着演讲者对客观事物见解的透彻程度，能给人以可信性和可靠感。演讲稿还要有真挚的感情，才能打动人、感染人，有鼓动性。

3. 行文变化，富有波澜

构成演讲稿波澜的要素很多，有内容，有安排，也有听众的心理特征和认识事物的规律。演讲稿要写得有波澜，主要不是靠声调的高低，而是靠内容的有起有伏，有张有弛，有强调，有反复，有比较，有照应。

4. 语言流畅，深刻风趣

要把演讲者在头脑里构思的一切都写出来或说出来，让人们看得见，听得到，就必须借助语言这个交流思想的工具。因此，语言运用得好坏，对演讲稿影响极大。要提高演讲稿的质量，必须在语言的运用上下一番功夫。

例文点评

我的理想

李婷婷

同学们，朋友们：

我有一个理想，她是非常美好的，又是十分实际的；她是富有魅力的，又是充满风险的，我越来越感到实现这个理想是不容易的，但我还是坚定地选择了她。

朋友们，告诉你们吧，我，将来要做一名记者，一个有胆识、有才华、有成就的中国女记者！

胡耀邦同志曾经这样讲过："我们党在历史上曾经出现过很有名的一批记者。现在应当继续努力，造就新的更多的优秀记者。"我一定奋发努力，做这样的优秀记者。

我要像为朱德总司令写传记的美国女记者史沫特莱那样，让那些革命英雄的事迹传遍全球；我要像被毛主席多次接见过的女记者路易斯·斯特朗那样，向全世界传播真理的声音；我要像《红岩》里的女记者陈静一样，同邪恶势力斗争到底；我要像特级记者冯森龄那样，敢于把真话真情告诉党中央；我要像著名记者李文琪那样，从遥远的南极洲发回振奋人心的消息；我要像跟随胡耀邦同志访问太平洋五国的那位女记者那样，向全国人民报道友谊使者的行踪……

我将去台湾的日月潭，报道祖国统一之后海峡两岸亲人团聚的欢乐；我将去香港，拍下1997年香港各界欢迎人民解放军的场面；我将报道祖国大西北的荒原上怎样崛起一座座工业基地；我将报道中国科技少年大学班怎样培养出一代英才；我将访问风景秀丽的平壤，报道"教育之国"尊重教师的故事；我将在巴黎的埃菲尔铁塔下面，请"巴黎公社"社员的子孙们叙述先人的业绩；我将从长江口出发，路过爪哇岛然后一直到马达加斯加，重温郑和下西洋播下的友谊……

记者的职责要求我必须有高度的政治素养、渊博的知识、熟练的表达能力；那么，在中学阶段未来的五年零三个月里，我该怎么做呢？

因为我是跨世纪的女记者，所以我必须比林黛玉聪明二十倍，她精通诗文，而我，除此之外，还必须掌握数学、物理、化学、生物、历史、地理和生理知识，这不但能使我理解各行各业的采访对象，而且还能使我从历史的宝库里吸取无尽的营养，开阔我的胸怀，让我的大脑经受住严格的科学思维训练，使我的文章能像列宁那样，"以强大的逻辑力量把读者俘虏得一个也不剩。"

我还要学习音乐、美术和体育，这不但使我采访艺术家和体坛明星时，能够体会他们的甘苦，而且，还将使我受到美的熏陶，使我对自然之美、心灵之美、语言之美、运动之美能有敏锐、准确的感受，能作美的表达，在未来的岁月里，跋山涉水将是家常便饭，五洲四海将是我的家，我必须有良好的体质和持久的耐力。

作为一个记者，特别要学好政治和语文，因为记者是捍卫马列主义的战士，是共产主义的宣传家，是具有真才实学的社会活动家，是党和政府的喉舌，是人民群众的代言人，又是良好文风的实践者和倡导者。

我要认认真真地学，勤勤恳恳地练！写字，一笔一画，造句，字斟句酌；阅读，细细咀嚼；作文，写真情实感。要能够吸收，能够消化，能够创造！

当然，我还必须学好外语，因为，我将来不但要出席联合国秘书长的记者招待会，而且当我随着"中国太空考察团"登上火星的时候，我还要用五种语言向地球发回爆炸性的独家新闻！不打好外语基础怎么行呢！

朋友们，请看，在我的面前，还有多么遥远的征程啊！我需要努力拼搏，也需要你们的帮助和激励！——今天需要，将来更需要！因为，只有有了你们的开拓和成功，才能使我这个记者有报道的素材！当你的科研项目取得突破的时候，当你的产品打进国际市场的时候，当你在奥运会上取得金牌的时候，当你的花生新品种终于培养成功的时候……

我一定来，请不要忘了告诉我一声！写信请寄"新华社记者，李婷婷收"，请注意，是"女"字边的"婷"，不是"停止"的"停"！——因为我既然树立了这样一个崇高而伟大的理想，那么，我的学习就决不能"停"，我的追求也决不能"停"，我的奋斗就更不能"停"，永远不能"停"！

（摘自《演讲与口才》）

点评： 本文开头不落俗套，一股严肃而天真的气息深深吸引了听众，主体部分没有去堆砌闪光的词语和警句，而是结合记者的素质和职责以14个人物、12个处所排比而下，丰富的知识非常吸引人，使听众开了眼界，这是作者勤于知识积累的结果。一般人谈理想，往往多谈未来，而忽略了今天的努力，本文却逐科而谈，谈得实在而不俗气。在演讲的结尾，巧妙地利用语境，作了谐音发挥，稚气十足又异军突起，把听众的情绪推向高潮。

应用文写作

让生活更具色彩

尊敬的各位评委、亲爱的同学们：

你们好！

作为一名忠实的文学爱好者，我对文学有着万分的热情。虽然我的文学成绩不十分出色，但是在学院各征文活动中获过一些小奖。并且，我曾经担任过南院春播文学社的干事兼小记者。因此，我对整个社团的结构比较了解，再加上有一定的采访经验，我坚信，一定能当好社长这个角色。

我认为，文学是一种万能剂。可以陶冶情操、抚慰心灵、改变性情、提高修养和水平……它与生活是分不开的。我一定让文学融入大家的生活当中。除了平常的校园练笔之外，课余时间，我会组织大家走出户外，聆听大自然的声音，感受祖国河山的壮美与神秘，用心灵捕捉并写下每一个微妙而动人的瞬间。我会以我的热忱来感染每一个文学爱好者，带领大家走上属于自己的文学舞台。

也许有人会说，我这是"光说不练，假把式"。所以，对于我的决心，我就不再多说了。关于文学社今后各方面的计划我都已备好。假如我的竞选成功了，我一定遵照老师的指导，团结文学社全体成员积极开展工作，将我的演说变为现实。到时候，一定为我社、我系甚至是我院增添一道绚丽的光彩。

我的演讲完了，谢谢大家！

点评： 这是一篇存在问题的演讲稿，主要毛病在于没有突出自己的优势，结构上也不完整，没有施政纲领和措施，因而缺乏感染力和吸引力，最终导致竞聘失败。

温馨提示

幽默在演讲中的重要作用

幽默是演讲者常用的一种艺术手法。演讲的幽默法，是用诙谐的语言、逗人发笑的"材料"或饶有兴趣的方式来表达演讲内容，抒发演讲者感情的一种艺术手法。莎士比亚曾说过："幽默和风趣是智慧的闪现。"林语堂说："幽默是人类心灵舒展的花朵，它是心灵的放纵或者放纵的心灵。" 幽默是一种很高的人生境界，金钱买不来，权势弄不到。幽默在演讲中有相当重要的作用，它所产生的谐趣对听众具有巨大的吸引力和感染力。演讲中运用幽默的方法可以愉悦听众，启迪听众，委婉地表达演讲内容。它多用于即兴、开场、应变、讽刺或批评。

演讲中运用幽默法应注意的事项有以下几点

（1）幽默的运用必须服从于演讲的主题，突出演讲的中心。否则就是为幽默而幽默，成了喧宾夺主的单纯笑料。

（2）演讲者如果没有丰富的生活体验和广博的知识，就硬要运用幽默法演讲，其幽默就可能沦为低级趣味的滑稽了。

（3）幽默法的运用，还需看场合和演讲的具体情境而定。在庄重悲哀的场合不宜多用幽默的语言，而在喜庆的宴会上发表演讲，则可通篇妙趣横生、诙谐幽默。

任务演练

（1）在竞争异常激烈的现代社会，人们的要求越来越高，面临的压力也越来越大，以至于有人发出了"男人哭吧不是罪"的感叹，难道做一个幸福的人真那么难吗？其实，幸福是自己心中的感受：能赢得事业的大成功固然是一种幸福，能固守心灵的高贵也是一种幸福；能做一名叱咤风云的"大人物"是一种幸福，做一名独善其身的"小人物"也是一种幸福。请以"我的幸福观"为题写一篇演讲稿。

（2）"人生如戏，戏如人生。"不管你是居庙堂之高，还是处江湖之远，无论你身价超凡，还是清贫拮据，每个人都将不可避免地归于尘埃。面对这不能抗拒的宿命，有人感叹韶华易逝、人生苦短，于是就及时行乐，游戏人生；有人认为人生可以不完美，但过程一定要精彩，每个人都应演好自己的人生大戏。面对这样一个严肃的生命质量问题，请以"关于人生的思考"为主题，写一篇参赛演讲稿，题目自拟。

拓展阅读

毕业生应该怎样设计求职方案？

1. 了解自己

用一个星期的时间反观自己，看看自己的长处到底是什么，自己的不足到底有哪些，自己适合做什么，自己将来要朝哪个方向发展，自己的发展方向有没有前途。刚刚毕业的大学生，不要奢望找多么高的职位，要挣多么高的薪水，只要有一份适合自己发展方向的工作就行了。不管哪一行，都需要各种类型的人才，根据自己的特长，选定一个方向，一直朝着这个方向努力，永不回头。

2. 锁定公司

了解了自己的能力和特长之后，就去锁定求职公司。无论是上网查询，还是看报纸、参加招聘会，凡是符合自己求职目标的公司，都统统搜集过来，根据公司的招聘要求，分析哪些公司最适合自己，筛选出成功率最大的20家公司。这20家公司可以按顺序联系，因为公司招聘有一定的时效性，所以，一旦发现有新的公司发布招聘信息，就马上把自己的简历投出去，静候佳音。

3. 准备材料

现在的公司招聘一般都使用 E-mail，所以制作一份规范、清晰的简历是必需的。简历直接写在 E-mail 里，同时加上附件。简历直接写在 E-mail 里便于招聘者阅读，附件可方便招聘者整理打印。一般情况下，招聘者会用几秒的时间浏览前面几行，看与他们招聘的职位要求是否吻合，所以前几行是关键信息，非常重要。除了简历，还需要毕业证书、获奖证书、认证证书、作品和著作等的复印件，这些是在面试时准备出示的，要提前准备好。

4. 临场发挥

在面试时最重要的是临场发挥，保持平静的心态，注意倾听面试者提的问题，迅速思考提问者的意图是什么，准确判断，回答问题要沉稳、干脆。谈话的表现一定要自然，不要做作，也不要有虚假成分。面试时一定要表示出对这个工作的极大兴趣，对工资的要求不要太苛求，实际到了公司以后，根据自己的工作表现，工资是可以变化的。

5. 锲而不舍

　　一家公司可能会让你去面试 1 次,如果要去面试 10 家公司,就有可能要跑 10 次,辛苦是可想而知的。不过,可以偷懒减去一些辛苦,比如有三家公司对你都很感兴趣,成功的可能性都在 90% 以上,那么其他的公司就可以推掉,用以专心致志地联系这三家公司。在这种情况下,你只要表现出一些热情,打个电话或亲自到公司再拜访一次,如果公司在某些方面还决定不下,比如工资是不是还可以降低一些等,只要你稍微做出一些退让,即可尽早达成一致。

项目七　科研文书

项目情境

科研活动是将专业知识的学习融入实践的重要环节。苏明在大学期间，除要认真学习专业知识外，还要围绕专业学习，开展一系列科研活动，并将其写成书面报告。掌握科研类常用文书写作，是大学生巩固专业知识，提高专业技能的一件重要工作。苏明在校期间，大概要用到哪些科研类文书呢？

任务描述

苏明在校学习期间，科研实践活动所需的应用文体主要有：产品说明书、实习报告、毕业论文等。这些文书的写作促进了其对科研活动的深层认知。

任务 1　产品说明书

知识橱窗

在"用户至上、诚信为本"的商品经济时代，产品说明书的设计是产品设计活动的组成部分，是生产厂商为销售及进一步宣传和说明其产品而附在产品包装内部或外部的一种宣传资料。学生在实习期间或毕业后，通过产品说明书可以了解产品的性能，了解产品的使用、维护和保养的方法等。科学地使用、维护和管理技术产品是衡量人技术素养的一项重要指标，同时产品说明书还有广告宣传作用。

一、产品说明书的概念和作用

1. 产品说明书的概念

产品说明书，又叫商品说明书，是以说明为主要表达方式，主要用来对产品的性能、构造、功能、使用和保养方法以及注意事项等作全面详尽的书面介绍或说明的文书。它是直接为社会生产和人们生活服务的一种实用性文体。

2. 产品说明书的作用

（1）解释说明的作用。解释说明是产品说明书的基本作用。

（2）广告宣传的作用。好的产品说明书可以使用户产生购买欲，达到促销的目的。

（3）传播知识的作用。产品说明书对某种知识和技术有传播作用。如介绍产品的工作原理、主要的技术参数、零件的组成等。

二、产品说明书的特点和种类

1. 产品说明书的特点

（1）内容的说明性。说明和介绍产品，是产品说明书的主要功能和目的。

（2）实事求是性。产品说明书必须客观、准确地反映产品的实际情况。

（3）指导性。产品说明书在向消费者介绍产品特点、性能、用途的同时，还包含指导消费者使用和维修产品的知识。

（4）形式的多样性。产品说明书的表达形式可以是文字式的，也可以图文兼备。

（5）语言的通俗性。通俗易懂、大众化的语言才能有效指导用户。

（6）说明的条理性。

2. 产品说明书的种类

（1）根据内容和用途的不同，可分为民用产品说明书、专业产品说明书、技术说明书等。

（2）根据表达形式的不同，可分为条款式说明书、文字图表说明书等。

（3）根据传播方式的不同，可分为：① 包装式说明书，即直接写在产品的外包装上的说明书。② 内装式说明书，即采用附件的形式，将产品说明书专门印制，有的甚至装订成册，装在产品的包装箱（盒）内。

三、产品说明书的基本格式

产品说明书的写作格式通常由标题、正文和附文三个部分组成。

1. 标题

产品说明书的标题，一般由产品名称加上"说明书"三字构成，如《龙牡壮骨冲剂颗粒说明》《VCD说明书》。有些说明书的内容是侧重介绍使用方法的，称为使用说明书，如《吹风机使用说明》《利君沙片使用说明书》。

2. 正文

通常要求详细介绍产品的有关知识，如产地、原料、功能、特点、原理、规格、使用方法、注意事项和维修保养等知识。

由于说明书说明的事物千差万别，因而，不同说明书的内容侧重点也有所不同。下面介绍几大类产品说明书。

（1）家用电器类。此类说明书一般较为复杂，写作内容为产品的构成、规格型号、使用对象、使用方法、注意事项等。

（2）日用生活品类。此类说明书写作内容主要有产品的构成、规格型号、适用对象、使用方法、注意事项等。

（3）食品药物类。此类说明书写作内容主要有食品药物的构成成分、特点、性状、作用、适用范围、使用方法、保存方法、有效期限、注意事项等。

(4) 大型机器设备类。此类说明书主要写作内容包括结构特征、技术特性、安装方法、使用方法、功能作用、维修保养、运输、储存、售后服务范围及方式、注意事项等。

(5) 设计说明书。此类说明书是工程、机械、建筑、产品、装潢、广告等行业对整个设计项目进行全盘构想、统筹规划,并对工作图样进行解释和说明的技术性文书。简单的就写在设计图样上,复杂的则单独成文或装订成册。不同的设计说明书,其写作的内容也不同。写作内容一般包括设计的思路、指导思想、设计方案及其论证、方案的技术特征或性能、主要技术参数、时序安排、所需资金等。

3. 附文

这是附在正文后面的一些内容,如厂名、地址、电话、传真、联系人和生产日期等。出口产品还要有中外文对照。

四、产品说明书写作的注意事项

(1) 好的说明书应起到指导消费的作用,但有些说明书却未能做到这一点,如介绍使用方法太简单,或不得要领;有的把功效写得很笼统,欠具体说明。

(2) 说明产品,应把重要的、关键的内容告诉消费者。但有些商品介绍只是泛泛而谈,未能在关键、重点问题上多加笔墨。

(3) 用词不恰当,常因语义含混而影响表达效果。

(4) 产品说明书要求行文简洁,但不少说明书唯恐用户不明白,不厌其烦,语句重复。

(5) 产品说明书不能千篇一律依照一个模式来写,而必须突出重点,各有侧重。要突出所写产品的独特之处,使它有别于其他产品。

例文点评

×××抗病毒口服液(纯中药新药)使用说明书

本品系以板蓝根、藿香、连翘、芦根、生地、郁金等中药为原料,用科学方法精心研制而成,是实施新药审批法以来通过的第一个用于治疗病毒性疾患的纯中药新药。

本品经中山医科大学附属第一医院、第一军医大学南方医院和广州市第二人民医院等单位严格的临床验证,证明对治疗上呼吸道炎、支气管炎、流行性出血性结膜炎(红眼病)、腮腺炎等病毒性疾患有显著疗效。总有效率达91.27%。其中,对流行性出血性结膜炎(红眼病)和经病毒分离阳性的上呼吸道炎疗效均为100%,并有明显缩短病程的作用。

本品疗效确切,服用安全、方便,尤其适用于儿童患者,是治疗病毒性疾病的理想药物。

【性状】本品为棕红色液体,味辛,微苦。

【功能与主治】抗病毒药。功效清热祛湿,凉血解毒,用于治疗风热感冒、瘟病发热及上呼吸道感染、流感、腮腺炎等病毒感染疾患。

【用法与用量】口服,一次10ml,一日2~3次,宜饭后服用,小儿酌减。

【注意事项】临床症状较重,病程较长或有细菌感染的患者应加服其他治疗药物。

【规格】每支10 ml。

应用文写作

【贮藏】 置阴凉处保存。

> **点评：** 本文是一份产品说明书，由标题、正文和附文三部分组成的。正文最突出的优点是其对药品的介绍，用了名牌医科大学附属医院等单位的临床疗效以作证明，其次对消费者的需要和利益也考虑得比较周到。本文语言明晰、准确，很好地体现了产品说明书的说明性、实事求是性和指导性等特点。

×××电热杯说明书

我厂电热杯生产历史悠久，式样新颖，美观大方，质量优良，安全可靠，经济实惠，誉满全球，世界一流。该杯可煮沸各种食物，特别适用于热牛奶、烧开水、泡饭等。

一、本电热杯电源电压一般为220v交流，消耗电力300w。

二、使用时首先应插上电源插头，将电源线一端插入杯子插座处，用完后先拔掉插头，以免触电。

三、电热杯容量1000g，灌得太满，煮沸时会溢出杯外。

四、煮沸饮料倒出后，杯中应加入少量冷水（因杯底余热较高），否则会影响杯子寿命。

五、不能随意打开底部加热部件，以免损坏。

六、自售出之日起，一年内如有损坏，本厂负责退换，或免费修理，但不包括使用不当而损坏。

七、本产品经中国家用电器工业标准化质量测试中心站鉴定合格。

编号：92—1—HC—8

欢迎您提供宝贵意见。我们对提出好建议者实行抽奖。

我厂宗旨：质量第一，用户至上，销往全球，永久服务。

本厂地址：中国云南昆明市××路××号

> **点评：** 这是一篇写作失败的产品说明书，存在以下几个问题：
> （1）本文语言啰唆，口语化，而应使语言变得更加精练、书面化。
> （2）本文在开头和结尾部分语言表达不当，更像是广告语。
> （3）次序上也要从主到次，突出重点。

温馨提示

产品说明书的写作要求

1. 必须明白说明介绍的对象。
2. 说明和介绍必须实事求是。
3. 文字要简练，数字要准确。
4. 尽量采用条文的方式，辅之以图解。

任务演练

1. 苏明是××职院大三的学生。毕业前他来到了一家较有影响力的民营保健品公司实习，具体负责宣传报道工作。领导让他为芝麻奶写一份产品说明书。假如你是苏明，你该怎样撰写这份产品说明书。

2. ××县怀炉厂生产的温暖牌电子暖炉，燃块体积小，重量轻，性能好。无气味，灰尘少，省燃料，温度为 50～65℃，既可用于冬季取暖，给上班、出差、学习、读书、写字、观看演出带来方便，也可用于室外作业，如站岗、值勤等，同时还可以治病，对肠胃不适、关节炎、腰椎疼痛等有一定的疗效。可以说一炉在怀，安全可靠，好处多多。

请根据上述材料，代××县怀炉厂写一份产品说明书。

任务 2　实习报告

知识橱窗

毕业实习是职业院校学校专业教学计划中的重要环节，目的是使学生将所学的基础理论和专业知识综合运用到相应工作中，解决某些实际问题，以提高分析问题和解决实际问题的能力。学生在毕业实习期间，应了解实习单位经营管理的全貌和一般过程，并重点参加一个具体的经营管理部门或一个具体工作，以便写出毕业实习报告和总结。

一、实习报告的概念和作用

1. 实习报告的概念

实习报告是学生接受专业教育后，到实习单位进行实践锻炼，对专业实习情况、收获体会和有关专业问题进行分析和总结后向学校提交的专业文书。

2. 实习报告的作用

通过撰写实习报告，学生可以理性地检视自己专业学习的水准；学校可以通过实习报告，了解专业设置和建设的相关情况。

二、实习报告的特点和种类

1. 实习报告的特点

（1）专业性。实习报告反映了学生在自己所学的专业领域实习的实际情况，是对所学过的专业知识的运用。

（2）检视性。实习报告必须对学生自己的真实的实习情况进行总结检视，梳理收获，找到不足。

2. 实习报告的种类

实习报告按照内容划分，有生产实习报告、课程实习报告和毕业实习报告等。

三、实习报告的基本格式

实习报告的写作格式通常有固定文本式和体会文本式两种形式。

所谓固定文本式是指将报告内容设计成表格。作者只需要按表填写即可，其写作要求较为简单。本教材主要研究体会文本式的写作。它一般由标题和正文两部分组成。

1. 标题

实习报告标题一般直接写作"实习报告"。也可以用"内容＋文种"的形式，如《计算机实习报告》；或者用"实习地点＋文种"组成，如《银行实习报告》。

2. 正文

实习报告正文一般分前言、主体、结语三部分。

（1）前言。主要介绍学生实习期的基本情况，包括实习的目的、意义、要求、实习时间、地点、内容等，把实习过程的感受、结果，用高度概括的语言概括出来以引出报告的内容。

前言是作者介绍正文的重要部分和关键问题的前导性文字，应反复推敲、提炼修改，达到满意为止。

（2）主体。详述实习过程，介绍自己如何将学校里学到的理论、方式方法运用到实践之中；对自己在学校没接触过的新鲜事物，将自己观察体验的结果进行分析总结。这部分是文章的重点，要求内容翔实，层次清楚，侧重实际动手能力和技能的培养、锻炼和提高，不要简单罗列实习经过。

主体的写法要讲究逻辑结构。可以采取纵式结构，即以时间为线索进行回忆写作；也可以采取横式结构，即围绕一个主题有层次地进行写作。

（3）结语。结语通常概括总结自己实习的体会、经验教训，提出今后努力的方向。这部分是实习报告的精华，要求逻辑性强，条理清楚地写出实习的体会和感受，对实习做出客观的评价。

四、实习报告写作的注意事项

（1）丰富、真实的实习资料是写好实习报告的基础。"巧妇难为无米之炊"，没有认真细致的现场实习是不可能写出高质量的实习报告的。因此，从开始实习的那天起就应该收集跟实习相关的各种资料，并认真记录下来。

（2）实习报告的写作必须将实践经历与专业理论知识相结合。实习是为了更加深刻地理解和掌握专业知识，专业知识又可以使我们的实习更有成效。实习报告的写作本身就是对大学生科研能力、观察能力、写作能力的一个综合锻炼，是学生将理论转化为实践，实践融入理论学习中的一个重要过程。

（3）语言要精练、流畅，重点突出，具有可读性和审美性。在实习报告的写作中，要注意将语言的通俗性与严谨性相结合，要善于运用打比方、举例子等手法将复杂问题通

项目七　科研文书

俗易懂地表达出来，综合运用统计表格、图片等资料，以保证所应用的资料丰富多彩、重点突出，具有可读性。

例文点评

文秘专业实习报告

为了了解和掌握现代文秘学科的新发展和秘书职岗的新特点，强化职业道德和职业岗位意识，进一步巩固学科理论知识，提高自己分析问题、解决问题的能力，熟练掌握业务技能，根据社会需求和职业发展，拓宽、更新自己的知识结构，积累实际工作经验，为毕业后从事文秘工作，胜任秘书职岗和以后深造打下良好的基础，根据学校和文史学院文秘教育本科专业实习相关安排，本人于2009年7月中旬至8月下旬在中共××市委办公室进行了为期40余天的专业实习。现将实习的相关情况总结如下：

根据学校实习安排意见，本人自主联系了实习单位，并及时与学校沟通落实，然后在指导老师的精心指导和单位负责人的具体安排下，制订了详细的实习计划，注重在实习阶段对所学的文秘理论知识进行进一步巩固和提高。实习期间潜心学习，努力工作，积极和指导老师联系，按时汇报实习情况，经常和其他同学交流实习体会，并在实习后期主动到有关科室交流学习，听取相关领导和同志对本人实习情况的意见，圆满地完成了实习任务，收到了较好的效果。

一、主要工作

市委办公室是全市党委办公部门的领导机构和市委的综合协调机构，在秘书长的直接领导下开展日常工作，主要通过文稿撰写、会议组织等来发挥参谋助手、综合协调、督促检查、后勤服务的职能作用。所以我在实习期间所有的工作都是围绕这些方面展开的。主要是在逐步熟悉单位情况的基础上，按照领导的安排与布置，协助科室负责同志做好相关工作。

协助做好日常工作。实习期间我的日常工作主要是协助部门负责人校对稿件、查询资料、起草文稿、接听电话、分送报刊、检测和维修办公设备、编写大事记以及打印和送阅材料等，并做到每天打扫办公室卫生和做好其他一些琐碎工作。

协助做好会务工作。实习期间先后参加了市委办公室秘书科工作会议、市委秘书长办公会、市委常委会、市委中心组学习会等相关会议的会议通知、会场布置、材料分发等会务工作，并参加和旁听了有关会议，负责做好会议记录和编发会议纪要，会后协助编制会议重要工作任务分解表。

协助进行值班工作。实习期间，我主动协助单位有关同志做好值班工作，并做到发现重大问题、接到县区和市直有关部门的紧急汇报以及群众的来信来电来访及时汇报。

主动进行交流学习。在熟悉自己所在实习科室工作的基础上，每天抽出一定时间到本单位其他科室同相关工作人员交谈，以此来了解单位整体工作和情况。并在此基础上进一步到市委其他部门和相关工作人员交流，以此来了解整个市委机关工作流程。

认真学习相关材料。我利用工作间隙，通过学习单位相关文件、阅读办公室订阅的有关报刊杂志来了解当地相关方针政策和情况，学习相关文件的写作方法，熟悉工作，提高自身理论水平。

二、主要体会与经验

在本次实习中我注重对工作中的细微之处进行观察，并经常进行一些深入的思考和总结。通过本次实习，主要有以下体会与经验：

思想政治理论知识对文秘工作人员十分重要，必须加强学习。很多时候，我们大学生往往觉得思想政治理论知识很大、很空，同时一提起"政治"往往有排斥情绪。但是作为一位文秘工作者，则必须加强思想政治理论知识的学习，因为我们往往是在单位的综合枢纽部门和领导身边工作，只有具备较高的思想政治理论水平，才能够把握住大局和方向，才能够和组织及领导保持一致。尤其是现如今领导们大都阅历非常丰富，如果我们不注重提升自己的思想，就不能跟上领导的思维与步伐，更何谈参政辅政。另外，如果没有较为扎实的思想政治理论知识功底，那么我们在起草一些文稿的时候就会很困难，往往把握不住要领和方向，不知道从何下手，因为公文具有很强的思想理论性。因此我们必须训练自己独立思考问题能力，最重要的是要不断地提升自己的思想水平。

要努力培养自己的信息意识和主体意识。现代社会是一个信息大爆炸的时代，每时每刻都有各类信息层出不穷，如果不及时了解和掌握相关信息，就会落后，尤其是对文秘人员来说，信息工作是我们工作中很重要的一个方面，只有随时随地留心观察周围的人和事，才能做到思想常新。只有围绕主体工作，不断获取各方面的信息，并提升辨别、分析和处理信息的能力，才能够真正做好领导的参谋工作。另外在工作中不要把自己当外人，以一个旁观者地身份去开展工作，而要以主人翁的角色融入到单位中，这样才能有组织的荣辱感，才能在工作中全身心地投入。

要大力提升自己的写作水平。写作是秘书人员最基本的工作，同时也是应具备的最基本的能力，对秘书人员来说十分重要。对于所有的单位来说，最头疼的就是文字性工作，所以如果你的写作水平很好，那就很可能会得到领导的赏识与重用。

秘书必须是多面手，要做到专与广相结合。只专不广或只广不专都难以胜任秘书工作。秘书工作没有盲区，只要领导工作有可能涉及的领域，秘书就不能说"不"。不仅要具备作为秘书的一些基本素质，如语言文字表达能力、文电处理能力、会务安排能力以及熟练使用各种自动化办公设备的能力等，还要熟悉具体单位的生产实践及相关的业务理论，不能说出话来、写出文稿来处处是"雷区"、句句是"外行话"。最后，还要对除此以外的政治、历史、法律、经济、心理学、哲学、科技等其他领导工作可能涉及的领域均有了解，也就是要博览群书。

要有强烈的政治敏感性。记得有一次晚上我替办公室的一位同志值班，大约到了晚上12点多，突然接到一个县上的传真汇报，说是接连几天的大雨导致该县一个镇发生山体塌方事件，有一家5口被埋，县上主要领导都赶赴现场，正在组织紧急抢救，特向市委汇报。我阅读完传真后，心想都快凌晨1点了，领导们都已经休息，干脆第二天早上再回报吧，但稍过了一会，觉得这是一件事关人命的大事，于是就向当晚值班的那位同志打了个电话。该同志听后立刻赶到了单位，再一次向当地县委办公室落实事件情况后，立即向当周值班的领导作了汇报，然后逐级汇报给市委主要领导。第二天，得知那一家5口人全部遇难。听了后我和当晚值班的那位同志都叹了口气。该同志告诉我如果当晚不及时汇报的话，那责任追究下来就大了，甚至会牵扯到市主要领导。我想多亏自己当晚还比较敏感，要不事就大了。我从这件事中得出，作为文秘人员，尤其是在党政部门工作的秘书人员，必须要有强烈的政治敏感性，要能够分清大是大非，否则会很危险。文化课学习和实践锻炼同样重要，不可重此轻彼。在日常学习中，有很大一部分同学是死读书，整天只知道学习书本知识，考试成绩固然很好，但实际工作能力却很差。还有一部分同学口口声声高呼自己不在乎文化课成绩，要的是实践能力，可到头来是文化课没学好，实践能力也没提升多少，即使真的实践能力得到了很大提升，但没有知识更新，没有很好的理论作指导，那我们的实践也只能停留在一个层面上，不会有所突破。因此在日常的学习中我们一定不能走极端，只强调某一个方面，而要做到理论与实践相结合，不是说哪一个更重要。理论水平上不去，实践也好不到哪儿，说文化课不重要往往是不想学习的借口。同样不注重实践，就体会不到理论学习的重要性。

要不断领悟，注意秘书工作中的艺术：

1. 要注意场合，谨慎说话。在公共场合说话时要注意内外有别，把握分寸，该说什么不该说必须心中有数，不能为了哗众取宠、一时兴趣而口无遮拦什么都往外说。这样，不仅会泄露一些工作秘密，而且还可能会损害领导者的形象，于工作、于己都不利。

2. 重视领导安排，按时完成工作。对领导安排的工作一定要重视，应当面问清工作要求和时限，按时完成工作，如果由于特殊原因不能如期完成也要向领导说明情况。因为没有哪个领导会容忍自己的下属把自己说的话当耳边风。这个时候如果你大而化之，那就会很危险。同时，遇到不懂的程序要主动向直接领导请示，不越级、不要自作主张，这样就可以避免一些不必要的麻烦

3. 不要在公众场合和上司面前随便评论别人。不要在公众场合随便评论他人，不要在上司面前随便说同事的不对，有什么问题可以单独跟同事谈，这样你的同事很可能会十分感激你，你就会赢得同事的尊重。这不仅是一个做事方式，更是一个做人原则。

4. 要学会灵活处理问题的方式，喝酒抽烟并不是必修课，现在社会人们都逐渐向文明的生活方式过渡，好多单位领导们都不抽烟喝酒，即使抽烟喝酒，也适量而止。因此我们要学会的是怎么样在复杂的环境中灵活应对，而不是一定要学会这种有损健康的坏习惯。就拿我实习单位来说吧，办公室只有极个别的同志抽烟，大多数人都不抽，而且单位领导们都不抽烟，也严禁在上班期间喝酒。

5. 严守纪律，保守机密。"要注意保密"，这是我刚进单位，领导就对我说的话。秘书人员要制发文件、处理文件和管理文件。在各种文件中，大部分具有不同程度的保密性，而且各级秘书人员会经常接近领导，看一些重要文件，参加一些重要会议，所以，秘书人员就应该注意保密，养成保密的习惯。我国已经制定了《保密法》，秘书人员要认真学习，模范执行，切实做好保密工作。

同时，在实习过程中自己还存在着不少的缺点和不足。例如，做事比较粗心大意，经常有浮躁情绪，容易冲动，说话不太注意方式，存有懒惰心理，处理事情还不够灵活，礼节方面的知识还掌握得不够等。但我都力求在今后不断克服改进。

三、对专业发展的意见与建议

实习期间我还就我校文秘教育专业的发展现状、社会对文秘专业和我校文秘专业的了解程度，各类岗位秘书人员的专业状况和现实需求，市场对文秘专业毕业生的能力要求，文秘专业与其他专业在适应秘书岗位的竞争优势，秘书人员的性别、待遇和就业状况等相

应用文写作

关情况进行了调研。通过调研，我认为我们学校文秘专业发展前景广阔，但还存在对专业宣传力度不够、专业被知晓程度低、课程设置和专业培养方向不尽合理，实验条件落后等不少问题和困难，进而认为学校应积极利用自身优势，加大对文秘专业的宣传，针对社会实际，不断调整和完善专业结构，合理确定专业培养方向，整合专业课程体系，重视学生人文精神培养，强化人文素质教育。加强硬件建设，不断引进优秀教师，加强师资队伍建设，大力培养能够适应现代社会需求的高素质文秘专业人才。

实践出真知，同时实践也能够让人更加明确理论学习的重点和方向。一个多月的实习，让我拓宽了视野，增长了见识，让我更加明白了自己的缺点和不足，更加明确了今后努力的方向，以便为将来走向工作岗位做准备。同时实习单位的工作环境很温馨，同志们都以礼相待，从办公室每个人身上我都学到了对我很有帮助的东西，所以很感谢他们，感谢他们的帮助和照顾，也感谢指导老师对我的精心指导。

> 点评：本文是一篇实习报告，它是由标题和正文两部分构成的，标题由内容和文种名称构成。正文从主要工作、主要体会与经验，以及对专业发展的意见与建议等三个方面完成了实习报告的写作。每一个内容都围绕中心以自然分段形式，层次分明、有条不紊地介绍了相关内容。前言用语简明、高度概括；收尾从容深刻，娓娓而来。全文内容丰富、结构严谨、中心突出，不失为一篇优秀的实习报告。

我的实习报告

这个社会对于许多人来说都是很残酷的，尤其是对我们大学生。人才泛滥似乎成为了市场的主流，当代大学生就业问题更是难上难，所以对于实习我们似乎就更应该重视了，因为这个社会容不下没有经验的我们，所以一直坚持要实习。要让自己更充实，这样才能在社会上立足。

实习的时间是很短暂的，有好多东西都需要去学，好多人来不及感谢。我从一个只有满腔热情的新闻专业学生到一名初步掌握新闻制作的实习宣传秘书，这里留下了我成长的足迹，这里有毫无保留的前辈，刚刚熟悉的朋友和那永远弥漫的笑声和欢乐，还有知识和经验。

在这里不知不觉已经近四个月了，时间过得真快。我默默地想，一定要努力不要让机会白白溜走。机遇是只会留给有准备的人的，于是在接下来的几个月时间里，我用眼睛、用嘴学习，虚心多看、多问、多学，渐渐地了解了新闻的制作过程，也对新闻业务有了进一步认识。

近几个月来，我完成了这里所有"学习实践科学发展观"报道任务，这些新闻，可以说是我向更高处攀登的垫脚石，踩在他们上面我发现我可以看得更远！我会更加努力，争取早日成为一名党的新闻工作者，并矢志不移！

> 点评：这是一份写作失败的实习报告，存在以下几个问题。
> （1）本文的语言不够精练、流畅，重点也不够突出。
> （2）实习报告的写作必须将实践经历与专业理论知识相结合，而本文对实习期间的工作阐述不够细致具体，对工作中所获得的经验和教训的阐述也不足，均是泛泛而谈，没有实质性的内容。

（3）本文在用词上则更像是一篇感受，没能很好地体现出一篇实习报告的应用价值。

温馨提示

优秀实习报告的内容构思

一篇好的实习报告可以帮助学生获得理想的就业岗位，要写好实习报告可以从以下几个方面进行构思：

1. 加深对职业的认识，获得所从事领域的较为高深的知识。
2. 如何理论联系实际，应对和解决实习中出现的困难和障碍。
3. 增强工作能力，如团队精神、创造能力、吃苦耐劳等。

任务演练

1. 苏明是××职院文秘专业大三的学生。毕业前他来到了湖南一家较有影响的民营企业的实习办公室，具体负责宣传报道工作。一晃四个月的实习快结束了，苏明共写出了12篇新闻在各类报刊杂志发表，其中动态消息8篇，人物通讯3篇，市场分析报告一篇。假如你是苏明，你该怎样撰写你的实习报告。

2. 苏明现在是××职院电子商务专业大三的学生，今年上学期他在××公司实习达3个月之久。在实习过程中，他将理论知识融会贯通于实践之中，在与人沟通和业务等方面得到了很大提高。实习结束，老师要求其写出实习报告。假设你是苏明，请你代他写出实习报告。

任务 3　毕业论文

知识橱窗

毕业论文是高校教学全过程的重要环节，它对培养高素质的人才具有十分重要的作用。大学生通过撰写毕业论文，能进一步巩固和检验自己的学习成果，提高本身的专业理论知识与技能，锻炼自己独立分析问题和解决问题的能力，并使自己具备一定的科研能力，为将来能运用所学知识从事创造性劳动和研究工作、解决实际中的问题奠定良好的基础。

一、毕业论文的概念和作用

1. 毕业论文的概念

毕业论文是指高等学校应届毕业生在导师的指导下，综合运用所学专业的基础理论、基本知识和基本技能，针对本专业领域的某一具体问题独立进行分析和研究写成的，能够反映自己的学习成果和科研能力，有一定学术价值的论文。

应用文写作

2. 毕业论文的作用

毕业论文对学生有考查作用。主要是考查学生运用已学知识分析和解决问题的能力，培养训练学生查阅资料和撰写文章的能力。

二、毕业论文的特点和种类

1. 毕业论文的特点

（1）科学性。科学性是毕业论文的灵魂，毕业论文的写作必须以科学性为前提。

（2）习作性。毕业论文的写作主要目的是为了培养学生综合运用所学知识解决实际问题的能力，为将来作为专业人员写学术论文做好准备，它实际上是一种习作性的学术论文。

（3）被指导性。毕业论文虽说是大学生应独立完成的科研作业，但作为大学生毕业前的最后一次作业，却离不开教师的帮助和指导。

（4）创新性。毕业论文不仅要研究专业的相关问题，而且要有自己的研究成果，提出自己独到的见解。

（5）理论性。毕业论文不能停留于对事实现象的罗列，应探究事物的本质和规律。

（6）规范性。毕业论文在形式上有自己的写作格式和规范，在写作中不能违背其写作惯例而标新立异。

2. 毕业论文的种类

（1）毕业论文的种类是多种多样的。由于各专业学科的内容和性质不同，各人的研究领域、对象、方法、表现方式不同，因此，毕业论文就有不同的分类方法。

（2）毕业论文按学科的内容和性质的不同，可分为由理、工、农、医等内容构成的自然科学毕业论文，由政治、经济、历史、哲学、文学、管理等内容构成的社会科学毕业论文。

（3）毕业论文按研究方法和对象的不同，高校的毕业论文一般又可分为如下几种类型。

① 理论型毕业论文。它是以抽象理论为研究对象，研究方法是严密的理论推导和数学运算，有的也涉及实验与观测，用以验证论点的正确性。

② 观测型毕业论文。它是以对客观事物和现象的调查、考察所得观测资料以及有关文献资料数据为研究对象，对有关资料进行分析、综合、概括、抽象，通过归纳、演绎、类比，提出某种新的理论和新的见解。

③ 实验型毕业论文。这是理工类学科多采用的毕业论文形式。它是以生产、生活中的某一技术性问题为研究对象，进行合理设想、实验、计算、谋划，从而得出创造性的设计构思和设计成果。

三、毕业论文的基本格式

完成一篇毕业论文，要遵循一定的格式，毕业论文主要由以下六个部分构成：

1. 标题和署名

毕业论文的标题一如任何论文的标题，是全文内容的简明、集中反映，通常是文章的中心论点。

一般来说，标题应简明、扼要、醒目，或点明论题，或概括论点，或提问设疑，总之要能点出毕业论文的主要内容或基本论点。

署名是在标题下面署上的作者姓名。

2. 目录

目录在短论文中并不出现，但篇幅较长，分章、节（或分项）并加由小标题的毕业论文就要写出目录。目录有索引之效，应标明页码，以便于查阅。

3. 内容摘要

毕业论文在正文之前，往往有一段对全文内容概括性的陈述，这就是内容摘要。它要求用精练的语言说明毕业论文的主要论点、论据与论证方法，特别应指出创新之处。

4. 关键词

关键词又称主题词，是在论证中起关键作用，反映论文核心内容的名词性词或词组。一篇毕业论文一般有3～5个关键词。

5. 正文

这是毕业论文最重要的组成部分，一般包括序论、本论和结论三个部分。

序论亦称引论，主要说明全文要论述什么问题，论述该问题的目的和社会意义等。

本论是正文的主体，要详细展开论证，深入分析、研究，围绕论点，组织充分的论据，运用科学的论证方法，安排合理的论证结构，充分证明自己观点的正确性。

结论则以相对独立的段落对全文要论证的主要观点进行高度概括，是对本论的必然延伸。

6. 参考文献

毕业论文的正文之后要列出使用过的主要参考文献，说明自己的观点和使用的材料借鉴了哪些作者的哪些作品，这是对正文必要的补充，也是作者产生创见的根据。列出的参考文献一般要包括作者姓名、篇名、书名（或刊名）以及出版者和出版时间等信息。

其中，内容摘要和关键词这两部分内容要分别运用中英文双语进行陈述。

四、毕业论文写作的注意事项

1. 选题要尽可能小

论文选题要尽可能小，否则难以驾驭。一旦确定选题，则要通过各种途径获得有关该选题的材料，使论点、材料科学化。

2. 写作前拟定提纲

毕业论文的写作不像诗歌、散文那样可以随感而发，信手拈来，它要用大量的资料，通过较多的层次，严密的推理来展开论述，从各个方面来阐述理由、论证自己的观点。因此，谋篇布局就显得十分重要。因此，拟制提纲就显得尤为重要。从写作程序上讲，它是论文动笔行文前的必要准备；从提纲本身来讲，它是作者写作构思谋篇布局的具体体现。

3. 引文要规范

引文一定要加注说明出处，而且引文、注释要合乎规范。引文要引用得当，尽量少，引用过多，会削弱自己的见解。另外，引文不可断章取义。

4. 语言文字准确简洁

撰写毕业论文时要力求文字准确简洁、结构严谨、条理清晰、论点明确，有一定的学术意义和社会价值，论据充分严密，论证方法科学适当。

例文点评

浅论企业核心竞争力

吴×× 杨××

摘要：企业核心竞争力是企业经营的根本依托，是企业竞争优势的决定力量；同时，核心竞争力又是一个复杂和多元的系统。企业核心竞争力的形成和培育必是一个长期的战略过程。

关键词：企业核心竞争力；学习型组织；企业文化

随着市场经济的发展，企业核心竞争力已经成为企业竞争优势的决定性力量。从短期看，企业产品质量、性能和服务质量决定了企业的竞争能力；从长期看，以企业资源为基础的核心能力则是企业保持竞争优势的决定性源泉。在本文中，笔者仅就企业核心竞争力谈一点浅见。

一、核心竞争力的含义

1991年，普拉汉拉德和哈默在《哈佛商业评论》上发表"The Core Competence of the Corporation"一文，标志着企业核心竞争力理论的正式提出，他们认为，核心竞争力是企业组织中的集合性知识（Collective Learning），特别是如何协调多样化生产经营技术和有机结合多种技术流的知识。随着产品生命周期的日益缩短和企业经营的日益国际化，一个企业的差异化竞争优势，来源于企业管理层如何比竞争对手既快速又低成本地将遍布于企业内的各种技术和生产技巧有机结合起来形成核心竞争力的能力。企业的核心竞争力是指以企业开发独特产品、发展独特技术能力为基础，通过企业战略决策、生产制造、市场营销、内部组织协调管理的交互作用而获得使企业保持持续竞争优势的能力，是企业在其发展过程中建立与发展起来的一种资产与知识的互补体系，同时企业核心竞争力的强弱在很大程度上受企业所面临的产业技术与市场动态性的影响。

通俗地讲，企业的核心竞争力就是企业在那些关系到自身生存和发展的关键环节上所独有的、比竞争对手更强的、持久的某种优势、能力或知识体系。"企业文化"是企业生存和发展的"元气"，是企业核心竞争力、活力和动力之源。"创新"是一个企业生存、发展的内在要求和基本形式，也是一个企业不断适应环境、实现自我超越的必然过程。"人才"是企业的核心战略资源，企业之间的较量，归根结底是人才及其综合素质的较量。"能力"作为企业核心竞争力的转换要素，特指企业动员、协调和开发企业内外资源的生产力，这种组合提供了企业潜在的竞争优势。一般来说，核心能力存在于企业中人的身上，而不是存在于企业资产负债本身，核心能力深深地植根于技巧、知识和人的能力之中。

二、核心竞争力的构成

核心竞争力是一个复杂和多元的系统，包含多个层面。归纳起来主要包括以下几个方面：

1. 创新能力。一个企业要保持发展和竞争优势，就必须善于总结和提高，永远追求卓越，不断超越自我，不断进取和创新。所谓创新就是根据市场和社会的不断变化，在原基础上重新整合人才、资本等资源，进行新产品开发和更有效组织生产，不断创造和适应市场，实现企业的更大发展，它包括技术创新、产品和工艺创新、管理创新。在以技术快速更新和产品周期不断缩短为主要特征的现代企业竞争中，创新是保持长久竞争优势的动力源泉。创新能力是一个企业具有核心能力和旺盛生命力的体现。

2. 形象力。这是通过塑造和传播优秀企业形象而形成的一种对企业内外公众的凝聚力、吸引力、感召力和竞争力，是隐含在企业生产经营活动背后的一种巨大的潜在力，是企业新的生产力资源，它包括产品形象、服务形象、品牌形象和管理形象。我们知道，塑造企业形象不是一朝一夕的事，形象力资源要求企业从长远发展角度来审视和制订企业的战略规划，它从企业的发展趋势和运行的前景着眼，能对企业的发展产生长远的、战略性的推动力，带有战略性思考与制度安排的特征。

3. 服务增值能力。现代市场发展的一个重要趋势，就是服务竞争在现代市场竞争中的地位和作用越来越突出。质量概念，不仅包括产品质量，也包括服务质量。国外企业文化研究中首先使用的"服务增值"的概念值得重视。因为同样质量的产品，可以因服务好而"增值"，也可以因服务差而"减值"。企业形象从根本上说，表现为产品质量和服务质量。服务的永恒主题是企业同客户、用户、消费者的关系问题。这里包括如何使抱怨用户转变成满意用户、忠诚用户进而成为传代用户，包括如何开发忠诚的顾客群，包括如在不丢失一个老客户的情况下不断开发新客户的问题，包括如何使营销服务成为情感式劳动，真正让用户、顾客引导决策，进而引导产品开发的问题。

4. 管理能力。我国政府在去年的政府工作报告中指出，今年是管理年，要向管理要效益。据统计，生产中有50%的效益来自管理，技术管理中的80%来自管理。企业的管理也是生产力，它涉及企业结构组合、信息传递、沟通协调、激励奖惩以及各种生产要素的优化组合，通过高效优势的动作，保障技术优势的发挥，也保障了将生产优势转化为市场优势。

三、核心能力的培育

企业核心竞争力的形成不是一种短期行为，而在于要把企业建设成为一种创新型的学习性组织，在不断学习和积累中形成特有的竞争力，并通过机制来保障这种竞争力的发展。因此，形成并保持企业核心竞争力是一项长期的根本性战略。为此，必须做好以下工作：

1. 建立学习型组织。企业核心竞争力的出现是系统整合的结果，尤其面对日益复杂多变的环境，企业需要比以往任何时候应更重视持续地、更快地获取信息和知识。而且这种学习必须是全体的、主动的、积极的和创造性的。彼得·圣吉认为，企业是一个系统，可以通过不断学习来提高发展的能力，《第五项修炼》即在组织中实行共同愿景、自我超越、团队学习、改善心智模式和系统思考，在企业中建立一个相互关照、彼此通融的"学习型组织"。使组织形成"学习—持续改进—建立持续性竞争优势"的良性循环。

2. 建立良好的企业文化。从企业文化力的功能来说,它有 5 个方面:第一,凝聚力。企业文化搞好了可以形成一种"黏合剂"。可以把广大员工紧紧地黏合、团结在一起,这是一种凝聚功能和向心功能。第二,导向力。包括价值导向与行为导向。在企业行为中该怎么想?怎么做?企业价值观与企业精神,发挥着无形的导向功能。第三,激励力。企业文化所形成的文化氛围和价值导向是一种精神激励,能够调动与激发职工的积极性、主动性和创造性,把人们的潜在智慧诱发出来。第四,约束力。在企业行为中哪些不该做、不能做,企业文化、企业精神常常发挥着一种"软"约束的作用,是一种免疫功能。第五,纽带力。企业、特别是大企业集团,维系发展要有两种纽带:一个是产权、物质利益的纽带;另一个是文化、精神道德的纽带。这两种纽带相辅相成,缺一不可。

3. 建立良好的管理队伍。企业核心竞争力是企业综合实力的表现,是人的主观能动性得以发挥的成果。要产生这样的效果,必须使企业有良好的领导者和良好的运行体系。拿破仑说过:"世界上没有无用的士兵,只有无用的将军"。没有良好的领导者和运行体系,就难以建立起人力资源的集群,而没有知识结构合理、能力结构互补、规模相当、人才队伍稳定的集群,是很难发挥出主观能动性的,也很难保持持久的核心竞争力的优势。

4. 坚持技术创新与技术领先。技术能力是企业赖以生存的关键。邓小平同志说:"科学技术是第一生产力。"产品与服务的领先,其支柱是科技。像英特尔不断推出高性能的微处理器的能力,微软不断推出新的计算机软件的能力等都是保持领先、形成垄断的基础能力。

综上所述,企业核心竞争力是企业综合实力的象征,是决定企业生死存亡的关键。企业应把核心能力的管理放到战略的高度来考虑,在企业的发展过程中逐渐积累、培育领先于对手的核心能力。

参考文献:(略)

> **点评**:本文是一篇具有时代感的学术论文。本文导言直陈核心竞争力的重要性,作为选题的缘由、背景,提出本文的题旨是对企业核心竞争力"谈一点浅见"。本论分三大部分:第一部分阐述何谓核心竞争力。第二部分进而提出核心竞争力是一个复杂而多元的系统,它包括了创新能力、形象力、服务增值能力和管理能力这"四力",并分别对"四力"的作用和内涵进行了论述;第三部分提出企业核心竞争力的培育不是一种短期行为,其培育需依靠机制来保障,需依靠建立学习型组织、建立良好的企业文化、建立良好的管理队伍和坚持做好技术创新与技术领先等方面的工作。论文的末段对本论中的论点进行了综述,并对企业应注重核心竞争力的培育作了强调。本文语言简洁、明晰、流畅。在大的方面,以递进法安排三大部分的结构,环环相扣,层层深入。而在其中的第二、第三大部分则均采用并列法,以展开段旨句的方式发展段落,显得思路清晰,行文有序。

浅谈住宅小区物业管理中的社区文化建设

一、物业管理的产生与发展

物业管理的产生与发展以及面临的问题:

1. 物业管理企业的产生和发展。房地产综合开发分为四个环节,即规划、建设、销售、售后服务，按照政府目前的有关规定，商品房出售后小区业主委员会没有成立之前，售房单位必须承担售后服务即前期物业管理的责任。为了履行好这一责任，房地产开发企业内部一般都设立了"物业管理公司"或"物业管理部"，具体负责楼宇或住宅区的售后服务即物业管理工作。

所谓物业管理，是指物业经营管理人受物业所有人的委托，按照国家法律和有关管理标准行使管理权，运用现代管理科学和先进的维修养护技术，以市场手段管理物业，从事对物业（包括物业周围的环境）的养护、修缮、经营，并为使用人提供多方面的服务，使物业发挥最大的使用价值和经济效益，使物业保值及增值。

2. 我国物业管理面临的问题。物业管理为新兴行业，年龄尚幼，因此在发展过程中有许多有待改善的地方。

资料显示，当前，物业管理存在某些问题和不足，因而应：① 继续加强立法及完善配套政策，引导和推动规范化管理和规模化经营；② 继续加快物业管理市场化进程，规范市场竞争机制；③ 建立现代企业制度；④ 提高物业管理的科技含量，发挥智能化、数字化小区的示范作用；⑤ 提高企业文化的档次；⑥ 物业管理企业的资质等级要有企业文化项目的评定标准；⑦ 物业管理企业对员工感情投入尚需加强；⑧ 物业管理企业欠缺组织活动的活力；⑨ 物业管理企业适应环境变化的办法不多；⑩ 物业管理企业的服务观念有待提高。

二、社区文化建设的形成及建议以及存在的问题和不足

（一）社区的形成

社区是社会学中的基本概念，对社区概念的定义有许多种，但无论从功能主义观点还是从地域观点进行阐述，其基本涵义是不变的，即社区是在一定地域内发生社会活动和社会关系、有特定生活方式并具有成员归属感的人群所组成的相对独立的社会生活共同体。社区为一定的地缘群体和区域社会，其基本构成要素有四个方面：第一，一个相对稳定的人文区位意义上的地域。第二，一定规模和具有同质性的人口。第三，以横向分布和联系为主要特征的组织结构。第四，有一定程度共同性的文化心理和生活方式。

（二）社区文化建设的建议

1. 以"人的全面发展"为本，切实提高社区成员的文明素质。例如，举行文化艺术活动、社区体育健身活动、知识科技活动、社会公益活动、节日庆祝活动和形势主题活动。

2. 促进社区群众文体活动组织建设和完善社区文化活动设施。例如，住宅区管理处可组织成立社区老人腰鼓表演队、交谊舞表演队、艺术团、太极拳表演队、游泳队、秧歌队、长跑队、读书会等群众性文化活动组织，也可发起成立社区体育协会、社区红十字会、社区妇女工作委员会、社区计划生育委员会、社区教育工作委员会等社区群众组织，从而带动社区文体活动有组织、有系统地广泛开展。

3. 全面发挥社区综合功能，提高社区整体文明水平。

4. 充分利用社会资源，培育"社区文化社会建"的意识和机制。

（三）社区文化建设存在的问题和不足

归纳起来大致有如下三点：

1. 社区文化缺位。例如，考虑欠周全，没有预留空置房给街道居委会及管理该楼盘

的物业管理企业办公，更谈不上给小区业主预留组建社区文化的活动场所。

2. 社区文化配套不够完美。例如，很多社区文化配套设施形同虚设，经营和维护经费欠缺，难以适应时代发展的并进行更新换代。

3. 社区文化缺乏人文气息。例如，社区文化未能做到体现各地方风俗习惯、各民族文化色彩，体现高中低档住宅区的差异化区别，不利于来自五湖四海各阶层人士选择居住。

4. 不同文化和生活习惯的融合问题。例如，随着改革开放的深入，许多沿海和发达地区涌入了大量的外来务工人员，出现了外来务工人员女子的上学问题、外来工的婚姻问题、就业问题等。

三、物业管理与社区文化两者关系

物业管理存在着管理的科学性、一致性，而社区文化存在着社会性、随意性。两者之间有如下关系。

1. 驱动与导向关系。一个好的物业管理企业，必定对所服务小区的社区文化建设发挥着巨大的驱动作用，并引导社区文化建设朝着健康良性的方向发展。

2. 凝聚与激励关系。社区文化着眼于社区整体的文化建设和人的不断完善，在建立一种人创造文化、文化塑造人的良性循环机制中发挥着巨大的激励作用。

3. 约束、美化、协调关系。物业管理力求把员工的生活和工作统一起来，从而使社区文化建设在良好的企业文化熏染下美化建设者的心灵，美化生存的环境，以达到生态的协调、观念的协调，实现企业和社区"双赢"的目标。

4. 发现、发挥与名牌创建关系。

四、住宅小区物业管理中社区文化建设的措施

建设具有共同的价值观和利益需求的社区文化。下面以深圳莲花北村为例谈谈住宅小区社区文化建设的方向。

对社区文化建设的措施：

1. 以"人的全面发展"为本，切实提高社区成员的文明素质。
2. 促进社区群众文体活动组织建设和完善社区文化活动设施。
3. 全面发挥社区综合功能，提高社区整体文明水平。
4. 充分利用社会资源，培育"社区文化社会建设"的意识和机制。

莲花北村良好的社会形象，还吸引了深圳市一批大型企业参与社区文化建设，如深圳市先科集团赞助莲花北村举办广场交响音乐会，深圳市百家惠连锁商业公司赞助居民运动会和设立中小学生奖学基金，平安保险公司赞助出版莲花北村报。

五、意义

由此得之，加强住宅小区社区文化建设是物业管理企业生存和发展的基础和动力，是企业长盛不衰的重要条件，是管理的灵魂和最高目标，是规范物业管理、推动物业管理市场发展的关键，是思想政治工作、精神文明建设和科学管理三者相结合的新路子，是决定物业管理企业经济效益和社会效益的一个主要因素。

社区文化建设作为物业管理的一项重要内容，是物质文明和精神文明达到一定高度的产物。社区文化的好坏，不仅能直接反映出物业管理公司的管理水平，还能够综合地反映该社区的形象和精神风貌，以及社区居民的素质、精神境界和道德规范等。积极、健康、

向上的社区文化反映了社区的生命力，关系到业主安居乐业，更关系到物业的保值增值。

所以搞好物业管理与社区文化建设，是营造文化环境，提高社会文明程度，加快城市现代化建设的一条重要途径，也是社会主义物质文明和精神文明建设的重要载体，是做好新时期群众工作的重要手段，对建设稳定社会、和谐社会具有重大的现实意义，同时也增加了企业效应和提高了企业的竞争力。

总结： 随着社区文化建设和物业管理的深入发展，社区文明不断进步，不断整合社区意识、社区观念、社区价值取向，必将锤炼出激励全体成员的社区精神。物业管理仍是一个新兴行业，社区文化建设也还是一个新的课题，需要广大业内工作者和各界人士积极献言献策，不断促进行业发展，不断提高物业管理水平，达到管理的规范化、专业化、一体化、科学化、现代化、社会化和人文化。

点评： 本文是一篇写作失败的毕业论文，存在以下几个问题：① 作为一篇论文，在结构上本文缺少的部分有：摘要、关键词、开头、参考文献；② 在主题表达上，本文应紧紧围绕社区文化建设来谈，所以应该把"一、物业管理的产生与发展"这部分去掉，这样主题才能集中；③ 在内容上，应重点讲实施社区文化建设的措施，但本文只讲了一点便没有了下文，使得文章内容不够充实。④ 标点符号的使用也不够规范。

温馨提示

毕业论文摘要的写作要求

1. 中文摘要一般不宜超过 300 字，外文摘要不宜超过 250 个实词。
2. 结构严谨，表达简明，语义确切。
3. 遵守 GB 6447—86《文摘编写规则》。

任务演练

1. 毕业论文的选题有什么讲究？你认为什么样的选题比较适合高职学生？
2. 写出一篇合格的毕业论文所必备的基础知识、专业知识和提出问题、分析问题、解决问题的能力，以及使用相关工具的能力，需要长期的学习、培养和训练。请根据你的专业学习需求以及自己的学习兴趣，课堂上拟一个毕业论文题目并拟写一个写作提纲。

拓展阅读

毕业论文选题的注意事项

毕业论文的写作是大学生涯的最后一个学习环节，它对考查学生对所学专业知识的综合运用能力、培养学生的资料搜集能力、提高学生的独立科研能力都具有非常重要的意义。

学生在写作毕业论文时往往感到无从下手，想写的东西很多，似乎样样可写；但又似乎样样

应用文写作

不好写,自己煞费苦心写出来的东西,当时自以为写得很精彩,交给指导老师看后,才知距离要求太远。几经折腾,学生弄得灰头土脸,心灰意冷,感到自己不是写论文的料。这种现象的出现,原因固然很多,但最重要的是没有注意论文选题。毕业论文的选题应该注意如下几个方面:

1. 论文选题必须切合所学专业

毕业论文是对你所学专业知识运用能力的综合考察,所以毕业论文的选题必须切合本专业,符合专业培养要求。否则,即使论文写得再好,也只是徒劳一场。例如,国际贸易专业的学生写的论文题目应该是关于国际贸易理论、实务及其相关法律方面的题目,如果所写的是关于语言艺术、有色金属提炼技术等其他方面的题目,即使论文满篇锦绣、字字珠玑,仍然是不合格的。

2. 论文选题必须切合自己的知识积累

毕业论文是大学时代的科研成果,是对自己所学专业知识的综合汇总。毕业论文写作时必须依据自己的专业知识积累,写自己最擅长的东西。自己在该方面积累的知识越多,写作起来就越顺利,越容易写出精美的文章,答辩时也越流畅,不会吞吞吐吐、答非所问。例如,金融学专业的学生,你所学的知识有金融学理论、商业银行管理、中央银行管理、保险、证券投资、信托与租赁等。一个人不可能样样精通,假如你对货币制度、汇率制度最感兴趣,平日涉猎该方面的学术论文最多,你就可以写人民币汇率制度改革方面的论文。如果你抛开自己擅长的东西不写,而硬要去另辟蹊径,其结果可能是搬起石头砸了自己的脚,耗时费日很多,写出来的东西可能是一堆"废铜烂铁"。

3. 论文题目要切合"小范围"

毕业论文选题时,题目内涵一定要小,涉及的范围不能过宽。题目范围越宽,要收集的资料越多,越难以把握,越容易失去控制,越容易流于泛泛而谈。论文题目越小,越容易把握,越能够集中收集所需资料,进行较深刻细致的论述。论文题目越小,论据越充分,体系越完整,层次越清晰,论证越严谨,就越容易写成好文章。囿于大学阶段的知识积累度及其论证把握能力,毕业论文题目要力戒宽泛。例如,"东莞市常平镇玩具业发展中存在的问题及其治理策略探析"就是一个较好的题目,而"亚洲玩具业发展中存在的问题及其治理策略探析"就不是一个较好的题目。

4. 论文选题要切合时代要求

毕业论文选题要具有时代气息,切合时代要求。这就要求同学们在选题时要紧握时代脉搏,写当前身边所发生的事情,不能过于陈旧。例如,"东莞市虎门镇20世纪80年代服装业发展中的问题及其治理策略探索"作为现在的毕业选题就不适合,而"东莞市长安镇家具业目前存在的问题及其发展策略探索"则是一个较好的题目。

毕业论文要怎样写才能写好,涉及的因素很多,科学选题只是其中一个方面。岳飞说:"兵无常势,势无常形,运用之妙,存乎一心。"上面所说的只是一些基本注意事项,大家不要拘泥,要依据具体情况进行具体分析,接受指导老师的具体指导。

项目八 公务文书写作

项目情境

走出丰富多彩的大学校园，初涉职场的苏明现在面对一些实实在在的写作工作，除了管理文档、帮助领导处理日常事务，更重要的是"笔杆子"必须过硬，要有良好的语言文字表述能力，要能轻松地应对公务文书写作。那么工作中具体需要用到哪些公务文书呢？

任务描述

要增强职场竞争力，苏明就必须掌握请示、报告、通知、通告、通报、函等重要公务文书的基本写作知识，能够用规范的格式、准确简明的语言来完成写作。

任务1 请示

知识橱窗

在我们工作中，常常遇到一些问题，虽在本单位、本部门职权范围内，但是本单位、本部门无法自行解决，需要上级部门协调帮助或做出明确指示。这就需要有专门的公文来进行联络。请示就是这种"适用于向上级机关请求指示、批准"的公文。

一、请示的概念和作用

1. 请示的概念

请示是下级机关向上级机关请求指示、答复、批准的公文。请示属于期复性的上行公文。

其行文目的是就本单位权限范围内无法决定的重大事项或无章可循的疑难问题，请求上级机关给予指示、批准、答复。

2. 请示的作用

单位在遇到属于本机关职权范围内无权处理或确实难以处理的问题，需要上级机关帮助解决等，均可用请示。

二、请示的特点和种类

1. 请示的特点

（1）期复性。写请求的目的就是为了得到上级的批复，上级对下级的请示事项无论

应用文写作

持什么态度，都应当给予批复。

（2）单一性。请求应当遵循"一文一事"的原则，在一份请示中，只能就一项工作或一种情况、一个问题提出请求，不得将若干不相关的事项写入同一份请示中，以利于上级有针对性地给予答复。

（3）时效性。请求所涉及的情况和问题，都有一定的紧急性，应该及时制发，以免错过时机。

2. 请示的种类

（1）请求指示的请示。请求上级机关对有关的方针、政策、规定中的难以理解或不明之处，以及在执行过程中需作变通处理的问题或涉及其他机构职权范围的问题予以回复。

（2）请求批准的请示。请求上级机关批准编制、机构设置、领导班子组成、干部任免、经费和工作任务等问题。

（3）请求批转的请示。请求上级机关对本部门就全局性或普遍性问题所提出的解决办法批转各单位执行。

三、请示的基本格式

请示的写作格式一般由四部分组成，即标题、主送机关、正文和落款四部分。

1. 标题

请示的标题由发文机关名称、事由、文种名称构成，如《兴隆化工厂关于贯彻按劳分配政策两个具体问题的请示》。

一般发文机关可以省略，但请示的问题即事由必须写清。

2. 主送机关

主送机关又称"抬头"。

请示的主送机关应是发文机关的直属上级机关，且只能主送一个上级机关。

3. 正文

请示正文一般由前言、主体和结语三部分构成。

（1）前言。前言就是请示的缘由，就是提出请示的理由、背景及依据，要写在正文的开头，为请示事项的提出作好铺垫。请示缘由是上级机关批复的依据，因此要写得清楚、明白、理由充分。

（2）主体。主体是请示的核心内容，是指请求上级机关批准、帮助、解答的具体事项，要写得明确、具体、集中。

（3）结语。结语实际上是向上级机关提出要求的语句，一般用"特此请示，望予批复""以上请求，请予批准""当否，请批示""以上请示妥否，请批示"等惯用语。虽然是简单的一句话，但却是请示必不可少的一部分。

4. 落款

请示的落款包括发文机关和成文日期，位于正文右下方，要署发文机关全称并盖印章。如果标题中已经标明发文机关名称，则只需加盖印章。

成文日期位于发文机关下方，并且二者要居中对齐，成文日期要用阿拉伯数字书写。

四、请示写作的注意事项

(1) 凡自己职权范围内的工作，经过努力能处理和解决的问题，都应尽力自行解决，不要动辄请示，把矛盾上交。

(2) 除上级机关负责人直接交办的事项外，不得以机关名义向上级机关负责人报请"请示"。

(3) 一般不能越级请示。

(4) "请示"应当一文一事。如果一文多事，可能导致受文机关无法批复。

(5) 单头请示。只有一个主送机关，不能多头请示。需要同时送其他机关的，应当用抄送形式。

(6) 请示是上行文，不得抄送到其下级机关。

(7) 请示与报告是两个不同的文种，不能混用。常见的错误是将请示这一文种写成"请示报告"，这种极不规范，应避免。

例文点评

关于实行"按每米工资含量承包"的经济责任制的请示
×绸〔200×〕6号

市纺织工业公司：

为促进丝绸生产的发展，提高企业的经济效益，加强经济责任制，我厂请求实行"按每米工资含量承包"的经济责任制，具体做法是：

（一）遵循国家得大头、企业得中头、个人得小头的原则，在保证公司下达的产量430万米，质量达到合格率80%，利润完成290万元，工业总产值完成2100万元，保证产品销售无积压的前提下，实行工资总额按产量浮动的办法，作为考核依据。

（二）承包方式：

即以19××年155万元工资总额加上今年调资增加12.3万元，合计为167.3万元为基数，除以上年实际产量445.30万米，支付给厂方工资每米0.375元（外加工产量每生产一米按8折0.3元支付给厂方）。每月按产量计算，允许厂方月季浮动、年终结算，超产工资不予封顶。

以上做法妥否，请指示。

××绸厂
××××年×月×日

点评： 这份请示由标题、主送单位、正文、落款组成。标题由事由、文种名称构成，简洁明了。主送机关是其上级单位。正文部分首先说明了实行"按每米工资含量承包"的经济责任制的目的，这是交代请示的缘由。接着，以"具体做法是"过渡，说明了"按每米工资含量承包"的经济责任制的具体实行办法，写得具体、明确、简练，便于上级单位做出决策。最后，以请示常用结束语结尾，表达了期望得到指示的愿望。整篇请示格式规范，结构完整，层次清晰，语言表达准确、简练、得体。

应用文写作

关于请求允许本公司购买卡车的请示

总公司党委书记：

  目前，我公司只有卡车十五辆，我们出口任务十分繁重，不能完成上级交给的任务。几年来，在党的对外开放政策的正确指引下，经过全公司的齐心协力，我们的出口任务完成很好，基本落实了计划。但发展外贸，扩大出口，没有卡车就不能保证出口任务的完成。为此，请求增加五辆卡车，这样还可以安排几名本公司的待业青年工作，顺便请求下达五名就业指标。

  此致

敬礼

海南省进出口公司
二〇一二年五月二十五日

点评：这是一篇写作失败的请示，本文在写作上存在以下几个问题：一是标题中的"请求允许"应删掉。二是主送机关不能是党委书记个人，应该是上级机关名称。三是"顺便请求下达五名就业指标"，应删掉，请示只能一文一事。四是"此致、敬礼"应删掉，要使用请示结尾的惯用语。五是落款的日期应用阿拉伯数字书写。

温馨提示

怎样让请示得到上级的批准

  请示能否得到批准，首先，取决于请示事项的性质、价值、可行性；其次，取决于请示本身的说服力。要增强说服力，除了注意写作技巧外，还可以从以下两方面入手：

  1. 先口头请示，博得领导的理解和同情。
  2. 将理由作为附件，以便能详细、具体地讲清楚。

任务演练

  1. 请根据下列情境撰写一份请示。

  长沙天河大酒店为了适应旅游市场的需要，于去年对酒店进行了一次大规模的装修和扩建，原有管理人员和服务人员均无法满足酒店业务发展的需要。因此需要增加酒店管理人员3名，酒店服务人员20名。请你以天河大酒店的名义向其所属总公司天河实业公司写一份请示。

  2. ××职业学院，经过一年多的努力，已基本具备了开设"电子商务专业"的条件，决定向省教育厅申报成立"电子商务专业"，并拟于明年开始招生，请你为该院拟定一份请示。

任务 2　报告

知识橱窗

在工作中，上级部门为了督促、监管下级单位的工作，需要向下级单位了解实际情况；而下级单位为了便于上级部门的管理或为了得到上级部门的指导，也需要适时向上级部门汇报工作的实际情况。这就是所谓的"下情上达"。报告就是专门用来"下情上达"的公文。

一、报告的概念和作用

1. 报告的概念

报告是用于向上级机关汇报工作，反映情况，答复上级机关询问的公文。

报告是机关单位经常使用的重要的上行文。

报告是一种陈述性的上行文。

2. 报告的作用

用好报告，能帮助上级及时了解情况，掌握下情，为领导决策提供依据，同时，有利于下级机关单位接受上级的监督和指导。

二、报告的特点和种类

1. 报告的特点

报告作为一种"下情上达"的公文，具有以下几个特点：

（1）表述的陈述性。这是报告最突出的特点。报告的目的是让上级机关了解实际的情况，所以主要采用叙述、说明的表达方式反映所做过的工作、发生的事情，具有鲜明的陈述性。

（2）内容的概括性。这是报告的文体特点。报告的内容虽然要具体，但是不必对所做工作的细节作铺排性的议论和描写，而是采用概括叙述，作粗线条的勾勒。

（3）选材的灵活性。报告选材的自由度很大，尤其是工作报告，写什么、不写什么，完全由发文单位选择。发文单位可以根据实际挑选最有特色、最有价值、最有新意的题材和材料来写。

2. 报告的种类

根据报告的用法，可将报告分为以下种类：

（1）工作报告。工作报告用来向上级机关汇报工作情况，包括向上级机关汇报某一阶段工作的进展、成绩、经验、存在问题及打算，汇报上级交办事项的结果，汇报对某一指示传达贯彻的情况等，如《关于元旦春节市场安排情况的报告》。

（2）情况报告。情况报告用于向上级机关反映重大事件、特殊情况、带有一定倾向性的新问题和新现象等,这些情况将为上级机关了解工作形势,制定方针、政策、决策提供依据,如《铁道部关于193次旅客快车发生重大颠覆事故的报告》。

(3)答复报告。答复报告用于答复上级机关对某事项的询问,包括上级领导针对有关问题批示下级机关查办,或询问有关情况,下级机关进行答复;下级机关办理完毕,用书面形式答复上级机关等,如《关于我校工会干部有关待遇的报告》。

三、报告的基本格式

报告的写作格式与请示基本一致,由标题、主送机关、正文和落款四部分组成。

1. 标题

报告标题通常由发文机关名称、事由和文种名称组成,如《××市工商局2004年计划生育工作报告》。

也可以省去发文机关名称,由"事由+文种"名称构成,如《关于××市"九五"规划执行情况的报告》。

报告标题不能省略事由或文种名称,单以文种名称"报告"作标题或只写发文机关与文种名称的标题是不可取的。

2. 主送机关

报告主送机关通常应是发文机关的直属上级机关,一般不允许越级上报。

报告的主送机关只有一个。

3. 正文

报告正文的写法灵活多样,总的来说,正文由前言、主体、结语三部分组成。

(1)前言。前言主要交代报告的缘由,即起因、理由或注明目的、意义等,要求开门见山、直截了当、集中概括,是正文的开头。

(2)主体。主体部分是报告的主要内容,要写明报告的事项,要求做到重点突出,既有概括性,又有具体性,语言精练,表达准确。

不同类型的报告,报告事项的内容应有所不同:

工作报告要写明基本情况、主要成绩、经验体会、存在问题、基本教训、今后意见等几部分。

情况报告要将情况或事件的缘由、经过、结果、性质、处理意见和建议表述清楚。

答复询问的报告要针对所提问题答复意见或处理结果,既要写得周全,又要注意不要节外生枝,答非所问。

(3)结语。结语常用"特此报告""专此报告""请审阅"或"以上报告如有不妥,请指正"等语作结。

4. 落款

落款包括发文机关和成文日期,位于正文右下方,要署发文机关全称并盖印章。如果标题中已经标明发文机关名称,则只需加盖印章。

成文日期位于发文机关下方,并且二者要居中对齐,成文日期要用阿拉伯数字书写。

四、报告写作的注意事项

（1）报告内容要属实，只有真实才有价值。

（2）报告工作要及时，这样便于上级及时决策。

（3）报告条理要清晰，即通常采用分条列项法写。

（4）报告要直陈其事，即以事实说话，少发议论。

作为陈述性公文，事实叙述要清楚准确，材料要客观真实，分析要画龙点睛。

（5）报告中不要夹带请示事项。在报告中，不可将请示事项写入其中，以免影响上级正常处理问题，因为这样一来就混淆了报告与请示的区别。

（6）一般情况下不得越级上报。

（7）除上级机关负责人直接交办的事项外，不得以机关名义向上级机关负责人报请"报告"。

例文点评

×× 学院行政管理系
关于首届文秘专业学生毕业论文指导工作的报告

学院：

按照教学计划的规定和我校《学生毕业论文工作管理办法》的要求，××××年2月至6月，我系积极稳妥地开展了首届文秘专业学生毕业论文指导工作。在院领导的关心支持下，在同志们的共同努力下，现在此项工作已经结束。总的来看，工作完成得比较顺利，取得了一定成绩，结果较为圆满。根据学院的要求，现将毕业论文指导工作报告如下：

一、主要工作情况

由于首次组织文秘专业毕业论文指导工作，我们缺乏经验，因此，本着早做准备、精心组织、边实践边摸索的原则开展工作。全部工作主要包括以下步骤：

1. 印发论文参考选题。（略）

2. 安排论文讲座。（略）

3. 落实指导教师。（略）

4. 开展个别指导。（略）

5. 组织成绩评定。（略）

在指导学生撰写论文的过程中，老师们既要完成日常教学任务，又要付出大量时间和精力来指导学生阅读资料、推敲提纲或观点并反复修改论文，但是毫无怨言。在4个月的时间里，老师们不仅指导学生研究问题，更以严谨负责、一丝不苟的科学态度感染和教育学生。有的老师家住得很远，为了当面指导学生（系里规定可以通过电话答疑），多次专门赶到学校；有的老师为了等待学生下课谈论文，经常很晚才回家。老师们积极工作和认真负责的精神及对学生的满腔热情和细心指导，给同学们留下了深刻印象，是整个论文指导工作得以圆满完成的基本保障。

二、主要成绩与效果评价

回顾毕业论文指导工作，我们认为成绩是主要的，应当给予充分肯定。

1. 首次组织毕业论文指导工作，是在摸索过程中完成的。（略）

2. 撰写毕业论文，不仅进一步培养了学生们的科学精神，而且对强化写作训练，增强分析、研究和解决问题的能力，有着重要作用。（略）

3. 首届论文指导工作，是在我系师资力量比较紧张的情况下完成的。部分教师首次承担这样的工作，为了确保质量，大家共同研讨，向有经验的同志请教，整个指导过程完成得比较顺利。（略）

4. 指导教师的工作，得到了学生们的充分肯定。在谈到毕业论文写作收获时，同学们有以下共识：

第一，在老师的指导下，初步学到了收集资料和研究、论述问题的方法。

第二，在老师的指导下，对选题进行了认真的研究，并且对所研究的问题有了一定的发言权。有的同学表示，毕业后还要继续研究毕业论文所涉及的问题，争取正式发表论文。

第三，从指导老师身上学到了一丝不苟、严谨治学的精神。这种精神将使学生受益终身。同学们的切身感受，是对指导老师工作效果的真实评价，也是对老师们辛勤工作的充分肯定。

总之，首次毕业论文指导工作是一次有益的尝试，成绩是主要的。它既保证了文秘专业教学计划的完整执行，提高了毕业论文质量，也使教师得到了锻炼，为继续开展这项工作积累了经验。

三、存在问题及改进意见

我们认为毕业论文指导工作尚有值得改进之处。

1. 在印发论文参考选题之后近半年的时间里，忽略了对学生在选题和收集资料方面的指导和督促，失去了提前下发参考题目的意义。今后这个环节的工作需要抓紧。

2. 对毕业论文写作方法的总体指导还不够。在学生写作论文之前，系里组织过一次专题讲座，但由于时间紧，有些问题无法展开，致使部分同学在开始写作时无从下手。今后，要加强论文写作的集体指导。

3. 收尾阶段工作不够扎实，答辩工作比较仓促。主要原因是安排不太合理。今后应适当调整课程安排，抓紧前期工作，以便节省时间，切实搞好论文成绩评定，有成效地开展论文交流、答辩工作，以便学生相互借鉴，取长补短，并且更加科学准确地评定毕业论文的成绩。

我们要继续发扬成绩，不断改进工作，吸取第一次毕业论文指导工作的经验教训，把以后各届学生的毕业论文指导工作做得更好。

特此报告，请审阅。

文秘管理系

××××年×月×日

点评： 这是一份工作报告。这份报告由标题、主送单位、正文和落款四部分组成。标题由发文机关名称、事由和文种名称构成，清晰具体。主送机关是其上级机关。正文部分围绕主旨，首先介绍了工作背景和对工作的总体肯定性评价。文种承启语后引出报告的事项，即"主要工作情况""主要成绩与效果评价"和"存在问题及改进意见"，文章最后以"特此报告，请审阅"的习惯用语作结。文章展开内容采用分条列项法，内容排列具有逻辑关系。可看出作者对毕业论文指导工作的认识和概括是经过认真仔细的分析的，这是写好本文的前提。本文语言流畅、明晰，个别句子还可以简洁一些。

关于提请有关部门解决我单位粮油供应的请示报告

×××：

我单位是新建的大厂。近几年来发展很快，最近又新盖了楼房10幢，搬进的干部、工人有320户左右。由于厂子离市区很远，附近又没有粮店，干部吃粮困难，直接影响了生产与工作，为此群众意见很大。为解决我们单位粮油短缺的困难，经研究决定：撤销我厂的百货商店，腾出房子建粮站。望×××领导给予明示和支持。

此致

敬礼

××厂
二〇一三年三月二十五日

点评：这是一篇写作失败的报告。本文在写作上存在以下几个问题：一是标题中"报告"应删掉，不能与请示同时使用。同时此文件需要批复。二是"明示和支持"应删掉，换成"解决"。三是"此致、敬礼"应删掉，换成请示的惯用语。四是落款日期应用阿拉伯数字书写。

温馨提示

请示与报告的区别

现实工作中，许多人将请示与报告不予区分，将请示用报告替代或者混合使用，往往出现"关于××的请示报告"等写法，这是不规范的，原因在于对两种公文的认识不准确。

1. 性质和行文目的不同

报告属陈述性公文，其行文目的在于汇报工作、反映情况、答复询问等，故不要求上级机关回复；请示属呈请性公文，其行文目的在于请求指示或审核批准，需要上级机关给予答复。

2. 受文机关处理方式不同

对待报告，上级机关只在认为有必要时才予批复，而对请示上级机关不管同意与否均应批复。

3. 篇幅容量不同

报告虽然也提倡一文一事，但像综合报告等显然多为一文数事且篇幅较长；对请示则严格要求"一文一事"，篇幅相对较短小。

4. 行文时间不同

报告在事前、事中、事后均可行文，而请示必须事前行文。

应用文写作

任务演练

1. 2007年6月4日凌晨2时30分，蓝天分公司江北百货大楼发生火灾事故。此次火灾事故虽然没有造成人员伤亡，但是造成该大楼二楼商品被全部烧毁，直接经济损失350万元。经过调查，事故发生的原因是二楼某个体裁缝从总闸自接线路，夜间忘记断电导致电线起火。事故发生后，分公司领导马上拨打了火警，市消防队出去了6辆消防车，至凌晨4点，火才被全部扑灭。事后，分公司经理、副经理多次到现场调查，并对事故进行了认真处理。根据上述材料，请你代蓝天分公司江北大楼写一份报告。

2. 2015年3月，××系开展了一系列的学习雷锋活动，社会反响大，效果好。××学院团总支为了总结表扬他们的工作，要求××系写一份汇报材料，请你代写一份报告。

任务 3　通知

知识橱窗

通知是公务文书中的一项重要内容。随着社会的发展，通知在政府、机关、企事业单位中，扮演着越来越重要的角色。因此，通知的写作是现代从业人员必须掌握的一项职业技能。

一、通知的概念和作用

1. 通知的概念

《国家行政机关公文处理办法》和《中国共产党机关公文处理条例》规定：通知是用于批转下级机关的公文，或转发上级机关和不相隶属机关的公文；发布规章；传达要求下级机关办理和有关单位需要周知或者共同执行的事项；任免和聘用干部等所使用的公文。

2. 通知的作用

通知被誉为公文中的"老黄牛"，是现代公文中应用最广、使用频率最高的文种。在实际应用中，通知格式灵活，但只作下行文使用，不能向上级领导机关发通知。

二、通知的特点和种类

1. 通知的特点

（1）功能的多样性。通知是党政机关公文中功能最多的文种，它可以用来布置工作、传达指示、发布法规规章、批转转发文件、晓谕事项、任免干部等。

（2）内容的综合性。大小事件、专题性或综合性内容都可以发通知，而且篇幅长短不拘。内容可以说明一个问题或事项，也可以说明几个问题或事项。

（3）运用的广泛性。通知的运用极其广泛，大到国家级的党政机关，小到基层的企事业单位，都可以使用通知。

（4）受文对象的执行性。通知多为下行文，其内容是要求下属单位予以执行或办理的事项，即使是会议通知或任免干部的通知，也同样要求受文单位服从通知的安排，执行通知上所述的事项。

（5）较强的时效性。通知有更明显的时间要求，只能在一定的时间内产生效力。与其他公文相比，通知制作快捷、灵便，它对知办事项的时限要求最具体，也最严格，不能提前或拖后。受文机关对需要办理或执行的事项，必须在规定时间内予以完成。一些需要特别强调的事情，还可以加"紧急"字样，以增强急迫感和重要性。

（6）写作的灵活性。通知的写作灵活自由，形式多样。既可以是发布重要指示的长篇，也可以是转发文件或告知具体事项的短篇。

2. 通知的种类

通知的种类多种多样，可以按不同的标准进行划分，主要有：

（1）按制作单位划分，有单一通知和联合通知。单一通知，即由一个单位制发的通知；联合通知，即由两个或两个以上单位共同签发的通知。

（2）按时间要求划分，有普通通知和紧急通知。普通通知，即没有提出特定时限或紧急要求的通知；紧急通知，即对受文对象来说时间比较紧迫，在规定时间内必须周知或办理的通知。

（3）按内容划分，大体有知照性通知、发布性通知、指示性通知、批示性通知、会议通知。知照性通知，即告知下级或同级机关"需要知道"的事项的通知。发布性通知，即用以传达有关方针政策，发布行政法规和规章的通知。指示性通知，即上级机关就某项工作对下级机关有所指示和安排，而又不宜用"指示""决定"文种发出的通知。批示性通知，即用以批转下级机关有关公文，或用以转发上级、同级、不相隶属机关单位来文，指导下级具体工作的通知。会议通知，即告知有关单位或个人参加某种会议，并提出相应要求事项的通知。

（4）按通知之间的关系划分，有原发通知和补充通知。原发通知，是指最初发出的传达事项或布置有关事宜的那份通知；补充通知，是对原发通知的内容加以修正、补充或具体解释的通知。

三、通知的基本格式

通知的撰写格式比较完整，凡公文体式中的构成要素几乎都具备，如它的构成有标题、文号、紧急程度、秘密等级、正文、主送、抄送、附件、成文日期、印章。当然，有的一般性通知的体式构成项目少些，视其内容要求而定。

通知的写作格式通常由标题、主送机关、正文和落款四部分组成。

1. 标题

通知的标题有四种拟写方式。

第一种是只用"通知"二字作标题，这种标题多用于内容极简单的一般性通知。

第二种是特殊性标题，如《紧急通知》《重要通知》《临时通知》《补充通知》《联合通知》等，这种标题往往含有"紧急""重要"等特殊性质，多用于有特殊要求的通知。

应用文写作

第三种是由"事由＋文种"两个要素构成的标题，如《关于建立健全企业工会制度的通知》。

第四种是公文规范式标题，即由"发文机关＋事由＋文种"三个要素组成，如《中共北京市委组织部关于开展做优秀党员创建先进党支部活动的通知》。

此外，指示性、转发性等通知，其标题之中应明确显示出特定的性质。这种标题的格式是"关于颁发（或发布、公布、送发、批转、转发）××××的通知"，如《北京市市政工程局关于转发〈北京市劳动局关于近期触电事故通报〉的通知》。

2. 主送机关

主送机关是指受文机关、团体、企事业单位或个人的称谓，一般应在正文之上的首行顶格写明。需要指出的是，受文者称谓，应写全称或规范化简称，切忌写俗称、别称或非规范的简称。凡周知性的通知，可以不写主送机关。

3. 正文

通知的正文，多由"前言"（通知缘由）、"主体"（通知事项）和"结语"三个部分组成。

（1）前言。即在正文的首段或首层写明制发本通知的原因、根据、目的，多采用"为……""根据……""由于……""经……"等介宾短语格式作为起始性语句。根据内容需要，上述几种介宾短语也可交错兼用，以便将制发本通知的缘由交代得更简洁、清楚、充分。前言的末尾，常常以"特通知如下"之类的惯用语来引起下文。

（2）主体。这部分是通知的核心部分，必须力求清晰具体，有关的时限、地点、办法、规定、要求等，绝不能有所疏漏或含混。如果所拟写的事项较多，一般采取分条列项的阐述方法。

主体主要是把通知的内容事项叙述清楚，如向下级布置的具体工作，所作的具体批示及提出的要求，并写出工作任务、基本措施、原则要求、注意事项等方面的内容。有些政策和理论较强的通知，还可以采取分段分层次的写法，先对政策理论进行必要的论述，再对要求贯彻执行的事项进行具体的叙述，即先论后叙、夹叙夹议的写法。

（3）结语。这是通知全文的结束部分，是对开头部分的呼应。它的基本内容是对受文单位的要求，即对执行通知的希望和号召，与通知内容相呼应。结语通常采用两种写法：一种是用简明扼要的小段文字，说明贯彻执行通知的要求；另一种写法是用特定的结束语，如"以上各项请遵照执行""特此通知"等作结尾。有的通知也可不写结尾，随着正文的结束而结束。

需要特别强调的是，各种不同类型的通知，由于繁简长短不同，内容性质不一，功效作用各异，所以其写法也有所区别。不管哪种通知的正文部分，都要求结构合理，既适于内容的需求，又有利于办文工作；都要求条理分明，用词准确，文字洗练流畅；切忌含糊啰唆、模棱两可、冗赘烦琐。

4. 落款

通知的落款，包括发文机关和成文日期。落款位于正文的右下方，成文日期要用阿拉伯数字书写，发文机关与成文日期要居中对齐，同时落款处要加盖公章。

四、通知写作的注意事项

（1）不要滥用通知。通知的对象虽然很广，但"通知"这一文种也不能滥用。它很容易与通告、通报等文种混淆。

（2）通知内容涉及两个以上机关单位，有关事项必须共同办理的，应联合行文。联合行文的单位，一般是平级单位。

（3）通知的主送机关一般是自己的下级单位，平级和不相隶属的单位可抄送，上级则要抄报。对于平级和不相隶属的单位，最好少用"通知"多用"函"。这样，才是以平等的口气和对方商量，而不是要人家"遵照办理"。

（4）临时性的一般通知，不必立卷归档，其格式可按实际情况简化，即通知的标题可以简化，公文编号和受文单位可以省略，也不一定要加盖公章。

例文点评

××××电子有限公司关于召开代理商工作会议的通知

各地区代理商，本公司各部门：

为了保证××显示器在中国的领先地位，建立一个和谐顺畅而稳定坚固的销售渠道，给厂商、代理商和消费者带来更多的利益，本公司决定在××召开松风电子××××年度显示器代理商工作会议。现将有关事项通知如下：

一、会议议题：

1. 总结各地区代理销售情况。

2. 讨论并解决各地区存在的销售矛盾。

3. 商讨如何建立一个和谐顺畅而稳定坚固的销售渠道。

二、参加会议人员：各地区代理商及本公司各部门负责人。

三、会议时间：5月10日至5月12日。

四、报到时间和地点：5月9日在××百乐园度假村酒店大堂报到。

五、会议地点：××百乐园度假村二楼圆形会议厅。

六、其他事项：

1. 大会将为各与会人员免费提供食宿。

2. 参加会议的代理商请按要求填写本通知所附的会议报名表，于4月20日前寄回会务组。需接车、接机及购买回程机票、车票的人员，务请在会议报名表中注明。

3. 请华东、华北及华南各代理商报到时向我公司提交一份销售情况报表。

会务联系：××市××路××号××电子有限公司代理商工作会议会务组

邮编：××××××

联系人：李秘书

联系电话：×××××××

电子邮箱：liwen@21cn.com

应用文写作

附件：××××电子有限公司代理商工作会议报名表

××××电子有限公司
××××年4月18日

> **点评**：本文是一篇会议通知，是由标题、主送机关、正文和落款四部分组成的。标题属于完全式公文标题，即由"发文机关＋事由＋文种"三个要素组成。主送机关是其下级机关。正文开头写会议目的和会议名称。文种承启语后，写了会议的议题、时间、地点、与会人员及有关注意事项。文章层次分明，语言简洁、清晰。此外，为与会人员赴会考虑得比较周到，也是本文的一大特点，值得借鉴。

×××面试通知

××先生：

　　最近的一段时间里，我们公司一直在招聘，看到你的来信，我们很高兴，你能够勇于推荐自己，并且对我们公司表示很高的信任，在此，我们深深地表示真挚的感谢。也请你在收到我们的信以后，可不可以请你在这个月的25日下午（星期五）3点整，准时到我们公司的人力资源部来，见见面，详细谈谈你的情况。来的时候，最好带上你的身份证和学历、经历的证件，给我们参考，你看好吗？再一次对你的应聘表示感谢。祝你取得成功，成为我公司的一员。

××外贸公司人力资源
××××年××月××日

> **点评**：这是一篇写作失败的通知。本文在写作上存在以下几个问题：一是标题前应加介词"关于"。二是"可不可以请你""见见面""最好""给我们参考，你看好吗？再一次对你的应聘表示感谢"等过于口语化，应该删掉。"祝你取得成功，成为我公司的一员"不符合语境，应删去。三是思维逻辑混乱，条理不清晰。

温馨提示

拟写通知的"三要四忌"：

三要：内容要明确具体，语言要简洁肯定，要使用一定的专用语；

四忌：一忌啰唆，二忌条理不清，三忌无谓的客套，四忌上行。

通知一般为下行文，有时也可以为平行文，主要用于向同级或不相隶属机关传达周知事项。通知不能上行，如果通知内容需要上级机关或不相隶属机关知道，可用抄送形式。

任务演练

1. 目前一些单位层层召开表彰大会，并借表彰会之机，巧立名目，滥发奖金实物，不仅浪费了国家资财，增加了财政负担，而且败坏了社会风气，为了加强廉政建设，整顿工作作风，节约财经开支，各级国家机关采取不同措施加以纠正，××市人民政府就曾发出过紧急通知，通知要求各区、县原则上不再召开表彰大会。确需召开的必须报经市人民政府批准，凡经批准召开的县、区和各系统范围的表彰大会，可发奖状或口头表扬，一律不得发奖金、实物、纪念品和锦旗等。各级财务部门和财会人员必须实行严格的财经监督。凡违反上述规定的，要追究领导责任并严肃处理。请你代市人民政府拟一份通知。

2. 春天到了，各中小学纷纷开始组织学生春游。某市教委准备在 2015 年 3 月 12 日召开关于加强学生春游管理的会议。请根据所给的材料拟写一则面向全市中小学的会议通知。

任务 4　通告

知识橱窗

一个单位、一个团体，在工作中经常会有一些事情需要公布，或公开提出一些规定要大家遵守，或告知一些事项以方便大家的工作生活，或宣告一些信息取得大家的理解以便配合实施工作。用来公开宣布这些信息的公文被叫做文告，包括通告和公告。其中通告是使用最广泛、最普遍的一种。

一、通告的概念和作用

1. 通告的概念

通告是用来"公布社会各有关方面应当遵守或者周知的事项"的公文。

通告属于公开发布的知照性下行文。

2. 通告的作用

通告作为周知性的文种，被广泛应用于党政机关、企事业单位和社会团体。当单位和社会团体有事项需要告知相关范围内的群众或组织时，当行政机关做出某些规定需要相关人员或组织遵守执行时，都可以用通告来发布。

二、通告的特点和种类

1. 通告的特点

（1）发文单位的广泛性　通告的内容是一般事项，所以发文机关级别和使用范围不受限制。党政机关、企事业单位、人民团体等社会组织都可以发布通告。

（2）行文效果的周知性　通告的内容，要求在一定范围内的人或特定的人群普遍知晓，以使他们了解有关政策法令，遵守某些规定事项，共同维护社会公务管理秩序。

（3）行文内容的实务性　所有的公文都是实用文，从根本性质上说都应该是务实的。但它们之间还是有一些区别，有的公文只是告知某事，或者宣传某些思想、政策，并不指向具体事务。通告则是一种直接指向某项事务的文种，务实性比较突出。

（4）发布方式的灵活性　与一般公文只用文件形式发布不同，通告发布的形式较多，除可用文件形式发布外，还可登报、广播、张贴。

2. 通告的种类

根据通告的用法，可以将通告分为以下两类：

（1）知晓事项通告。知晓事项通告的主要目的是将公务活动中有些事项告知社会有关方面，以便相互配合。这类通告没有强制性措施，不具行政约束力，仅供人们知晓，如关于因施工停水、停电、登记、年检等事项的通告。

（2）遵守事项通告。遵守事项通告是各行政机关及其业务部门在执行公务的过程中，公布某些规定或措施，需要相关单位和个人遵照执行时使用的通告。此类通告往往提出强制性行政措施，如交通管制、查禁违禁物品等。

三、通告的基本格式

通告的写作格式与一般公文没有区别，但值得注意的是，由于通告是普发性公文，受文对象往往是一定范围内的公众，所以往往不写主送机关。

通告通常是由标题、正文、落款三部分组成的。

1. 标题

通告的标题有四种写法：

（1）发文机关＋事由＋文种，如《××集团公司关于实行夏季统一作息时间的通告》。禁管性通告或一些重要的通告通常使用这种完全式标题。

（2）发文机关＋文种名称，如《中华人民共和国公安部通告》等。发文机关级别较高的可以采用这种标题。

（3）事由＋文种，如《关于税收财务大检查实行持证检查的通告》等。

（4）只写文种。一般基层单位发布的、内容不是很重要的通告，常采用这种形式。

2. 正文

通告的正文通常由前言、主体、结语三部分组成。

（1）前言。前言即缘由，是发布通告的背景、原因、目的、依据，通常用一两句话作简短的交代，常用的句式是"为了""由于……"等。

（2）主体。主体即事项，是通告的具体事项或规定。内容比较简单、单一的可不分条写；如果内容比较多，则应分条列项地写。

（3）结语。结语即结尾，可以提出希望或要求，也可指明执行的日期。最后可以"特此通告"作结语，以示强调，提起注意。也有的通告事项写完即结束全文，不再写结语。

3. 落款

落款包括发文机关和成文日期，标题中若已写发文机关名称，并在标题下标注了日期的，不必再写落款。如果标题中没有发文机关，也没有日期，则落款处必须署上发文机关名称和成文日期。成文日期常用阿拉伯数字书写。

四、通告写作的注意事项

（1）通告使用的范围虽然比较广，但不能随意乱用，诸如单位搬迁、更换电话号码等，不能用通告，应当用启事。

（2）通告重在事项写作，要求具体而明确，通常对事由不作说理解释。

（3）一份通告只公布一项专门事件或事项。

（4）要力戒表述上的主次不分或忽轻忽重，否则就会使人产生繁杂无序的感觉，不利于读者或听众迅速地、准确地理解文件的精神实质。

例文点评

捷达贸易有限责任公司　华田商贸公司
关于兼并经营的联合通告

为了促进经营的合理化，经双方认真论证和商定，并报请有关主管部门批准，双方同意兼并，并以捷达贸易有限责任公司为存续公司、华田商贸公司为解散公司。现将有关事项通告如下：

一、兹定于 2012 年 8 月 18 日为兼并日。

二、自兼并之日起，华田商贸公司的一切权利、义务和债务，悉由捷达贸易有限责任公司（存续公司）承担。

三、依公司法规定，凡华田商贸公司的债权债务人，如有异议，请在本通告之日起三个月内提出，逾期提出视为无效异议。

特此通告。

捷达贸易有限责任公司
华田商贸公司
2012 年 8 月 8 日

点评： 本文是一篇知晓性通告，是由标题、正文和落款三部分组成的。标题为完全式公文标题，即由"发文机关＋事由＋文种"构成。正文以主旨句直陈行文目的，然后以承启语导出三项通告事项。文章以通告惯用语"特此通告"作结。全文文字精简，庄重明白，事项排列合乎逻辑，是短小精悍的优秀通告。

严禁赌博的通告

为了搞好我市的精神文明建设，维护治安秩序，根据市政发[2000]78 号《关于严肃社会风气的通知》精神，现将有关事宜通告如下：

一、通告的必要性：赌博是一种危害社会治安的行为，易导致家庭失和、诱发犯罪，因此，必须坚决取缔。

二、凡是以任何方式参与任何形式的赌博者，均应在本《通告》公布之日起 10 日内进行登记。

三、自本《通告》公布之日起，凡继续赌博，同时赌资超过 1000 元者，将处以 5 年以下，3 年以上的有期徒刑。

四、凡为赌徒提供赌资、赌具、赌窝者，将处以 5000 元以上罚金。

五、凡变相赌博者，如利用扑克机、老虎机进行赌博，将予以拘留。

应用文写作

六、因赌博形成的债务，经公安机关核实后，一律废除。

特此通告。

××××年×月×日

> **点评：** 这是一篇写作失败的通告，本文在写作上存在以下几个问题：一是标题前应加"关于"，即"关于严禁赌博的通告"。二是正文主体部分结构混乱，"通告的必要性"应该放在发文缘由即开头一段，三是"四、五、六"条应该放置"二、三"前面。四是落款处缺发文机关，应加上"××市政府"。

温馨提示

通知与通告的区别

通知和通告都属于告知类文书，都是用来传达上级机关的意图和要求的文种，但二者有明显的区别：

1. 告知范围不同

通告是普遍告知；通知则可能是普遍告知，也可能只告知一部分人。

2. 内容详略不同

通告的内容大多简明扼要，而通知的内容大多要求详细具体。

3. 告知方式不同

通告多用张贴、登报或广播电视播发；而通知一般以文件形式印发，仅个别普法性文件由新闻单位公布。

4. 写作格式不同

通告没有严格的格式，没有文件版头，没有秘密等级、缓急程度等附加标记；而通知的成文必须遵守严格的格式，有的还有文件版头，根据内容划分秘密等级，并标注缓急程度。

5. 规格级别不同

规格上，通告比通知要高。

任务演练

1. 随着新生的到来，校餐厅在就餐时人数大幅增加，很多同学不遵守就餐规矩，出现任意插队等不良现象。请根据学院相关部门的要求，针对如何做好就餐管理工作撰写一则通告。

2. ××房地产开发公司要求"原住朝阳区求索街的动迁居民，于2015年10月1日起回迁。所有回迁居民应以户为单位，持户口本、动迁证、动迁协议书与交款收据，到我公司办理回迁手续。办理时间自本公文发布之日起，截至2015年9月30日"。请你代××房地产开发公司拟写这份公文。

任务 5 通报

知识橱窗

每一个单位在工作中都会涌现出积极进取、无私奉献的典型人物，而单位对这样的典型人物及先进事迹，都要及时地进行宣传报道，以达到教育他人，凝聚人心的目的，这就需要用到公务文书——通报。

除了上述用途之外，通报还可用来批评错误，传达重要情况。因此，通报的写作是现代从业人员必须掌握的一项职业技能。

一、通报的概念和作用

1. 通告的概念

通报是用于表彰先进，批评错误，传达重要精神或者交流重要情况的一种行政公文。

2. 通告的作用

在日常生活中，通报的使用极其广泛，不论是政府机关还是企事业单位，都常常使用通报。通报除可起到嘉奖和告诫作用外，还有交流作用。

二、通报的特点和种类

1. 通报的特点

（1）典型性。不论是表彰性的、批评性的，还是通报情况的，都要求有典型意义。典型就是具有普遍性、代表性，事实越典型，其警示和借鉴意义越大；只有个性没有普遍意义的题材，缺乏广泛的指导价值。

（2）及时性。上级机关应该适时发布通报。通报的内容总是跟特定时期有着紧密的联系，通报得过于迟缓，就无法达到其沟通情况、宣传教育的目的。因此，通报的制发应该迅速及时，以免时过境迁，失去其积极的作用。

（3）周知性。一般来说，凡是通报所报道的正反面事物，所传达的重要情况均需要让特定范围内的单位或人员尽皆知晓。这种特定范围内的"周知率"越高，那么通报的影响与作用则越大，二者是成正比的。

（4）指导性。通报的价值往往并不单纯在于发布动态信息、宣布事件处理结果，而是要激励先进，督促后进，树立学习榜样，或者提供反面典型，使读者能够总结经验、吸取教训，得到有益的启示和警示。

2. 通报的种类

按照不同标准，可将通报分为不同的类型，主要有：

（1）以内容性质为标准，通报可划分为表彰性通报、批评性通报和传达性通报。

① 表彰性通报。用来表彰先进人物或先进集体，介绍先进事迹，推广典型经验，是

应用文写作

从高层机关到基层单位都广泛采用的常用公文类型。

② 批评性通报。对工作中发生的重大事故、重大失误，出现的错误倾向、不良风气提出批评，重在以儆效尤，有针砭、警示、纠正的作用。它既可以针对个人所犯的错误制发，也可以针对某一部门、单位的不良现象制发，还可以针对普遍存在的某种问题制发。

③ 传达性通报。用来传达重要精神、沟通重要情况。为了让下级单位对一些重要事件或全局状况有所了解，上级机关应该适时发布这样的通报。常见的传达性通报主要有工作进展情况通报、落实情况通报、评比检查结果通报等。

（2）以发文机关数量为标准，通报可划分为由一个机关制发的通报和由若干个机关共同签发的联合性通报。

三、通报的基本格式

通报的写作格式通常是由标题、主送机关、正文和落款四部分组成的。

1. 标题

通报的标题有三种类型：

（1）规范式公文标题，即由"发文机关＋事由＋文种"构成，即"××××关于×××的通报"。

（2）简化式公文标题由"事由＋文种"构成，即"关于××××××的通报"。

（3）文种式标题只用文种名称即"通报"二字构成标题。

2. 主送机关

作为"内部文件"指定下发单位的通报，要写上主送机关，普发性通报或在本单位公开张贴的，可省略主送机关。

3. 正文

不同类型的通报，其正文内容不尽相同，现分述如下：

（1）表彰性及批评性通报。

① 发文缘由。开头要阐明下发通报的原因、背景、根据及意义等。

② 介绍事实与现象。介绍先进人物或集体的行动及其影响，要写清时间、地点、人物、基本事件过程。如果对个人的错误进行处理，要写明违纪人员的基本情况，然后对错误事实进行叙述，要写得简明、清晰。如果是针对某一普遍存在的问题进行通报，要选择出一些有代表性的事实进行综合叙述，表达时应概括，只要将事实讲清即可，篇幅不宜过长。

③ 揭示事实的性质、意义。对先进人物、典型事迹，应表明其代表的积极倾向，指出其意义，以便激励先进、督促后进；对于单一错误事实，要对错误的性质、危害进行分析，一般都写得比较简短；对于综合性的不良现象或问题，分析要透彻。主要采用议论的写法，要注意文字的精练，措辞要有分寸感，不能出现过誉或贬低的现象。

④ 做出表彰或处理决定。这部分写什么机构或什么会议决定，给予表彰对象以什么样的表彰和奖励，或者给予批评对象什么样的处分和惩罚。这部分在表达上要清晰、简洁，用词精当。

⑤ 提出希望和要求。结尾部分用来提出希望、发出号召。这部分是发文的主要目的，是整篇文章的思想落脚点，应该写得有针对性，具有教育意义，以使受文单位对通报高度重视，认清事件性质、采取措施。

（2）传达性通报。

① 缘由和目的。开头叙述基本事实，包括阐明发布通报的根据、原因、目的等。开头文字不宜过长，应该综合归纳、要言不烦。

② 情况和信息。主体部分主要叙述情况、传达信息，通常此部分内容较多，篇幅稍长，要注意梳理归类，对结构进行合理安排。

③ 希望和要求。在明确情况的基础上，对受文单位提出一些希望和要求。这部分是全文思想的归结之处，写法因文而异，总的原则是抓住要点，切实可行，简练明白。

4. 落款

通报的落款，通常包括发文机关和成文日期，并要加盖公章。发文机关要写全称或规范化简称。成文日期要用阿拉伯数字书写。

如果在标题中已写出了发文机关，则落款处不必再写，但必须加盖公章。至于其他部分，如抄送（抄报）机关、印发机关等，按公文写作格式的要求办理即可。

四、通报写作的注意事项

（1）通报一般可以无受文单位，通知一般要有受文单位。

（2）通报一般不提出具体工作要求以及需要具体组织实施的事项。

（3）通报的决定要恰如其分。无论哪种通报，都要做到态度鲜明，分析中肯，评价实事求是，结论公正准确。

（4）通报文风朴实。文字表述应简明庄重，要言之有据，不宜夸张渲染。无论是表扬还是批评，都要以实事求是的态度对事实认真核查，力求文实相符，不要拔高或扭曲。

例文点评

×× 省化工总公司党委
关于授予 ××× "优秀共产党员" 荣誉称号的通报

各分公司党委、总公司党委各部门、各直属机构：

××× 同志是 ×× 分公司所属天宏化工厂管道维修工人，共产党员。今年 8 月 12 日上午 8 时 30 分，该厂成品车间后处理工段油气管道突然爆炸起火。正在利用公休日清理夜间施工现场的 ××× 被爆炸气浪猛烈推倒，头部、右臂和大腿等多处受伤，鲜血直流，鞋子也被甩出很远。在这危急关头，××× 强忍剧痛，迅速爬起来，顾不得穿鞋和查看伤势，踩着玻璃碎片，冲入烈火之中，迅速关闭了喷胶阀门、油气分层罐手阀、蒸汽总阀。接着先后用了十余个干粉灭火器扑救颗拉泵、混胶罐等处的大火，在随后赶来的保安人员的援助下，共同英勇奋战十余分钟，最终将大火全部扑灭，避免了火势的蔓延。

××× 同志在身体多处受伤、火势凶猛并随时可能发生更大爆炸的万分危急关头，将个人生死置之度外,果断处理突发事件,为遏制火势蔓延,防止事故扩大,减少国家财产损失,做出了突出的贡献。他的行为体现了为保护国家财产和人民利益而置个人生命安危于度外的崇高精神品质,谱写了一曲保持共产党人先进性的正气之歌。

为了表彰×××的英雄行为和崇高的革命精神,总公司党委研究决定:授予×××"优秀共产党员"荣誉称号,将×××奋力灭火的英勇事迹通报全公司,晋升二级工资,并颁发灭火奖励10 000元,以资鼓励。

希望各分公司党委、各直属机构组织广大共产党员和干部职工以×××为榜样,落实安全生产责任,努力做好本职工作,为化工行业的改革与发展做出更大的贡献。

××省化工总公司党委(印)
××××年8月20日

点评: 本文是一份表彰性通报,是由标题、主送机关、正文和落款四部分组成的。标题由"发文机关+事由+文种"构成。主送机关是其下级机关。正文叙述×××的先进事迹,对该同志的行为作了恰当的分析、评议,目的句之后写决定事项,最后提出发文单位的号召。全文结构合理,格式规范。注重将英勇行为上升到恰当的境界并予以分析、评议。语言通俗流畅。美中不足的是对事件过程的叙述还可以概括一些。

关于×××的通报

各班级:

我院14级计算机班学生×××,2014年11月30日中午到学校食堂吃饭的时候,看到排队打饭的人多,就要强行插队打饭。当有同学劝他要遵守纪律时,他还大声说:"关你屁事!"一位纠察队员走过来阻止他,他不管三七二十一,拿起搪瓷饭碗打在纠察队员头上,致使那位纠察队员头部受伤。×××的行为引起了在场其他同学的公愤,有人甚至要把他拉到派出所关押起来。

据查,×××平时学习也不刻苦,上学期期末考试有一科仅得61分。

经院领导研究决定,给予×××记大过一次的处分。

希望广大同学以此为戒,努力学习,争取在学年考试中取得好成绩。

××职业技术学院(章)
2015年3月6日

点评: 本文是一篇写作失败的通报,本文在写作上存在以下几个问题:一是有些材料不是主题需要的。通报的主题是想通过对×××严重违纪伤人事件的处分,教育学生增强纪律性和道德修养。但其中却写入了关于×××学习方面的事,这显然是不合适的。如果×××在平时也有违纪的事实,则可以作为背景材料写上,因为这有利于突出主题,增强教育意义。二是对×××错误的性质没有给予明确的评价。三是语言欠提炼修饰。例如,"他还大声说:'关你屁事'""不管三七二十一"等,都不符合公文语言的简练、庄重的要求。四是标题不够具体明晰。应该把事由写清楚、写完整。应改为"关于×××违纪打人的处分通报"较好。五是制发不适时。×××打人发生在2014年11月30日,但到了2015年3月6日才通报处分,显然是太迟了。

温馨提示

通报与通知的区别

通知和通报的区别主要有以下四个方面：

1. 通知是通过具体事项的安排，要求下级单位执行或办理；通报则是通过典型事例，指导推动下级工作。
2. 通知是有事即通知，通报则具有表彰和批评的作用。
3. 通知是下达给一些特定的单位，通报则一般是下发至全体下属单位。
4. 通知可以发布规定或布置、安排工作；通报可以用来告知某些事项，也可以结合事例提出要求，或对有关事项做出安排。

任务演练

1. 10月7日，某职业技术学院数控专业学生×××在校门口公交车站等车，忽然看到地上有一个钱包，拾起一看，内有一张3万元存款单和2千元现金。×××同学等候了20分钟，见无人前来认领，他便将钱包交到了派出所，派出所多方联系，找到了失主，将钱包还给了失主。请根据上述材料，代学院写一篇通报，表扬×××同学拾金不昧的精神。

2. 2015年9月7日，××学院对校园内的随意张贴广告的行为进行了检查。9月10日，学院对在第一食堂、第二食堂墙壁上张贴各类商业性广告、海报、条幅标语的后勤处进行了通报批评。请代××学院拟写一份通报。

任务 6 函

知识橱窗

在公文中，函的使用范围极广，使用频率极高，被称为公文中的"轻骑兵"。因此函的写作也是现代从业人员必须掌握的一项职业技能。

一、函的概念和作用

1. 函的概念

函是上下级机关、平行机关或不相隶属机关之间相互商洽工作、询问和答复问题，或向有关主管部门请求批准和答复审批事项等所使用的一种公文。

函在行政公文中是唯一的平行文。"不相隶属机关之间"不论级别高低，都不存在职权上的指挥与服从关系，都是平等的，它们之间的行文只能用函。

函属于商洽性公文。

2. 函的作用

函的使用范围极广，使用频率极高。具体来说，函的用途主要包括四个方面：

（1）平级机关或不相隶属机关单位之间的公务联系、往来。

（2）向无隶属关系的业务主管部门请求批准有关事项。

（3）业务主管部门答复审批无上下级隶属关系的机关请求批准的事项。

（4）机关单位对个人的事务联系，回复群众来信等。

二、函的特点和种类

1. 函的特点

（1）使用范围的广泛性。函的使用不受级别高低、单位大小的限制，收发函件的单位均以比较平等的身份进行联系。上至国务院，下至基层组织、企事业单位、社会团体等都广泛地使用函。

（2）行文多向性。函可以上行、下行，但大多数函用作平行文。

（3）用语谦敬性。不论什么类型的函，用语皆得注重谦恭有礼，尊重对方，力求得到对方更多的理解和支持。函是最注重使用文言词汇的公文，是公文中最富有文学性的文种。

（4）特定的对应性。除请示与批复之外，与其他公文相比，函的突出特征就是它是以双向对应的形式出现的，即有来函则必有复函，有问函则必有答函。

（5）鲜明的商讨性。呈双向对应关系的来函与复函之间，一般不存在指挥与被指挥的关系，仅仅具有平行的或不相隶属的公务商洽关系、询问答复关系或信息交流关系。所商定的意见，仅是各方处理工作时的重要参考，对双方均无权威性的约束力。

（6）特定的简便性。尽管函属于公文的一种，大体应依照公文的一般格式行文，但其程式性并不严格。它可以不设文头，可以不编文号，可以不写标题，篇幅可长可短，行文可叙可议，撰写方式比较简便自由。

（7）内容的单一性。函的内容单纯，一份函大多只涉及一两个问题。当然，事件、问题的解决，可能使去函与来函往复多次。由于内容单一，函的篇幅也相对简短，有的函全文只有一两句话。

2. 函的种类

按照不同标准，可将函分为不同的类型，主要有：

（1）以性质为标准，函可分为公函和便函。公函是一种正式公文，使用较郑重，从标题、公文编号到落款都与其他公文相同；便函省去标题和公文编号，是一种普通来往信件，格式较灵活，行文较简便。

（2）以来往关系为标准，函可分为来函和复函。来函又称发函、问函，它是主动提出问题的函；复函又称答复函，它是针对来函做出回答的函。

（3）以内容为标准，函分为商洽函、询问函、答复函、请求函和告知函。商洽函是指用以商讨或接洽工作的去函或来函；询问函是指用以询问问题、征求意见或要求答复的去函或来函；答复函是指用以答复对方来函询问的复函；请求函是指用以请求帮助或配合工作，或向有关主管部门请求批准的去函；告知函是指把某一事项、活动函告对方，或请对方知道明了，或请对方参加，或请对方选购（商品）等的函。

三、函的基本格式

函通常由标题、受函单位、正文和落款四部分组成。

1. 标题

函的标题有三种类型：一是公文规范式标题，即"发文单位＋关于＋事由＋文种"；二是省略式标题，即"关于＋事由＋文种"；三是由"发文单位＋关于＋事由＋行文对象＋文种"五项构成。

2. 受函单位

受函单位，即以书信抬头的格式写明受函机关或单位的全称、规范化简称或统称。

3. 正文

（1）来函的正文。主要是由"询问（或商洽）缘由""询问（或商洽）事项"与"结语"三部分内容构成的。

询问（或商洽）缘由是指函的首段或首层。该部分要简明写出询问（或商洽）的主要问题及有关根据、目的或其他缘由。

询问（或商洽）事项，是来函的主干内容，要具体、准确地陈述出询问（或商洽）的事项与问题。

结语，多采用独段形式，或写明要求，或提出希望，或表示谢忱等，均要力求谦恭简洁，常以"即请复函""谨请赐复""请研究赐复""盼复""望复，深致谢意""以上意见，请予函复"等惯用语作结。

（2）复函的正文。主要是由"前言""主体"与"结语"三部分内容构成的。

前言，即正文的开头，旨在简陈引起回复的根据。常用的行文格式是"××××年×月×日贵单位关于××××××的来函收悉，现答复如下"。

主体，针对来函所询问、商洽或征求意见的事项，一一做出具体答复。如果与问方有不同的意见，应酌情阐明方针政策、法律法规或事实等方面的理由，以示严肃认真。如果答复的事项较多，可分条分项地写出。

结语，常以独段的形式，用"此复""专此谨复"或"特此函告"之类的惯用语作结，一般不用"此致、敬礼"之类的敬语收尾。若前言末处已写出了"现答复如下"之类的承启语，正文之末也可不设结语。

4. 落款

函的落款，通常应写明发文机关的名称和成文日期，并要加盖公章。成文日期用阿拉伯数字书写。如果在标题中已写出了发文机关，则落款处不必再写，但必须加盖公章。如果是便函，不用加盖公章。

四、函写作的注意事项

（1）开门见山，直奔主题。无论是去函还是复函，都要避免拐弯抹角，切忌不要出现空话、套话和空泛的议论。

应用文写作

（2）来函的内容要明确具体，切忌含糊不清，抽象空泛；而复函内容要有针对性，态度要明朗，语言要准确，切忌答非所问、答非所求或节外生枝。

（3）一文一函，简洁明了。

（4）议论说理要适度。函的基本任务在于商洽公务、处理问题，而不是务虚清谈或抒发感情。

（5）语言要规范得体，并体现函的用语特色。发函要使用平和、礼貌、诚恳的语言，对主管机关要尊重、谦敬，对级别低的单位要平和，对平行单位和不相隶属的单位要友善。切忌使用生硬、命令性的语言。

（6）反应要快捷迅速。函的内容常常是迫切需要解决的问题，因而讲究撰写的时效性。起草函件，要抢时间、争主动，特别是复函更应该迅速及时地撰写，答复要有针对性和明确性。

例文点评

关于商洽委托代培涉外秘书人员的函

××大学文学院：

本集团公司新近上岗的秘书人员缺乏专门的涉外秘书知识，业务素质急需提高。据报载，贵院将于今年9月开办涉外秘书培训班，系统讲授涉外秘书业务、公关礼仪、实用文书写作等课程。这个培训项目为我集团公司新上岗的涉外秘书人员提供了一个难得的在职进修机会。

为能尽快提高本集团公司涉外秘书人员的从业素质，我们拟选派8名在岗秘书人员随该班进修学习，委托贵院代培。有关代培费用及其他相关经费，将按时如数拨付。

如蒙慨允，恳请函复为盼。

××集团公司（印章）
××××年×月×日

点评：本文是一份商洽函，是由标题、受函单位、正文和落款四部分构成的。标题由"事由+文种"名称构成。正文分六个层次：其一，写本单位在岗秘书人员的素质急需提高，这是行文的缘由、背景；其二，写知悉对方开办秘书培训业务；其三，认为对方的培训是我方秘书难得的在职进修机会；其四，以"目的句"写行文的目的；其五，即为商洽的事项。最后，请求对方答复。文章思路清晰，环环相扣，逻辑性强。"贵院""恳请函复为盼"一类具谦敬意味的词句，体现了商洽函的语体特征。值得指出的是，"秘书人员"应简写为"秘书"，"随该班进修学习"与"委托贵院代培"位置应对调；"如蒙慨允，恳请函复为盼"，会导致对方不同意便不复函。所以，"如蒙"应改为"是否"，以求对方复函。

关于要求报价的函

×××经理：

我们对你厂生产的清洗剂很有兴趣，十分想买一批绿伞牌清洗剂。我公司要求不高，只要求该产品品质一级，规格为1000克一瓶，望你厂能将报价和交货日期、结算方式等通知给我公司。

如果价钱合理，且能给予最好的折扣，我们将做到大批量订货。
致
礼！

××××公司
××××年×月×日

点评：本文是一篇写作失败的函，本文在写作上存在以下几个问题：一是受函单位不应为"×××经理"。二是应删去"如果价钱合理，且能给予最好的折扣，我们将做到大批量订货"，要遵循"一文一事"的原则。三是"致、礼"要去掉，通常不用表敬语收尾。要使用函的惯用语。

温馨提示

公函和私函的区别

1. 就内容而言，公函谈的是公务，而一般私函谈的是个人私事。
2. 就形式而言，公函常用标题揭示内容，而私函则无标题。
3. 就语言使用而言，公函多用书面语，一般不用口语而较多使用诸如"均""收悉""特此函复"等文言词语和公文专用词语。而私函的文字基本上较为随意，通常使用口语，大多是怎么想就怎么写，直抒胸臆，较少人为的修饰。

任务演练

1. 飞腾电器公司缺乏得力的企业管理干部，拟从现有的技术人员中抽出八人参加培训。公司向东方大学办公室发了一则询问是否同意代培本公司管理干部的公函，东方大学办公室收到函后即给飞腾电器公司回了函，同意代培管理干部，请按上述的材料替飞腾电器公司和东方大学办公室各写一份询问函和复函。

2. 2015年6月，××学院文秘专业的学生将离校进行教学实习，老师已经与××县人民政府办公室主任取得联系，他答应将10名学生安排在其各部门实习，请你据此写一份函。

拓展阅读

公文常识

1. 公文的概念

公文是党和国家机关在治国理政的进程中，用以表达意志、发布号令、传递交流重要信息的最主要载体和工具，是一种具有特定效力和规范格式的文书。

公文的质量，直接反映机关的思想深度、政策水平和对社情民意、重大问题分析掌控能力，直接关系党的意志和方针政策的传达贯彻成效，直接体现机关干部的能力素质和工作水准。

2. 公文的种类

2012年4月16日，中共中央办公厅、国务院办公厅关于印发《党政机关公文处理工作条例》

应用文写作

的通知（中办发〔2012〕14号）规定，公文种类主要有（15种）：决议、决定、命令（令）、公报、公告、通告、意见、通知、通报、报告、请示、批复、议案、函、纪要。

3．公文格式要素划分

版头：公文首页红色分隔线以上的部分。包括：份号、密级和保密期限、紧急程度、发文机关标志、发文字号、签发人、版头中的分隔线。

主体：首页红色分隔线（不含）以下、公文末页首条分隔线（不含）以上的部分。包括：标题、主送机关、正文、附件说明、发文机关署名、成文日期、印章、附注、附件。

版记：首条分隔线以下、末条分隔线以上的部分，包括版记中的分隔线、抄送机关、印发机关和印发日期、页码。

4．公文版面及装订要求

公文的字体、用纸、制版、装订、眉首、式样等各项设置均有相关规定。从2012年1月1日起，采用国际标准A4纸型，同时对文件版型做出调整。依据：中共中央办公厅、国务院办公厅《关于印发〈党政机关公文处理工作条例〉的通知》（中办发〔2012〕14号）；《党政机关公文格式》（GB/T 9704-2012）。

（1）用纸。采用$60g/m^2$～$80g/m^2$胶版纸或复印纸，纸张白度为80%～90%。

（2）开本。国际标准A4型，成品尺寸为297mm×210mm，允许误差为±2mm。特殊形式的公文用纸幅面根据实际需要确定。

（3）版心。版心尺寸为225mm×156mm（不含页码），每页22行，每行28个字，行间距用固定值28.8磅，版面上空约37毫米，下空约33毫米。为方便印制，每页行数可视情况增加或减少1至2行。增减行数时适当调整行间距，保持版心高度不变。

（4）页码。用4号半角宋体阿拉伯数字，置于版心下边缘的下一行，左右各放一条4号一字线。单页码居右，双页码居左。

（5）标点。采用规范全身标点，注意符合中文排版规范。

（6）装订。左侧装订，采用骑马订，无法用骑马订时采用平订。

项目九　财经文书写作

项目情境

经过几年的打拼，苏明积累了一定的工作经验，他觉得应该到一些更利于自己发展的大公司去学习和锻炼，于是，在班主任老师的引荐下，他凭借自己出色的口才顺利地在蓝天汽车贸易公司找到了自己喜欢的营销工作，并在业余时间坚持读书和文学创作，不时地有豆腐块见报。因为公司秘书出差，人事部主任看他擅长写作，便临时安排他担任总经理的助手。一天，他刚到办公室，总经理告诉他，最近公司要召开一次汽车营销洽谈会，要他做好与洽谈会相关的文书准备工作，该准备哪些文书呢？苏明陷入了思索。

任务描述

苏明接手这样一个大型洽谈项目的文书准备工作，根据洽谈的一般要求，洽谈会所需的文书材料主要有合同书、意向书、招标书、投标书等。

任务1　合同书

知识橱窗

俗话说："笔下有财产万千，笔下有人命关天。"对于合同书来说，写作时如果不字斟句酌，稍不注意就会蒙受经济损失。据不完全统计，我国每年订立的合同大约有40亿份，而法院每年受理的合同纠纷案件，大约就有300万件。因此，学会写作规范的合同书，可以更好地规避风险，做到防患于未然。

一、合同书的概念和作用

1. 合同书的概念

合同，有合起来相同之意，旧称契约。1999年10月1日实施的《中华人民共和国合同法》第二条规定：合同是平等主体的自然人、法人、其他组织之间设立、变更、终止民事权利义务关系的协议。合同书是签订合同的两个或者两个以上当事人之间，为实现一定的商务目的，明确相互之间权利或者义务关系的书面协议书。合同书又称"契约书""协议书"。

2. 合同书的作用

随着我国社会主义市场经济的建立和发展，合同书在在经济活动中发挥着越来越重

应用文写作

要的作用。

（1）实现国民经济计划、发展商品生产的重要工具。随着商品经济的发展，越来越多的商务活动需要用法律形式确定下来，合同书自然成为发展商品经济不可缺少的工具。

（2）专业协作的纽带、横向经济联系的工具。合同书有利于国家、集体、个人之间的经济合作，把商务活动中各个环节连接起来，可使生产与需要紧密结合，协调一致，在三者协作中起横向联系、纽带作用。

（3）加强企业经营管理、提高经济效益的有效手段。就企业和单位而言，通过签订合同书，双方按照合同书有效地进行经营活动，是实现目标化管理、提高经济效益，从而提高管理水平的有效手段。

（4）维护合同书当事人合法权益的重要工具。合同书具有法律效力，一经签订，就受到法律的保护，有利于维护合同书当事人的合法权益。

二、合同书的特点和种类

1. 合同书的特点

（1）协商互利性。合同书必须经过双方或多方当事人互相协商以达到一致，意见表示不一致，合同书就不能成立；并且各方当事人应该本着自愿、公平、诚信的原则，签订互利互惠的合同书。

（2）立约人的限定性。签订合同书的双方或多方当事人，必须具有合法的资格，即具有签订合同书的权利能力和行为能力，否则就是无效合同书。

（3）法律约束性。合同书一经依法签订，就具有了法律效力，各方面的权利和义务受到国家法律的保护，任何一方违约都要承担经济和法律责任。

（4）时效性。合同书的时效性非常强，超过合同书的规定时间就可视为无效合同书或者是违约合同书。

（5）规范性。合同书的签订是一件严肃的事情，规范性是保证合同书有效、实现预定目的的基本要求，也是合同书受到法律保护的要求。

2. 合同书的种类

合同书的分类较多，根据不同的标准、不同的角度有不同的划分方法，下面介绍两种常用分类方法。

（1）按内容分类，有如下常见的合同书类型：

买卖合同书、供用电气热力合同书、赠与合同书、借款合同书、租赁合同书、融资租赁合同书、承揽合同书、建设工程合同书、运输合同书、技术合同书、保管合同书、仓储合同书、委托合同书、行纪合同书和居间合同书。

（2）按格式和写法分类，有下列三种类型：

① 条款式合同书，即用文字记叙的方式，将当事人各方协商一致的内容逐条记载下来的合同书。

② 固定式合同书，即是把合同中必不可少的相关内容分项设计、印制成一种固定格式的合同书。各方当事人在签订合同时，只需把达成的协议逐项填写到表格或文字空档处即可。

③ 条款和表格结合式合同书，这种合同书，用表格形式固定共性内容，而对需经各方当事人协商才能形成的意见，则用条款的形式予以记载。

三、合同书的基本格式

合同书的写作内容一般分为下列四个部分：

1. 标题

标题主要有两种类型：

（1）合同性质＋文种，如《借款合同书》《仓储合同书》。

（2）合同标的＋合同性质＋文种，如《汽车租赁合同书》《苹果买卖合同书》。

2. 约首

在标题之下要写明订立合同双方或多方名称，而且应按照其法定核准的名称写全称，不能写别人不了解的代称、代号、简称，也不能用"你方""我方"代替，这样容易造成歧义。为叙述方便，习惯上常在双方当事人名称后的括号内注明甲方、乙方，或者将当事人名称直接写作"供方""需方""发包方""出租方"和"承租方"等，如有中介方也需写明。有的合同还要写明编号、签订的时间和地点。

3. 正文

正文的结构包括三部分：前言、主体、结尾。

（1）前言。即合同书的开头部分，简要地写明订立合同的目的、根据，常用"为了……""根据……法律的规定""……双方经过充分协商，特订立本合同书，以资共同恪守"等习惯语过渡领起下文。

（2）主体。分项写合同书的各项条款，包括法定条款和约定条款。《合同法》规定，一份合同书应该包括以下内容和条款：当事人的姓名和住所，标的，数量，质量，价款或者报酬，履行期限、地点和方式，违约责任，解决争议的方法。下面对主要条款做简单的说明。

① 标的。标的是合同关系中双方的权利和义务所共同指向的对象，即双方当事人要求实现的目的。

② 数量和质量。数量是合同书标的的具体计量，如工程的造价、产品的数量、出租房屋的租金、贷款的金额、购买货物的数量等。质量是合同标的的质的规定性，包括产品的规格、型号、轻重、大小、性能等。在合同书中应详尽、准确地标明质量要求及检验、验收方法。有法定标准的用法定标准，有产品等级的要规定产品等级。

③ 价款和酬金。价款是指取得对方产品所支付的代价，酬金是指接受对方劳务所支付的代价，二者通常以货币数量单位来表示。在这部分中，应该具体写明单价、总价、计价标准、结算方式等内容。

④ 履行合同的期限、地点和方式。履行期限是指合同义务完成的日期，是享有请求权的一方要求对方履行合同书的时间规定，也是合同书法律效率的期限，超过这个期限就属违约行为；履行地点是指当事人履行合同义务和接受对方履行义务的地方，它直接关系到履行合同书的费用和时间；履行方式指当事人履行合同书的具体方法，不同种类的合

应用文写作

同书有不同的规定，例如，购销合同书的交货方式是送货、提货还是代运，合同书中都应该规定清楚。

⑤ 违约责任。违约责任指合同书当事人一方或双方因过错造成合同不能履行或不能完全履行时所承担的经济和法律责任。违约责任是合同书不可缺少的最重要的部分，是履行合同书的重要保证，是出现矛盾分歧时解决合同书纠纷时的可靠依据。要写明制裁措施及违约金、赔偿金的数额等。

⑥ 解决争议的方法。解决争议的方法指在合同书执行过程中如果发生争议，可由当事人自己协商解决，或由仲裁机构调解，或者由人民法院调解或判决。

合同书的主体内容包括以上各项法定条款，也可以包括当事人各方补充约定的⑦～⑧条款：

⑦ 合同书的有效期限、保管情况。合同书根据需要可注明有效期限、保管情况。合同书保管情况包括两个方面，即合同书份数和保存单位。合同书有正本、副本之分，合同书的正本一般为一式两份，签约双方各存一份，有时一式三份，除合同书当事人双方外，鉴证机关也要持一份。合同书的副本，按签约双方的需要而定，份数可多可少。正副本的情况也可在合同标题的左侧注明。

⑧ 附件。有的合同书还要有必要的附件，附件一般包括表格、实样和图纸等，必须将其作为一个单独条款列于合同书正文中。

主体部分内容必须全面周密，明确具体，各条款之间切忌重复和相互矛盾。

（3）结尾。写与订立合同书有关的事项说明，如说明解决争议的方法，合同书的份数、保管及有效期；说明合同书所附的表格、图纸、实物等附件。

4. 约尾

（1）署名和印章。在主体之后，分别写上当事人双方单位的全称、代表人姓名及签字，并加盖法人单位印章或合同书专用章。单位名称必须与其公章的全称相符，严禁使用简称或俗称。如果有主管部门签证或司法机关公证的，则还要写出签证、公证的部门、机关及代表，并签字盖章。

（2）签约日期。签约日期关系到合同书的有效期和日后的履约，所以在合同书署名的正下方，应注明签订合同的具体年月日，也可将日期写在标题的下方。日期注意应该用汉字大小写注明，不宜用阿拉伯数字。

有的合同在尾部还应注明当事人单位的有效地址、电话、电报挂号、电子邮箱、邮政编码、开户银行及账号等，如果在合同首部立约人名称处已交代的，此处可省略。

四、合同书的写作注意事项

1. 内容合法并且合理

合同书内容必须符合国家有关法律、法令和政策的规定，体现平等互利、协商一致、等价交换的原则。否则，不仅不受法律保护，还要依法追究法律责任。

2. 条款规定全面完整

合同书条款规定应全面完整，所必备的各个构成部分不能缺少，关键条款不能有遗

3. 语言表达简明准确

合同书的写作采用说明方式，应做到周密严谨，言简意赅。各项条款要写得明确具体，概念准确，不能让任何一方有空子可钻，不使用"最近""基本上""可能""大概""上一年"一类模糊词语，以防止纠纷发生，切忌词不达意或含糊不清。

4. 价款与酬金数字必须大写

在合同书中，价款或者酬金必须大写，以防人涂改。

例文点评

经营承包合同书

发包方：××饮食服务公司（简称甲方）

承包方：××饭馆全体职工（简称乙方）

根据经济管理体制改革的精神，为了调动广大职工的积极性，提高经济效益，经双方协商，签订合同如下：

一、甲方同意将本市××街××号××饭馆出包给乙方经营；乙方自愿承包。

二、承包期限：从××××年×月×日起至××××年×月×日止。一定三年不变。承包期满，本合同终止，如乙方继续承包，必须提前三个月通知甲方，由双方另行商定。

三、乙方每月26日向甲方交付月利润××××元，若乙方有一个月拖欠不交，甲方有权中止合同。

四、承包期间该饭馆职工奖金发放标准，由乙方自行决定。

五、该饭馆经营项目、经营规模，在承包期间由乙方安排，甲方不得干涉。

六、承包期间该饭馆房屋维修由甲方负责。室内和门面装修、门窗及其玻璃维修，由乙方负责。

七、饭馆内由甲方负责安装水表电表，每月交付利润时乙方按实际使用水、电数量交纳水电费。

八、饭馆内原有桌椅、餐具、电话等设施（附登记表）承包期间乙方无偿使用，如有损坏，按承包期满时市价八折赔偿。乙方新添置的桌椅、餐具、设备，承包期满后，乙方可以自行处置，也可以按届时市价九折出卖给甲方。

九、本合同未尽事项，经双方研究后另行商定，任何一方不得擅自决定。

十、本合同一式二份，双方各执一份。

甲方代表人：×××　　　　　　　乙方代表人：×××

××××年×月×日　　　　　　　××××年×月×日

点评： 这是一份经营承包合同书，标题点明了合同书的性质，前言写了订立合同的根据和目的，主体写了八条，其中有合同书的法定条款和双方的约定条款，结尾第九、第十条写了订立合同书的有关事项。落款写双方代表人和订立合同书的日期。全文行文规范，措词严谨。

应用文写作

施工合同书

××锅炉厂（甲方）与××建筑工程公司（乙方）经双方协商签订如下条款：

1. 工程内容：甲方原有宿舍（均系平房）10 000平方米，现扩建20 000平方米，其中拆除旧房5000平方米。新宿舍要求四层钢筋混凝土梁砖墙结构（详见图纸）。

2. 建筑费用：全部建筑工程费用3000万元（详见清单），所有的建筑材料均由乙方负责采办。订立合同后甲方先付给乙方工程费用1000万元。余款在宿舍建成验收后全部付清。

3. 建筑工期：××年7月1日开工，次年7月15日竣工。

4. 经济责任：厂方如不能按期付款，每超过一天应赔偿对方按工程费千分之三计的赔偿金，工程队如不能按期完成施工任务，每拖延一天，厂方可在工程费中扣除千分之三作为赔偿。

5. 施工期间人身安全由乙方负责。

6. 本合同一式四份，双方各执一份，鉴证机关一份，商业银行一份。

甲方代表人：李××	乙方代表人：刘××
电话：××××××××	电话：××××××××
开户银行：市交行	开户银行：市商行
账号：×××××××	账号：×××××××

点评：这是一份有缺陷的合同。按合同的写作要求，本合同标题、约首、正文、约尾都有不少错误：例如，标题应该是"建筑工程合同"；约首没有写出来；正文前言写作不规范；工程内容写得啰唆而又不具体明确；正文指代混乱，有时称"甲方"，有时又称"厂方"；有的内容表述不准确，如"余款在宿舍建成验收后全部付清"，是一次付清还是分几次付清；有些应有的内容未写入，如保修问题，合同就未提及，容易造成经济纠纷。

温馨提示

定金与订金的区别

定金是经济合同担保的一种形式。定金制度在《经济合同法》第十四条中给予了明确规定："当事人一方可以向对方给付定金。经济合同履行后，定金应当收回，或者抵作价款。""给付定金的一方不履行合同的，无权请求返还定金。接受定金的一方不履行合同的，应当双倍返还定金。"《经济合同法》中的定金法则，即当缴纳定金者不履行协议时，无权请求返还定金，接受定金方不履行协议时，要双倍返还定金。

订金则有预约之意，不同于定金，没有担保作用，起预付款作用，仅对一方当事人按时履行经济合同义务起一定资助作用，当不想履约时，可申请原额退还。因此，签订合同时千万不要写错了字。

任务演练

1．下面是一份租赁合同书，它的格式、内容上有遗漏之处，请指出来。

租赁合同书

出租方：××

承租方：××文化公司

根据《中华人民共和国经济合同法》及有关规定，为明确出租方与承租方的权利业务关系，经双方协商一致，签订本合同。

一、甲方将自有的一套公寓房（地点、楼层）出租给乙方作办公之用。

二、租赁期限：

2008年2月1日—2010年2月1日共二年整。

三、乙方应于每月3日前支付下个月房租，否则按日支付应付款的千分之三的违约金，直到付款日为止。

四、本合同一式二份，合同双方各执一份。

五、本合同自签订之日起生效，有效期二年。

出租方（章）：××　　　　　　　　　　承租方（章）：××文化公司

单位地址：　　　　　　　　　　　　　　单位地址：

电话：0730-12345678　　　　　　　　　电话：0730-54321678

2．王先生是一名教学经验丰富的外语老师，他带教的学生在省级英语竞赛中屡次取得好成绩，他想利用自己的特长办一个英语周末补习班，在与邻居周太太交谈中得知，她有一套闲置住房想出租，于是两人经过协商，拟签订了一份三年期合同，月租1000元。请你为其代写一份合同书。

3．新一佳超市采购员李明（甲方），于今年4月30日与烟台海滨园艺场（乙方）签订了一份合同。大致内容是：甲方今年购买乙方生产的红富士苹果1000斤，鸭梨1000斤，各分三批提货，由乙方送到甲方所在地，运费由甲方负担，苹果价格为每公斤5元，梨子价格为每公斤3元。货款在每批货物交货时当天通过银行托付。本合同一式四份，双方各执一份，各自上级单位备案一份。请你代李明拟写一份合同书。

任务2　意向书

知识橱窗

随着我国改革开放的进一步深入，我国企业、经济组织和部门等同外国的企业、经济组织、部门及个人之间开展的各种业务越来越多，在兴办合作企业或者进行项目合作的过程中，首先要寻觅恰当的合作伙伴。因此，要与物色的伙伴直接接触，进行意向性洽谈，经过初步洽谈接触后，双方达成一些共识，作为表达某种经济合作关系的凭证，往往会签

应用文写作

署意向书，为进一步合作谈判打下基础。

一、意向书的概念和作用

1. 意向书的概念

意向书是商务活动中贸易的双方或者多方在进行贸易或合作之前，通过初步接触洽谈，就合作事宜表明自己的基本态度、提出初步合作设想的协约性文书。意向书是双方进行实质性谈判的依据，是签订协议书（合同书）的前奏。

2. 意向书的作用

意向书主要在洽谈重要的合作项目和涉外经营项目，如合资经营企业、合作经济贸易、承包国际工程等时使用。它能为合作双方进行实质性谈判奠定基础，提供基本依据，是签订合同书的先导。作为有合作意向的双方签署的一种书面协议，是有约束力的文书，它有以下几点作用：

（1）约束作用。

它反映双方的业务关系，约束双方的行为，为正式谈判提供基本依据。

（2）保障作用。

它有助于双方进行实质性的接触和谈判，可以为双方业务合作提供健康的保障，可以保证双方的利益。

二、意向书的特点和形式

1. 意向书的特点

（1）临时性。意向书是双方临时共同协商的产物，它只是表达洽谈的初步成果，为今后的谈判做铺垫，也是今后协商的基础，在双方签署之后，仍然允许协商修改。一旦谈判深入，最终确定了合作双方的权利和义务，其使命就结束了。

（2）一致性。意向书的具体内容是经过双方一起协商一致同意的，能够表达双方的共同意愿。

（3）信誉性。意向书是建立在商业信誉基础之上的，虽然对各方有一定的约束力，但是并不具有法律的强制性，它讲究的是商业信誉。

2. 意向书的形式

意向书通常有三种形式。

（1）单签式。只由出具意向书的一方签署的意向书，但文件一式两份，由合作的另一方在副本上签字盖章，交付对方。

（2）联签式。由当事人双方签署的意向书。虽然它仍然只是一种意向的表达，但是形式上与协议书基本一致。

（3）换文式。即双方以交换信件的形式表达合作意向的意向书。

三、意向书的基本格式

意向书的写作格式包括：标题、正文、落款。

1. 标题

标题有两种写法。

（1）可以居中直书"意向书"三个字。

（2）可以在"意向书"前标明意向书的性质或者协作内容，如《××原料合资生产意向书》《中外合资生产经营电冰箱意向书》等。

2. 正文

正文由开头、主体、结尾三部分组成。

（1）开头。可以写明签订意向书的政策依据、缘由、目的、指导思想，也可以说明双方洽谈磋商的大致情况，如洽谈磋商的时间、地点、经过、议题等。然后用"本着××原则，兴建××项目"作为过渡语承上启下。

（2）主体。主体是意向书的写作主要部分，一般以条文的形式表述合作各方达成的具体意向，如合资项目整体规划、合营期限、投资金额及规模、双方责任分担、利润分配等。

（3）结尾。主要写签订意向书有关问题的说明。

3. 落款

落款包括签订意向书各方当事人的法定名称，谈判代表人的签字，签署意向书的日期等内容。

四、意向书的写作注意事项

（1）使用语言要适应"意向"的特点。意向书具有相互协商的性质，表述的内容比较有原则、笼统，需要为以后的谈判和正式签订合同留有余地，因此在行文中不要随便使用"必须""应该""否则"等规定性和强制性语言，要注意多用商量的语气，注重使用留有余地、富有弹性的语言，不要把关键问题的条款尤其是数字写得太具体、太精确。

（2）忠实地表达各方协商的事项，并且各项条款内容要合理合法。

例文点评

意向书

2014年5月6日至7日，岳阳××公司（以下简称甲方）总经理××先生与法国××公司（以下简称乙方）董事长××女士，于岳阳华瑞大酒店就在岳阳经济技术开发区共同投资举办××有限公司等事宜，进行了多次洽谈，达成如下合作意向。

一、企业名称：岳阳××有限公司。

二、注册地址：岳阳市××区××路××号。

三、投资总额：××××万人民币；注册资本：××××万人民币。其中，甲方出资人民币××××万，乙方出资人民币××××万。

四、经营范围：生产××产品。

五、合营年限：20年。

六、利润分配：各方按投资比例或协商比例分配。

七、合资企业自营出口或委托有关进出口公司代理出口，价格由合资企业定。

八、合资企业其他事宜按《中外合资法》有关规定执行。

九、本意向书一式两份，双方各执一份。作为备忘录，各执一份备查。

说明：

1. 合资兴建公司的未尽事宜，在正式签订合同时予以补充。
2. 本意向书从即日起生效。

甲方：岳阳××公司（印章）　　　　乙方：法国××公司（印章）

代表：（签字）　　　　　　　　　　代表：（签字）

二〇一四年五月七日　　　　　　　　二〇一四年五月七日

点评：这是一份合资办厂的意向书，由标题、正文、落款组成，标题由合作项目及文种构成，正文由开头、主体、结尾三部分构成，开头说明了双方洽谈磋商的时间、地点、议题，主体部分以条文的形式表述合作各方达成的共同意向，结尾是意向书有关问题的说明。全文内容具体，写作规范。

合建经营快餐食品意向书

20××年3月29日至31日，中国长兴市荣华食品公司经理助理×××先生与××国利公司总经理助理×××先生，就快餐食品合建经营的事宜进行了友好的协商，一致同意以合作模式经营快餐食品，双方达成以下意向。

一、双方合资兴建一座快餐食品厂，厂址拟订于长兴市××区××路；

二、合资企业计划于××年××月底投产，年利润×××万元；

三、合资企业由双方投资兴建，建设总投资为×××××万元，流动资金×××万元，投资比列甲方占50%，乙方占50%，按投资比例分享利润和分担风险及亏损；

四、快餐食品厂的生产技术由乙方提供，设备名称、价格由乙方在签订项目协议书后10天内提供甲方确认，由双方共同派人采购；

五、双方在20××年4月5日前准备好各自的可行性研究报告的有关资料，待快餐食品厂合作经营项目建议书经合资企业所在地的主管部门批准后，确定具体时间进一步商讨，以便完成可行性研究报告；

六、本意向书一式四份，双方各执一份并分送有关部门。

甲方：中国长兴市荣华食品公司　　　　乙方：××国利公司

代表：×××先生　　　　　　　　　　代表：×××先生

20××年3月25日

点评：这是一份不大符合要求的意向书，整个文书缺前言，语言表达与合同书比较接近，太详尽，不是意向书的写法，最后格式上还缺落款。

温馨提示

意向书与协议书的区别

1. 性质作用不同

意向书仅仅是拟合作各方达成合作意向内容的记录，不具有法律效力，属草约性质。协议书产生在意向书之后，一旦签订，各方都必须严格执行，如有违约就要承担其造成的经济责任或者法律责任。协议书具有约束力，具有法律效力，属契约性文书。

2. 内容要求不同

协议书的内容较为意向书具体，并且有违约责任一项。意向书内容粗略，具体意见和细节尚未考虑好。

任务演练

1. 请对照写作格式，指出它存在的问题，并做出修改：

合资意向书

一、甲、乙两方愿以合资或合作的形式建立合资企业，定名称为韦德建材有限公司，地址在中国岳阳市解放街28号。建设期为2年，即从2005年至2006年全部建成。双方签订意向书后，即向各有关上级申请批准，批准的时限为3个月，即2005年3月至2005年6月完成。然后办理合资企业开业申请。

二、合资公司经营范围：合资公司从事建材产品的生产、研究和开发。新产品在中国国内外市场销售，并进行销售后的技术服务。合资公司的生产规模：生产初期年产30万吨；正常生产期年产50万吨。

三、合资公司为有限责任公司。合资各方按其在资本中的出资额比例分配利润、分担亏损和承担风险。公司总投资为100万元，甲方投资30万元（以工厂现有厂房、水电设施现有设备等折款投入），市政府部分投资20万元；乙方投资50万元（以折美元投入、购买设备）。

四、合资公司所需要的机械设备、原材料等物资，应首先在中国购买，如果中国国内不能满足供应的，可以在国外购买。

五、合资企业自营出口或委托有关进出口公司代理出口，价格由合资企业定。

六、合资年限为20年，即2005年3月至2025年3月。

七、双方在各方上级批准后，再具体协商有关合资事宜。

八、本意向书生效后，甲、乙双方应认真遵守本意向书的规定。任何一方因不执行本意向书规定的义务，对方有向违约一方索取赔偿经济损失的权利。

2005年3月1日

2. 2009年6月20日，蓝天汽车贸易公司参加了在长沙举行的世界汽车贸易博览会，该公司展出的汽车展品吸引了不少商家的注意力，其可观的订单数量引起了一家台商——金奥汽车股份有限公司的投资兴趣。于是，双方便约定在华天大酒店进行合资洽谈，双方就合资项目整体规划、合营期限、投资金额及规模、双方责任分担、利润分配等达成了初

应用文写作

步合作意向,作为总经理助理,请你协助起草一份合作意向书。

任务 3 招标书

知识橱窗

在当今的市场经济社会中,招标、投标已经成为经济领域广泛流行的一种经济活动方式。它在生产经营、科学研究、工程建筑、大宗物品采购、技术服务等方面广泛使用。了解并掌握招标投标中各种文书的写法,是企业发展的要求,也是现代企业秘书工作人员必须具备的一种职业能力。

一、招标书的概念、作用

1. 招标书的概念

招标书是招标方利用投标者之间的竞争,达到优选投标者的书面文件。它包括招标申请书、招标公告、招标邀请书、招标说明书、招标章程等内容。它也是订立合同的一种法律形式。一般正式招标书都采用广告、通知、公告等形式发布。

2. 招标书的作用

(1)有利于公平竞争。用公开招标的方法来开展经济活动,讲究公平竞争,可以打破垄断,杜绝以权谋私现象的发生。

(2)有利于提高经济效益。招标方通过招标方式,可以从投标者中选择能使自己获得最大经济效益的投标人,使自己获得更大的社会效益。

(3)有利于投标者水平的提高。要想获得中标的机会,投标者必须想方设法提高自身的竞争实力,这样可以促进投标者业务水平不断提高。

二、招标书的特点和种类

1. 招标书的特点

(1)规范性。即招标文书的制作过程和基本内容要符合《中华人民共和国招标投标法》的基本规定和要求,不能超出规范另搞一套。

(2)公开性。招标都是本着公开、公平、公正的原则进行的,招标文件必须公开发表或向所有投标者提供,中标结果也必须发表并向所有投标者通报,整个过程具有透明性和公开性。

(3)竞争性。招标方通过公开招标,可以让众多的投标人进行竞争,以取得最佳的经济效益,从众多投标者中选优的做法就决定了其竞争性。

2. 招标书的种类

在经济活动中,用不同标准可以把招标书分成各种类型。

（1）按照招标形式分，可以分为公开和书面通知招标书。
（2）按照时间分，可以分为长期和短期招标书。
（3）按照范围分，可以分为国内和国际招标书。
（4）按照内容分，可以分为兴建大型工程建设招标书、采购大宗商品招标书，企业承包招标书、录用人才招标书、完成科研项目招标书等。

三、招标书的基本格式

招标书包括标题、正文、落款三部分。

1. 标题

常见的写法有三种：
（1）由招标单位名称、招标事由和文种组成，如《××学院南区学生公寓物业管理招标公告》
（2）由招标单位名称和文种两部分组成，如《××机电设备公司招标通告》。
（3）只写文种名称，如《招标书》《招标公告》或《招标通告》。

2. 正文

一般由前言、主体、结尾三部分组成。
（1）前言。主要应写明招标的目的、缘由、依据及招标项目的名称等。
（2）主体。这是招标书的核心，一般用条文式，也可以用表格式，详细说明招标的有关内容和要求事项。不同的招标项目写法也不同，现就通常的写法简述如下。

工程建设项目招标书要写工程的内容，如工程名称、施工地点、建筑面积、工程结构、承包方式、投标资格（要求建筑企业具有的级别）、投标日期（包括领取招标文件和递送投标书的时间）、地点、应交费用、开标日期、对投标者的要求等。

采购大宗商品招标书要写明商品名称、规格、型号、数量、检验方法、交货日期、结算方式、投标日期、地点、开标日期、对投标者的要求等。

承包或承租企业招标书要写清楚企业概况、投标者条件、承包或者承租后经济指标要求、中标者责任、权利、利益、投标、开标的日期及地点等。

（3）结尾。主要包括招标单位名称、地址、联系人姓名、联系电话、传真、邮编、网址等。

3. 落款

在右下方写附件名称、招标单位名称、法人代表、成文日期并加盖印章、附件原文等。

四、招标书的写作注意事项

1. 要有政策观念

招标书的内容应该符合政策、结合地方规定，严格执行国家颁布的技术标准和质量标准，不得有违法违规的现象出现。

2. 内容科学合理

写作之前，要做好调查研究，掌握市场信息，制定的测算、评估款项要科学合理，对招标项目的技术标准及质量标准要求有明确的规定，表达清楚明白、准确无误。

3. 语言简洁、严谨

招标书写作要求概念准确、事项齐全、重点突出、行文简洁、图表、数据、规格的表述应当严谨、准确、无误。

例文点评

××超市租赁经营招标广告

为了深化商业体制改革，把竞争机制引进企业，发掘人才，搞活企业，根据××市人民政府×号文件精神，对××超市实行租赁经营，向社会公开招标。现将有关事项公布如下：

一、企业概况

该超市现有职工120人；自有流动资金××××万元，固定资产××××万元；拥有营业面积5000平方米，仓储面积1500平方米。

二、投标人条件

凡热爱商业工作，有一定的思想水平和企业管理能力，熟悉营销业务，大专以上文化程度，年龄在45以下的社会各界人士或团体均可参加投标。投标人应具有500 000以上资金或1 000 000元以上财产作为租凭经营抵押金，并有两位有正常职业收入的经济担保人（也可由经济实体企业担保）。

三、租赁期限和标底

租赁期限五年，由于该超市历史"包袱"较重，租赁期间将采取减亏目标的办法，即××××年减亏到800 000元，××××年减亏到30 000元，××××年扭亏为盈。

四、中标人待遇

中标人为企业法人代表。在任期间享受本企业待遇，不改变其原来身份、户口等。中标人的经济待遇洽谈时面议。

五、投标时间和地点

招标时间从××××年×月×日至×月×日止。凡符合招标条件并愿意投标者，请携带身份证明到××市××街××号洽谈。

地点：××市××街××号

联系电话：×××—××××××××

联系人：×××

××市××公司（盖章）
××××年×月×日

点评：这是一份租赁招标广告，由标题、正文、落款组成。标题由招标项目和文种构成。正文分为引言、主体、结尾三部分。引言写招标的目的、根据。主体写租赁企业概况、投标者条件、承包期限和标底、中标待遇、投标时间和地点。结尾写招标单位地址和联系方式。格式规范，语言简明。

标　书

××工业大学将新建一栋教学楼，现通告如下：

一、工程名称：××工业大学求学教学大楼。

二、建筑面积：××××m²。

三、设计及要求：见附件。

四、承包方式：包工包料。

五、索标书时间：投标人请于2009年10月10日前来人、来函索取招标文书，逾期不予办理。

六、报名起止时间：2009年10月11日～2009年10月20日。

七、报名地点及联系方式：××工业大学南院综合楼二楼。

八、联系电话：013875003538　　013807502256

××工业大学后勤处
二〇〇九年十月

点评： 这是一份存在问题较多的招标书。首先，标题过于简单，表述不准确，应该是××教学大楼招标公告；其次，缺施工地点。再次，第五、六条表达不恰当，应该是投标条件与招标要求。

温馨提示

招标书制作要求

1. 做好调查研究。
2. 掌握市场信息。
3. 制定的测算、评估款项要合理。
4. 语言简洁，用词精确。

任务演练

1. 请指出下面招标通告在内容上和语言表达上存在的问题，并加以修改。

工程招标通告

根据××省"九五"期间高速公路建设计划，××省交通厅招标投标办公室受××省高等级公路建设总指挥部委托，决定对××至××高速公路项目（××至××段）交通管理设施土建工程在××省内进行竞争性招标，欢迎具备资格的承包单位参加投标。

一、招标工程

第1合同包：3个收费站、1个管理所、1个服务区及配套工程，建筑面积8396平方米；

第2合同包：两个收费站、1个管理所、1个服务区及配套工程，建筑面积6693平方米；

第3合同包：4个收费站、1个管理所、1个服务区及配套工程，建筑面积11 348平方米。

二、凡承包单位和本省交通系统的建筑施工企业，均可提出资格预审申请，非交通系统的承包单位只允许对上述任意两个合同包提出资格预审申请。

三、凡具备资格的承包单位，请到××省高等级公路建设总指挥部招标办洽购资格预审文件。资格预审文件每份1800元人民币。

四、提交资格预审文件的截止日期为2001年12月送至××省高等级公路建设总指挥部招标办，迟到的资格预审文件将不予受理。

地　址：××市××区××路18号

邮　编：110003

电　话：（略）

传　真：（略）

××省交通厅招标投标办公室

2．岳阳五里牌百货商店位于岳阳市人口密集区，现有职工40人，自有流动资金××万元，固定资产××万元，拥有营业面积××平方米，仓储面积××平方米。由于经营不善，连年亏本，为搞活企业，引进竞争机制，五里牌百货商店向社会公开招聘租赁经营人才，凡是热爱商业工作，有一定企业管理能力，熟悉营销业务，年龄45岁以下且具有20万元以上资金或者50万元以上财产作为租赁经营抵押金，并有两位正常职业收入的经济担保人条件的人士均可参加投标。租赁期限暂定3年，中标人中标后即为企业法人代表，任职期间享受本企业待遇。招标时间从2008年3月1日至3月10日止。凡符合招标条件并且愿意投标者请携带身份证明到岳阳市五里牌百货商店三楼办公室洽谈。地点、联系电话、联系人略。请根据上述内容拟写一份招标书。

任务4　投标书

知识橱窗

投标书是与招标书相对应的文书。招标单位需要根据投标书对投标者进行资格预审，所以投标书是投标者获取资格参加投标的必备文件。只有经过资格预审，被选定为合格申请人后，投标者才能参加投标。因此，投标书的写作能力也是现代企业秘书工作人员必须具备的一种职业能力。

一、投标书的概念、作用

1. 投标书的概念

投标书是指投标人向招标人递送投标申请书，经过预审取得投标资格后，按照招标书的要求和规定而制作的专门递交给招标单位的文书。它要具体向招标人提出订立合同的建议，是提供给招标人的备选方案，又被称为"标书""标函"。

2. 招标书的作用

投标书要按照招标方公布的标准、条件、要求，向招标方书面说明自己的质量、价格等，表示自己参与竞争，以求实现与招标者订立合同，达到一定的经济效益，而提供给招标者的承诺文书能否中标，与投标书撰写的质量好坏有着直接的关系，因此，招标书的作用十分重大。

二、投标书的特点和种类

1. 投标书的特点

（1）针对性。商务投标书的内容都是按照招标书提出的项目、条件、要求而写的，因此在写作上针对性很强。

（2）求实性。商务投标书对自身情况的介绍、对招标书项目拟采取的措施及承诺等，应该做实事求是的陈述，切忌虚假。

2. 投标书的种类

（1）投标书从内容上分，可以分为生产经营性投标书和技术投标书。生产经营性投标书有工程投标书、承包投标书、产品销售投标书、劳务投标书；技术投标书包括科研课题投标书、技术引进或技术转让投标书。

（2）投标书从形式上分，有文字式、表格式、文字加表格式三种。

三、投标书的基本格式

投标书的写作结构一般包括标题、招标单位名称、正文、落款四个部分。

1. 标题

投标书标题可以由投标项目名称和文件名称构成。如《洞庭湖大桥改造工程投标书》。也可以在正中只写"标书""投标申请书""投标书"即可。

2. 招标单位名称

要求顶格写招标单位全称，如××大学培训楼工程招标办公室。

3. 正文

投标书正文由开头、主体和结尾组成。

（1）开头。写明投标的依据和主导思想，表明投标者愿意参加投标的意愿。

（2）主体。一般根据招标书提出的目标、要求，介绍投标者的资质情况，说明投标者具备投标的条件，提出标价，明确质量承诺和应标措施等。由于投标的项目不同，其主体写法也有差异，简述如下：

① 工程建设投标书主体主要写作内容是：工程综合说明；单位标价；总标价构成；人工费单价、总记工数、工程人工费总计价；总标价；主要所用材料指标；开竣工日期、总日期天数；工程进度计划；工程质量标准及施工技术组织措施；要求建设单位提供的配合条件等。

② 采购大宗商品投标书主体主要写作内容是：简介生产厂家历史；产品销售范围；产品制作材料、工艺；型号、规格；产品的物理、化学等性能和外观状态标准；使用效果；供货数量；单价、总价；供货日期；承诺条件等。

③ 承包企业投标书主体主要写作内容是：对承包企业的历史、现状、经济状况、市

应用文写作

场行情等简要分析,找出有利条件和不利条件,阐明投标者的经营目标及方针;投标基数及可行性论证;经营主要措施;员工福利待遇及奖金分配等。

(3)结尾。写明投标单位(或个人)的名称、地址、联系方式等。

4. 落款

在右下方写附件名称、招标单位名称、法人代表、成文日期并加盖印章、附件原文等。

四、投标书的写作注意事项

1. 周密严谨

拟定标书前,要仔细研究投标项目,认真分析招标文件中规定的各种因素,充分了解市场信息,结合自身情况制订详细的项目设计方案和项目的总体实施计划,不遗漏必要的内容,以增强自己的竞争力。

2. 内容真实

投标书的写作,要求实事求是地说明自己存在的优势和特点,不可弄虚作假。

3. 拟写及时

如果不及时拟写,超过了招标文件上规定的时限,招标人可以拒收。

例文点评

承包××厂投标书

各位领导,职工代表:

企业实行承包经营、引进竞争机制,是搞活经济、深化企业改革的需要。我作为一名普通职工,对招标招聘厂长,坚决支持和拥护。我投标参加这次厂长竞选活动。

分析我们厂的现状,我认为有"五大优势":① 历史很长,工艺成熟,技术力量雄厚;② 三条生产线交叉生产,互为补充,能够较好地发挥设备运转利用效率;③ 市场覆盖面大,生产任务基本饱满;④ 积累了一定的改革经验和教训;⑤ 范围大,土地资源丰富,有扩大再生产的发展前途。除了优势,我们厂还存在"二紧一落后"问题,即资金紧张,原材料供应紧张和企业管理落后。

根据以上情况的分析,我确立的治厂方案如下:

一、企业经营方针

我确定的经营方针是:抓质量、讲信誉、重服务、促效益。即严格把好每一台洗衣机的质量关,产品实行跟踪服务,在保证原有市场的同时,努力开辟新的市场,使企业在经济改革的大潮中不断发展完善。

二、投标基数和可行性论证分析

(一)投标基数

以××××年制定的全厂总产值×××万元,实现利润×××万元的目标为基数,每年递增×%。

三年利税总额累计×××万元,比××××年目标值×××万元,净增×××万元，增长率为××%。

（二）可行性论证分析

提出以上投标基数，主要依据有：

1. 近两年我厂的生产形势不断好转，××××年、××××年产值分别比前一年增长×%，今年的形势比前两年有更多的有利因素。

2. 根据掌握的信息和市场预测，我厂生产的××具有容量大、耗电少、抗震耐磨的特点，不但适用于城市大家庭，还特别适用于农村家庭。农村是一个有着巨大潜力的市场。

3. 在××××年全国产品销售评比中，我厂产品被评为用户信得过的产品；在广大消费者中树立了良好的信誉。

综上所述，我认为我提出的投标基数有一定根据和把握。虽然要承担一定的风险，但是，只要采取适当的措施，通过全厂干部群众的努力奋斗是可以完成的。

三、完成投标基数的措施

为了确保投标基数的完成，我拟采取以下七项措施：

1. 改革分配制度，完善管理机制；
2. 加快技术改造，增强企业后劲；
3. 强化供应系统，解决原材料供应与生产脱节的问题；
4. 利用各种渠道，加强技术培训，提高职工素质；
5. 严把质量关，把产品质量与职工收入挂钩，优奖劣罚；
6. 正确处理同党委、职代会的关系，尊重职工的民主权力；
7. 在发展生产的基础上，积极改善职工福利待遇，充分调动职工的生产积极性。

我同意招标书所提出的各项条件及要求，并愿意用现金十万元作风险抵押（包括担保人在内）。若完不成规定指标，愿以风险金作补偿。

请考评委员会和职工代表审核评议。

投标人：×××（章）
××××年×月×日

点评：这是一篇承包企业的投标书。由标题、正文、落款构成。标题由投标项目和文种组成。正文由引言、主体、结尾三个部分组成。引言写了承包的缘由，分析了工厂的历史和现状，主体写投标基数（以承诺盈利基数与另外的投标者竞标），可行性论证及完成投标基数的措施。结尾写对招标书所列条件的承诺表态和投标者的期求。落款写招标单位名称和成文日期。语言简洁，格式规范。

标　函

为了提高金都大厦建筑安装工程的建设速度，提高经济效益，我公司决定参加金都大厦建筑安装工程的投标。其理由如下：

一、标函内容：略。

二、标价：总造价，100万元。其他，略。

三、工期：略。

四、质量：略。

五、投标企业概括：略。

六、技术力量：略。

七、施工机械设备情况：略。

八、营业执照：略。

投标单位：××建筑公司

联系人：××

电话：××××××××

地址：××路3号

××建筑公司
2003年5月10日

点评：这是一份因写作不够规范而失败的投标书。标价不符合实际，应根据实际条件加大数额；"标企业概括"应该改为"投标企业概况"；投标单位要加盖公章才有法律效应；标书内容太简略和单调，应该有一个介绍投标公司情况的附件；"提高速度"应改为"加快速度"。

温馨提示

把握投标的窍门

1. 投标书要比招标书的内容相对具体一些才便于评标方评标。
2. 投标书要着重强调自己的优势。
3. 标价要适当，不高不低，过高怕落标，过低会影响自己的经济效益。

任务演练

1. 下面是一份工程投标书，试按照写作要求指出它存在的问题。

投 标 书

焦作通河公司扩建工程指挥部：

我公司收到贵部招标书，对贵公司炼铁扩建工程 75m² 烧结机干油集中润滑系统进行招标，经认真研究，我们决定投标。

1. 愿意按照招标文件中的一切要求，提供招标设备：THRH-Ⅲ型智能干油集中润滑装置共1套，总价格为 324 525 元人民币，具体报价明细见投标设备构成及分项价目表。

2. 若能中标，我们将按照招标文件的具体规定与贵公司签订经济合同，并严格履行合同义务，按时交货，并提供良好的售后服务。

3. 我们愿意提供招标人在招标文件中所要求提供的所有资料。

4. 有关本标书的联系方式：

地址：长沙市荣湾路中南大学　　　电话：0731- 8887106

传真：0731-8887102　　　　　　　邮编：410000

联系人：杨三（13982763159）

投标人：中南大学科技公司

2008 年 3 月 5 日

2．苏明所在的××职业技术学院对北校区学生公寓物业管理权进行公开招标，选定物业管理单位对北校区学生公寓物业进行管理。管理范围包括：学生公寓 1～6 栋；周边道路、运动场；绿化面积等。凡达到××市物业管理三级以上资质的物业管理公司或高校后勤服务公司（集团）均可参加投标。请根据上述材料，拟写一份投标公告。

拓展阅读

如何创造双赢的谈判解决方案

成功的谈判应该使双方都有赢的感觉。双方都是赢家的谈判才能使以后的合作持续下去。因此，如何创造性地寻求双方都接受的解决方案就是谈判的关键所在。为了使谈判者走出误区，建议谈判者遵循如下的谈判思路和方法：

（1）将方案的创造与对方案的判断行为分开。谈判者应该先创造方案，然后再决策，不要过早地对解决方案下结论。比较有效的方法是采用所谓的"头脑风暴"式的小组讨论，即谈判小组成员彼此之间激发理想，创造出各种想法和主意，而不是考虑这些主意是好还是坏、是否能够实现。然后再逐步对创造的想法和主意进行评估，最终决定谈判的具体方案。在谈判双方是长期合作伙伴的情况下，双方也可以共同进行这种小组讨论。

（2）充分发挥想象力，扩大方案的选择范围。在上述小组讨论中，参加者最容易犯的毛病就是，觉得大家在寻找最佳的方案。而实际上，在激发想象阶段并不是寻找最佳方案的时候，要做的就是尽量扩大谈判的可选择余地。此阶段，谈判者应从不同的角度来分析同一个问题，甚至可以就某些问题和合同条款达成不同的约束程度，如不能达成永久的协议，可以达成临时的协议；不能达成无条件的，可以达成有条件的协议等。

（3）找出双赢的解决方案。双赢在绝大多数的谈判中都是应该存在的。创造性的解决方案可以满足双方利益的需要。这就要求谈判双方应该能够识别共同的利益所在。每个谈判者都应该牢记：每个谈判都有潜在的共同利益；共同利益就意味着商业机会；强调共同利益可以使谈判更顺利。另外，谈判者还应注意谈判双方兼容利益的存在，即不同的利益，但彼此的存在并不矛盾或冲突。

（4）替对方着想，让对方容易做出决策。让对方容易做出决策的方法是：让对方觉得解决方案既合法又正当；让对方觉得解决方案对双方都公平。

项目十 法律文书写作

项目情境

做完大型洽谈项目的文书准备工作之后,苏明松了一口气。但是由于公司负责人在和一家单位的经济往来中,签订合同时疏忽大意,使公司蒙受了不应该有的经济损失,为了挽回经济损失,公司决定与对方打官司,经理安排苏明作为处理该纠纷的代表之一,请问在这个工作中苏明要做哪些工作并准备哪些诉讼文书呢?

任务描述

在处理公司经济纠纷的过程中,苏明在该纠纷中要准备的文书可能涉及起诉状、答辩状、上诉状和授权委托书的写作。起诉状又包括民事起诉状、刑事自诉状、行政起诉状等。上诉状包括民事上诉状、刑事上诉状和行政上诉状等。

任务 1 起诉状

知识橱窗

在现实生活中,经常会发生各种各样的法律纠纷。当人们自身利益或权益受损时,可以拿起法律的武器来维护。作为终将成为社会人的学生,在今后的工作、生活中,也有可能会遇到这种情况,因而,我们要了解相关知识,学习诉状的写作方法。

一、起诉状的概念和作用

1. 起诉状的概念

起诉状又称诉状,通常分为民事诉状、行政诉状或刑事自诉状等,是民事、行政案件的原告或刑事自诉案件的自诉人,为维护自身权益,依法向人民法院提出诉讼,请求裁判的文书。这种诉状只要符合事实、理由正当,依法经法院受理后,对于法院审理该案有一定的制约作用。其中最常用的是民事起诉状。

2. 起诉状的作用

当事人向法院告状,其目的就是通过诉状,把案件的事实(犯罪事实或纠纷事实)记叙清楚,把起诉的理由和法律根据讲明白,把诉讼的目的说清楚,让法院了解刑事自诉人或民事原告人对案件的看法、意见和要求,以便对案件进行审理。因此,起诉状是人民法院对案件进行审理或调解的依据和基础，写好诉状对法院了解情况和处理案件有较大的帮助。

二、起诉状的特点和种类

1. 起诉状的特点

（1）民事起诉状的特点。

① 必须是由与本案有直接利害关系的人提起。

② 必须是向有权受理本案的第一审人民法院提起。

③ 争执焦点应属民事权益或者其他民事纠纷，如财产所有权、财产继承权、知识产权、债权、经济合同的纠纷以及婚姻家庭纠纷等属于民法、经济法、婚姻法的调整范围。

（2）行政起诉状的特点。

① 必须是由与本案有直接利害关系的公民、法人或者其他组织提起。

② 必须是向有权受理本案的第一审人民法院提起。

③ 行政诉讼的对象是行政机关和行政机关工作人员的具体行政行为，主要包括涉及行政处罚和行政强制执行引起的纠纷、涉及行政管理行为引起的纠纷。

（3）刑事起诉状的特点。

① 必须是被害人或其法定代理人提起自诉的书状。

② 被告人（即被起诉、被控告的人）的行为必须构成犯罪。

③ 刑事诉状是向对本案有管辖权的第一审人民法院起诉的书状。

④ 必须是对法定的自诉案件提起诉讼的书状，即经告诉才处理或其他不需要进行侦查的轻微刑事案件提起自诉的书状。

2. 起诉状的种类

（1）民事起诉状。民事案件的原告（或其诉讼代理人），为维护原告的民事权益，就有关民事权利和义务的争执，或其他民事纠纷，向有权受理本案的第一审人民法院起诉，要求依法处理而送交的书状，称为民事诉状，又叫做民事起诉状。

（2）行政起诉状。公民、法人或者其他组织（或其诉讼代理人）认为行政机关和行政机关工作人员的具体行政行为侵犯了其合法权益，向有权受理本案的第一审人民法院起诉，要求依法处理而送交的书状，称为行政诉状，又叫行政起诉状。

（3）刑事起诉状。被害人（或其法定代理人），直接向人民法院起诉，提请审判的刑事案件，称为自诉案件。刑事自诉案件的自诉人，根据事实和法律，直接向人民法院控告被告人侵犯自身权益，要求追究刑事责任的书状，称为刑事起诉状。这种刑事起诉状，通常称为刑事自诉状，以区别于绝大多数刑事诉讼案件中由国家公诉机关——检察机关提起公诉时的"起诉书"。

三、起诉状的基本格式

根据最高人民法院《法院文书样式》的格式规定，起诉状由首部、正文、尾部三部分组成，每部分要写明下列几项内容：

1. 首部

起诉状的首部由标题、当事人基本情况两部分构成。

（1）标题。标题可以直接标为民事起诉状、行政起诉状或刑事自诉状。

（2）当事人基本情况。当事人基本情况写原告、被告身份等基本情况（刑事自诉状的原告写自诉人，被告写被告人）。一般先写原告，后写被告。是自然人的话，应写明姓名、性别、年龄、出生年月、籍贯、民族、职业（工作单位和职务）、住址等项。是法人或其他组织的，应首先写明法人或该组织的名称和地址，次行写明法定代表人或主要负责人的姓名、职务和电话、企业性质、工商登记核准号、经营范围和方式、开户银行以及账号等项内容。被告基本情况的写法与原告相同，如对有的项目不知道，可以不写，但必须写明被告的姓名或名称、住址。因为"有明确被告"是人民法院受理案件的法定条件之一。

撰写这部分内容应当注意两个问题：一是同案原告为二人以上的，应当逐一写明。同案被告为二人以上的，应按责任大小的顺序写明。二是原、被告是法人或其他经济组织的，名称应该写全称，不能随便简写，并且应当与其公章上的字样相一致。

2. 正文

起诉状的正文部分共三项内容，即诉讼请求、事实与理由、证据和证据来源，有的还要注明证人姓名和住址。

（1）诉讼请求。诉讼请求是指诉讼的原告请求人民法院解决的具体问题，诉讼请求要求简明扼要地写明诉讼所要解决的问题和所要达到的目的，不必写事实。例如，请求与被告离婚、请求解除合同或者履行债务等。书写诉讼请求要明确具体，合法合理。

（2）事实与理由。事实与理由是起诉状的核心内容，一般要分开叙写。事实是提起诉讼、实现诉讼请求的基础和依据，也是人民法院进行裁判的基础和依据。叙写事实应当写明原告、被告民事法律关系存在的事实，以及双方发生民事权益争议的时间、地点、原因、经过、情节和结果。叙写事实应当注意下面几个问题：一是必须实事求是，既不夸大，也不缩小。二是应当围绕诉讼请求叙写。三是既要反映案件的全貌，又要突出重点。

理由是对事实的概括与评说，包括两方面内容：首先应当依事论理，写明被告实施的侵权行为或者双方发生争议的权益的性质、已经造成的后果以及应当承担的民事责任。然后应当依法论理，写明原告提起诉讼所依据的法律条款。三是理由应当与事实、诉讼请求一致，不能出现矛盾。

（3）证据和证据来源。在写清事实和理由之后接下来另起一段写证据及证据来源等。撰写证据应当注意三点：一是证据的名称应当规范，必须符合法律规定。二是不仅要写明证据的名称，还要写明证据的来源。三是涉及证人证言的，应当写明证人的姓名和住址。

3. 尾部

尾部包括致送人民法院名称、附项、原告签名、起诉日期。

四、起诉状的写作注意事项

1. 诉讼请求要合法、具体、全面、合情、合理

诉讼请求是原告请求人民法院通过审判解决争议保护其权益的具体要求，是原告向法院提出的要求被告承担的责任。因而诉讼请求要合法、具体、全面、合情、合理。

2. 要用第一人称"我"来写

要完整概括双方当事人之间纠纷的由来，发生和发展的情况，把事件发生的时间、地点、原因、参加人、每个人的行为、争执的焦点和造成的结果写清楚。围绕着"诉讼请求"来写，边写重要事实，边举证据。注意遣词造句和文采。叙事要真实，不违背常理。

3. 结尾要正确

结尾常见的错误有：所确定的"人民法院"不合法；起诉时间不对，早已超过了诉讼时效；所附诉状副本份数不对。副本份数应按被告的人数提交；没有附上证据。

例文点评

民事起诉状

原告：张××，男，××年××月××日，汉族，出租车司机，工作单位为上海××出租车有限公司，住上海市××路××弄××号××室。邮编：××××。电话：××××××。

被告：王××，男，××年××月××日，汉族，厨师，工作单位为上海××酒店，户籍地：江西省××市××县××镇××村××号；上海居住地：上海市××区××路××弄××号××室；联系地址：上海市××区××路××号，邮编：××××，联系电话：×××××。

一、案由

租赁合同纠纷。

二、诉讼请求

1. 请求判令解除原被告签订的《房屋租赁协议》编号 866；
2. 请求判令被告立即搬出位于上海市××区××路××号；
3. 请求判令被告立即将租赁房屋恢复原状并返还给原告；
4. 请求判令被告支付违约金 2800 元（以 2800 元押金的同等数额计算）；
5. 请求判令被告交纳付清租赁期间应由被告交纳的所有水、电、煤、电话费、网络费、有线电视费等费用及因滞纳所引起的额外费用共暂计人民币 200 元，均以实际发生费用为准，请求计算至实际搬出之日止；
6. 请求法院判令被告向原告支付拖欠的租金人民币 16 800 元（自 2013 年 4 月 25 日起暂计算至 2013 年 10 月 24 日，按每月租金 2800 元标准，请求计算至实际搬出之日止）；
7. 请求法院判令被告向原告支付因拖欠租金引起的滞纳金人民币 3696 元（自 2013 年 4 月 10 日起暂计算至 2013 年 5 月 23 日共计 44 天，按每逾期一天月租金 2800 元的 3% 的标准计算滞纳金，请求计算至实际搬出之日止）；
8. 请求判令被告承担本案诉讼费用。

三、事实和理由

原告张××于 2012 年 1 月 10 日与被告签订一份《房屋租赁协议》编号 866，约定被告向原告承租上海市××区××路××号房屋住房。合同约定租期自 2012 年 1 月 25 日至 2014 年 1 月 24 日，每月租金人民币 2800 元，每 3 个月一付，押金人民币 2800 元在中介；

被告不得私自改变房屋结构和变更房内设施，否则将承担一切责任和赔偿责任并终止本协议；租赁期间的所有水、电、煤、电话费、煤气费、有线电视费被告应逐月自觉交纳付清；被告在租赁期内应保持房屋装修不变；租房内长住人员为6人，被告不得将房屋转租他人或从事违法乱纪活动，并遵守驻地治安条例，如有违反，原告有权终止协议并由被告承担一切后果。外来人员必须办理临时居住证；原被告双方必须严格遵守协议，如有一方未能履行协议的各条款，将承担违约责任，违约金为押金的同等数额支付给对方，并终止协议。

合同签订后，原告如约将上述房屋交付被告使用，被告也接受并使用上述房屋。但是被告未经原告同意，擅自拆除了房屋后院沿街的围墙，在房屋的前院花园中造了一口井，违法搭建棚屋，而且还改变房屋居住用途私自无证经营餐馆、旅馆、棋牌室和便利店等。

被告承租并实际使用承租房屋后，到2013年5月止，被告实际使用承租房屋拖欠水、电、煤、电话费、网络费、有线电视等费用以及因滞纳所引起的额外费用共暂计人民币200元。按照《房屋租赁协议》第四条"租赁期间的所有水、电、煤、电话费、有线电视费乙方（即被告）应逐月自觉交纳付清；凡因滞纳所引起的额外费用，均由乙方负担"之约定，被告应当逐月自觉交纳上述费用，但被告未按照合同约定自觉交纳。

另外，自2013年4月10日起，被告未按合同约定向原告交纳2013年4月25日至2013年10月24日六个月的租金，经催告后仍拒不交纳。按照《房屋租赁协议》第一条"每月租金为人民币2800元，每3个月一付……有线电视费每月13元，按3月一付……"和"乙方必须提前15天支付下一次的租金，（以提前15之日起）未交纳的将按每逾期一天月租金的3%滞纳金支付给甲方。乙方如逾期超过15天仍未交纳租金的将承担违约责任。甲方单方面有权终止本协议并收回房屋"之约定，被告负有按时交纳租金的合同义务。

原告认为被告的上述行为均已经严重违反合同约定。

综上所述，原告认为被告在履行房屋租赁合同期间，未遵循诚实信用原则，其上述行为已构成违约，致使原告合法权益受到损害。根据《中华人民共和国合同法》的规定，原告有权解除合同，请求判令被告对原告的损失赔偿。据此，为了维护原告的合法权益，原告现依法向贵院提起诉讼，恳请支持原告全部诉讼请求。

此致

上海市××人民法院

附：1. 本状副本2份；
    2. 证据10份，共13页；
    3. 原告的身份证复印件；
    4. 被告的信息资料。

具状人：
二〇一三年××月××日

点评：这份起诉状首部清楚地交代了相关情况，便于法院掌握；分8条明确提出了诉讼请求，便于法院和被告裁决和应对；事实与理由部分的事实和附件重要的证据等成为法院认定事实的重要依据。这份起诉状比较规范，条理清楚，要件齐全。

民事起诉状

原告法定代表人：林××

被告：××科技股份有限公司

法定代表人：刘××

一、诉讼请求

1. 判令被告（向原告支付拖欠的货款总额）人民币 186 240 元及违约金（暂计至 2012 年 8 月 31 日）53 595.22 元；

2. 判令被告承担本案全部诉讼费用。

二、事实与理由

原告与被告于 2010 年 10 月 18 日签订《设备采购合同》，双方约定，被告向原告购买相关设备（具体见设备清单），合同总价款为人民币 465 600 元。被告采用分期付款的方式向原告支付货款，即本合同签署生效之日起 10 个工作日内支付合同总价款的 50%、设备全部到货验收并调试验收后十个工作日内支付合同总价款的 30%、所有设备拆卸完毕后五个工作日内支付合同价款的 20%。如延迟支付货款，被告应当依据合同约定承担违约责任。合同签订后，原告依约履行全部合同义务，被告在支付首期货款后即未再继续履行付款义务。原告曾多次向被告催讨货款均未果，后委托律师于 2012 年 6 月 6 日向被告出具律师函，要求被告于 2012 年 7 月 31 日履行全部付款义务。被告收到律师函后，于 2012 年 7 月 5 日方向原告付款 46 560 元，余款 186 240 元则仍未支付。鉴于被告收到律师函后履行了一定付款义务，原告遂于 2012 年 8 月 7 日再次向被告发出律师函，要求其于 2012 年 8 月 17 日前履行全部付款义务，但被告收到该律师函后未再支付任何款项。

根据我国《合同法》第十条、第四十四条及第六十条之规定，原被告之间成立买卖合同关系，该法律关系受相关法律规定保护，且双方权利义务明确，被告负有接收设备及向原告支付货款的义务，原告负有向被告交付符合双方约定标准的设备的义务和取得货款的权利。合同双方行使权利、履行义务均应当遵循诚实信用原则。但被告在收到原告提供的设备后，迟延履行其付款义务，在经原告多次催告后，仍拖欠原告货款 186 240 元，未见被告还款的诚意。根据我国《合同法》第一百零七条及第一百一十四条之规定，被告怠于履行支付货款义务的行为已构成违约，依法应当根据合同约定承担违约责任。

综上所述，被告的行为已构成违约，为体现我国法制的尊严，依法维护原告的合法权益不受侵犯，根据《中华人民共和国民事诉讼法》第一百零八条之规定，原告向贵院提起诉讼，请贵院查明本案事实，依法支持原告的诉讼请求。

具状人：上海××科技发展有限公司

2012 年 8 月　日

> **点评**：本起诉状的层次不够清楚，被告人违法行为造成的后果没有交代清楚，事实与理由部分过于简单，不能很好地被法院掌握；附件部分应该提供与本案有关的相关证据材料，如被告签收的送货单等；结尾部分没有写明向哪个法院起诉以及起诉状的具体时间；该起诉状原告的基本情况部分中由于原告系法人，应首先写明法人的名称和地址，被告住址亦需要填写在起诉状中。诉讼请求 1 中"判决被告（向原告支付拖欠的货款总额）"中应去掉括号。

应用文写作

温馨提示

写作起诉状 4 要点

1. 实事求是

人民法院审理案件的基本原则是"以事实为依据，以法律为准绳"，为此，起诉状的写作必须遵循真实与合法的原则，忠于事实的本来面目，陈述事实时客观、全面、实事求是，不能为求胜诉而歪曲事实。在提出诉讼理由及请求时，必须符合有关的法律规定。

2. 明确具体

诉讼请求是原告人请求法院解决经济纠纷所要达到的目的，应明确具体，逐项列出，以便法院做出裁决和依法执行。

3. 逻辑严密

起诉状是法院依法做出判决或调解的依据，所以必须层次清楚，逻辑严密，交代清楚纠纷的起因、后果和被告人违法行为造成的后果与应承担的责任，写作时要抓住关键、突出焦点，既方便法院抓住问题的实质，又能体现出自己的起诉和请求是合理合法的。

4. 语言得体

一方面遣词造句要准确，特别是一些法律术语的使用更要恰如其分；另一方面用语应简洁，用尽可能少的文字讲清事实、讲明道理。

任务演练

1. 根据下列材料，代替王××起草一份起诉状。

2006年2月，王××看见××房地产开发有限公司（地址：××市××路××小区2幢5单元202号；法定代表人：章××；电话：××××××）为开发商的"假日湾"售楼广告及宣传资料，在听取其售楼部人员宣讲介绍，并参考其售楼沙盘及户型结构模型后，王××精挑细选其"假日湾"一楼A1户型商品房一套，并于2006年3月20日与被告开发商××房地产开发有限公司签订"商品房购销合同"（合同编号：021）。所有宣传资料、户型结构模型及购房合同附件（该商品房屋分户平面图）均明确表明：原告所购房屋拥有"入户花园"结构。

2007年7月31日即商品房交付期限日，因工人讨薪罢工等因素致延期交房，期间王××发现一楼A1户型"入户花园"无采光设施及入户门前有通风口阻道，遂向售楼部人员反映、询问，答复曰：正式交房时自会整改。但等到正式交房时问题依旧。经王××等业主多次与售楼部交涉，方将入户门前阻道通风口予以改造，但"入户花园"采光问题始终得不到解决。至今王××等业主多人、多次与售楼部、开发商等多方交涉，要求被告开发商出面同广大业主协商解决"入户花园"采光问题，或更换采光结构防盗门，但开发商至今不面对业主，以他们已交某发展商建设等种种理由推卸责任。2007年12月，王××向云南省消费者协会投诉，因开发商不配合而未果，云南省消费者协会建议原告寻求法律途径解决。

王××认为：被告××房地产开发有限公司作为开发商，擅自改动"假日湾"商品房一楼 A1 户型结构，将售房时宣传的美好的"入户花园"及购房合同上标明的"入户花园"变成植物都不能成活的无窗无光黑屋一间，厨房窗户因此不能采光而成为摆设，让业主入户即"享受"储物间，严重侵害了原告业主的权益。被告在侵权发生后不积极主动地面对业主协商解决问题，而是寻找种种理由推卸责任，使王××如期迁住新居的愿望至今不得实现。

根据中华人民共和国民法通则第 106 条及第 111 条、中华人民共和国合同法第 107 条、中华人民共和国消费者权益保护法第 5 条、商品房销售管理办法第二十四条、商品房买卖合同司法解释第三条等相关法律法规，原告请求法院：判令被告××房地产开发有限公司履行合同复原房屋结构；判令被告按合同条款第九条"甲方逾期交房的违约责任"等赔偿违约金；判令被告承担本案诉讼费。

2. 根据下列材料，代替赵×起草一份起诉状。

2004 年 1 月六日放学后，赵×为等同学马×一起回家，在班上写作业，当时谢×同学在做值日，跟教数学的马老师说，有同学写作业不能做值日，马老师就让赵×帮值日生做值日。赵×去拿墩布时被做值日的谢×的墩布绊倒在地，将门牙当场摔掉，嘴和鼻子鲜血直流。当时同学们领着赵×去水房洗，另有同学告诉正在五班上课的班主任吕老师，吕老当时很生气，问赵×："你是值日生不？"赵×说："我们在班上做作业，马老师让我帮着做值日来着。"吕老师听了更加没好气，说："该！谁让你放学该回家不回家，这就相当于你过马路你不躲汽车还让汽车躲你？我回去接孩子了。"说完就走了。谢×和马×将赵×送回家。

赵×认为事故发生在校园里，在时间上，虽然是放学后，但是是在完成老师临时安排的值日任务时受伤的。因此认为可以适用《北京市中小学生人身伤害事故预防与处理条例》来确定被告的法律责任。该条例第十五条规定，事故发生后，学校应当及时救助受伤害学生，并告知学生父母或者其他监护人。第二十三条规定，事故发生后，学校对受伤害学生未采取救助措施，导致损害后果加重的，学校应当承担相应的责任。在赵×受伤后学校教师并没有采取任何救助措施，也没有及时告知赵×的父母，而是回家接自己的孩子。致使赵×延误了最佳的救治时间，2 个小时后，医院医生把两颗牙安在原处，但是并没有长好，经鉴定需要安假牙。因此根据上述事实，依据《北京市中小学生人身伤害事故预防与处理条例》的有关规定，学校没有履行救助和通知的义务，导致赵×损害加重，显然学校有过错，学校应承担相应的安假牙的大部分的后续治疗费用 1 万元。赵×和谢×做值日时发生这一伤害事故，谢×虽然没有过错，但是依据公平原则，应该对赵×的医药费给与一定的补偿，约 1000 元。

任务 2　答辩状

知识橱窗

原告对自己进行了起诉，作为被告，不能"坐以待毙"，应积极应对，针对原告起诉的事实和理由或上诉的请求和理由进行回答和辩解，以便争取主动，最终使法院做出有利于自己的裁决。所以，学习答辩状的写作方法十分重要。

一、答辩状的概念和作用

1. 答辩状的概念

答辩状是各类案件的被告一方或被上诉的一方，针对原告或上诉一方的指控，所进行的有理有据的答辩的书状。因此，答辩有两种，一是针对起诉状而提交的答辩状，一是针对上诉状而提交的答辩状。答辩是被告、被上诉人的诉讼权利。

2. 答辩状的作用

（1）体现诉讼当事人的权利和义务一律平等的原则。被告和被上诉人通过答辩状，可以针对原告或上诉人所提出的起诉或上诉事实、理由和根据以及请求事项，进行有的放矢的回答辩解，阐明自己的理由和要求，并提出事实和证据来证实自己的观点，以保护自身的合法权益。

（2）有利于人民法院在全面了解案情的基础上，判明是非，做出正确的判决。通过对诉状或上诉状、答辩状的全面了解，人民法院可以全面了解诉讼当事人的意见、要求，对如何进行调查、调解和审理，做出适当的考虑和安排，以保证合法、合理、合情，及时地处理好案件。

此外，根据具体案情，答辩人还可以通过答辩状对刑事诉讼的被告人和民事诉讼的原告提起反诉。

二、答辩状的特点和种类

1. 答辩状的特点

（1）作者的特定性。答辩状必须由民事、行政案件的被告、上诉案件的被上诉人、刑事案件的被告人提出。

（2）写作时间上的规定性。答辩状必须在法定期限内提出。

（3）内容上的针对性。答辩状必须针对起诉状和上诉状的内容进行答辩。

2. 答辩状的种类

答辩状分民事答辩状、行政答辩状和刑事答辩状三类。答辩状是与起诉状或上诉状相对应的一种诉讼文书。

三、答辩状的写作格式

答辩状一般由首部、正文、尾部三部分组成。

1. 首部

首部包括标题、答辩人基本情况两部分。

（1）标题。写明是民事答辩状、行政答辩状，还是刑事答辩状。

（2）答辩人基本情况。依次写明姓名、性别、年龄、民族、籍贯、职业、住址。若答辩人系法人或其他组织的写答辩人单位名称、所在地址、法人代表姓名、职务、电话等。

因为答辩状是就诉状的内容进行答辩，所以对方当事人的情况不用另写。

2. 正文

正文一般由案由、答辩内容、证人和证据三部分组成。

（1）案由主要写明对原告（或上诉人）为什么纠纷起诉（或上诉）进行答辩。如"因××（案由）一案，提出答辩如下："或者"因原告（或上诉人）×××（姓名）提起××（案由）诉讼一案，提出答辩如下："。

（2）答辩内容是答辩状的重点部分。通常应从下面两个方面入手：

第一，针对所写事实不实进行反驳。事实是判断是非的基础，人民法院审理案件必须以事实为依据。起诉状、上诉状叙述的事实可以分为三种情况：一是全部事实都是真实的；二是全部事实都是虚假的；三是部分事实真实、部分事实虚假。叙写答辩状应当分别针对上述三种情况，有所侧重地摘引对方的原话，然后据实答复，用事实进行反驳。

第二，针对适用法律不当进行反驳。无理的诉讼请求难免在说理过程中出现语言逻辑混乱、观点与材料相矛盾、违背人情常理等问题。答辩状只要能够准确地指出这些问题，就可以反驳对方的主张，使对方陷入被动。

叙写答辩状理由还可以针对原告的诉讼请求向人民法院提出请求，例如，要求人民法院驳回起诉，不予受理；要求人民法院否定原告请求事项的全部或一部分；提出反诉请求等。

（3）证人和证据讲清事实和理由后，当另起一段列清证人姓名和住址、其他证据名称和来源等。

3. 尾部

尾部写致送的人民法院名称、附件、答辩人签名、时间等。

四、答辩状写作的注意事项

1. 突出针对性，有问有答

答辩状是被告人或被上诉人为自己进行的辩护，要使辩护有效，就必须针对起诉状或上诉状中对方对自己的指控进行答复或辩驳，同时也举出证据，证明对方行为的不合理、不合法，从而证明自己行为的合法性。

2. 实事求是，客观全面

必须充分地尊重事实、实事求是，客观全面地反映纠纷的真实情况。

3. 尊重法律，有理有节

在阐明事实的基础上，被告人或被上诉人援引法律为自己进行辩护，对对方进行反驳，要充分尊重法律，有理有节，既不能为达自己的目的而歪曲法律，也不能言语过激、言过其实。

4. 抓住关键，灵活应付

答辩状必须抓住问题的关键或主要问题，摆事实、讲道理，有针对性地进行辩驳，不能面面俱到。

例文点评

答 辩 状

答辩人：江苏××公司

住所地：××市××区××路××弄××号××室。

法定代表人：范××，职务：董事长

答辩人因与金××（申请人）劳动合同纠纷案，作民事答辩如下：

一、答辩人江苏××公司与金××之间没有建立劳动合同法律关系，应依法驳回金××的仲裁请求。

1. 答辩人江苏××公司与金××之间没有签订《劳动合同》。

金××向仲裁庭提交了《劳动合同书》，根据我国《劳动合同法》第16条规定："劳动合同由用人单位与劳动者协商一致，并经用人单位与劳动者在劳动合同文本上签字或者盖章生效。"本案中，答辩人江苏××公司从未与金××协商一致，更没有签订劳动合同，申请人提交的《劳动合同书》上没有答辩人江苏××公司盖章，因此，答辩人江苏××公司与金××之间没有建立劳动合同法律关系，金××申请劳动争议仲裁没有事实依据。

2. 答辩人江苏××公司财务部负责人李××在《劳动合同书》上签字没有得到答辩人江苏××公司授权，也没有获得答辩人江苏××公司追认，李××无权对外招聘人员，其行为不能代表答辩人江苏××公司，其与金××签订《劳动合同书》的个人行为与答辩人江苏××公司无关，答辩人江苏××公司不应对李××的个人行为承担任何法律责任。

3. 金××没有为答辩人江苏××公司提供过工作成果或服务，双方之间不存在事实劳动关系。

综上所述，答辩人江苏××公司与金××之间未建立劳动合同法律关系，金××申请劳动争议仲裁没有事实和法律依据。为了维护答辩人江苏××公司的合法权益，请求仲裁庭依法驳回金××的仲裁请求。

此致

××区劳动争议仲裁委员会

答辩人（盖章）：江苏××公司

二〇一〇年二月二十四日

> **点评：** 这份答辩状对金××与江苏××公司劳动纠纷一案进行了答辩，在叙述事实的同时，提出了自己的意见："答辩人江苏××公司与金××之间没有建立劳动合同法律关系""金××没有为答辩人江苏××公司提供过工作成果或服务，双方之间不存在事实劳动关系"，并指出了具体理由。

经济纠纷答辩状

答辩人：C灯饰有限公司，地址：××市人民路48号，邮政编码：××××××

法定代表人：李××，经理

委托代理人：张××，××律师事务所律师

答辩人因A灯饰制造厂（下简称A厂）诉B灯饰有限公司（下简称B公司）还款一

案,现提出答辩如下：

A厂与B公司曾签订3万元灯饰的购销合同,由答辩人对有关的款项进行担保,答辩人也在合同上确认了这一点。但是,这种担保只是一般担保,而不是连带担保,按照我国《担保法》的规定,被告B公司是有还款能力的,不应由答辩人承担担保责任。而且原、被告曾就还款事项修改过合同内容,又没有通知答辩人,因此答辩人不应承担担保责任。请法院考虑上述原因,作出公正的判决。

此致

××区人民法院

答辩人：C灯饰有限公司
法定代表人：李××
××××年×月×日

点评：该答辩状在写作上存在以下问题：首先，标题"经济纠纷答辩状"中的经济纠纷可以去掉，直接用答辩状简单明确。其次，应注明A厂和B公司的原被告身份，并明确答辩人的被告身份，还款一案非法律术语，应该为合同纠纷一案。答辩理由中应明确答辩人在购销合同中保证人处盖章和在购销合同中担保责任的性质为一般保证还是连带保证以及保证范围、保证的期限等信息，一般在购销合同中会明确约定。答辩状应抓住关键问题即答辩人是否列为被告，是否应承担担保责任有针对性的辩驳。

温馨提示

写作答辩状的关键点

（1）据理反驳。在进行反驳时，要有理有据，在表明事实的基础上进行反驳。

（2）抓准关键。对于一些复杂的案件，在答辩时要分清主次，能够抓住问题的关键，不要"眉毛胡子一把抓"。

（3）语言可较为尖锐犀利。由于需维护自身利益和权利，因而可以据理力争，明确表明自己的态度，给对方以直接的反击。

（4）注意答辩时限。我国民事诉讼法规定，被告在收到起诉状副本10天内提交答辩状；被上诉人在收到上诉状副本15日内提交答辩状。

任务演练

1. 针对任务1中规范的起诉状，虚拟起草一份答辩状。

2. 根据下列材料，代替××学校撰写答辩状。

2009年五四青年节这天，××学校下午放假半天，该校会计专业一年级学生王林和5个同学外出郊游，不幸在市郊的沙河游泳时溺水身亡。

王林的家长认为学校应承担责任，赔偿王家各项费用26万元。一审法院支持了王林家人的诉讼请求。但是校方认为王林是在学校放假期间出事的，并且沙河一直禁泳。因而学校不应承担责任。

应用文写作

任务 3 上诉状

知识橱窗

一审法院做出的裁决不利于自己或没有达到自己的要求,就要在法定期限内向上一级法院上诉,要求重审改判。在这一过程中,要向上一级法院递交上诉状,说明理由,提出请求。这对于维护自身利益非常重要。因而,在学习过程中,既要掌握理论知识,还要能够根据实际情况,起草上诉状。

一、上诉状的概念和作用

1. 上诉状的概念

上诉状是各类案件的当事人或者他们的法定代理人,不服一审法院的裁决,在法定的上诉期内,向原审法院的上一级法院提出要求重审改判案件的书状。

2. 上诉状的作用

上诉是法律赋予诉讼当事人的一项诉讼权利。我国刑事、民事和行政三大诉讼法的有关条款对当事人的上诉权都作了明确规定。上诉对维护当事人的合法权益和完善司法制度具有重要意义:一方面,如果上诉符合事实,理由充分,经二审法院审理后,做出正确裁决,可避免错案的发生;另一方面,如果原审裁决正确,经终审裁决后,就可以使正确的裁决得以维持,保证法律的正确实施。

二、上诉状的特点和种类

1. 上诉状的特点

(1) 民事、行政上诉状的主要特点。
① 必须是民事、行政诉讼当事人及其法定代理人提起,别人无权提起。
② 必须是对地方各级人民法院第一审裁判不服才提起。
③ 必须依照法定程序和期限,向做出第一审裁判文书的上一级人民法院提起上诉。

(2) 刑事上诉状的主要特点。
① 上诉必须由刑事诉讼当事人及其法定代理人提起。
② 必须是对地方各级人民法院(而不能对最高人民法院)的第一审(而不能对第二审,第二审裁判是终审裁判)裁定或判决不服才提起。
③ 必须是按照法定程序和期限提起,即在法定的期限内,向做出第一审裁判的上一级法院提起,不能超期,也不能越级。

2. 上诉状的种类

上诉状可分为刑事上诉状、民事上诉状、行政上诉状三类。
民事上诉状、行政上诉状是民事、行政诉讼当事人及其法定代理人不服一审法院第一审民事、行政判决或裁定,依照法定程序和期限,向上一级人民法院提起上诉,请求撤销或变更原审裁判而提出的书状。

刑事上诉状是刑事诉讼当事人及其法定代理人,不服一审法院的第一审刑事判决或裁定,依照法定程序和期限,向上一级人民法院提起上诉,请求撤销或变更原审裁判而提出的书状。

三、上诉状的基本格式

根据最高人民法院制定的《法院诉讼文书样式》中对上诉状所规定的格式,上诉状包括三部分:首部、正文、尾部。

1. 首部

首先,要写明民事、行政上诉状或刑事上诉状的标题,如"民事上诉状"。下面写明上诉人和被上诉人的身份情况,并在上诉人和被上诉人后面用括号注明他们各自在原审中的诉讼称谓(原审原告、原审被告)。然后,依次写明性别、年龄、民族、籍贯、职业和住址。职业一项要求写明具体的工作单位和所任职务。

2. 正文

(1)案由。正文由一段程式化的语言引出,即案由,包括原审人民法院名称、处理的时间、文书名称、案号以及上诉的意见表述。例如,上诉人因××一案,不服××人民法院×年×月×日××字×号的民(或刑)事判决(或裁定),现提出上诉。

(2)上诉请求。首先,要综合叙述案情全貌,接着写明原审裁判结果。其次,指明对原判全部或哪一部分不服。最后,写明具体诉讼请求,是要撤销原判、全部改变原判,还是部分变更原判。

(3)上诉理由。上诉理由主要是针对原审裁判而言,而不是针对对方当事人。针对原审判决、裁定论证不服的理由,主要有以下几方面:

① 认定事实不清,主要证据不足。
② 原审确定性质不当。
③ 适用实体法不当。
④ 违反了法定程序。

3. 尾部

尾部,写明致送的法院、上诉人具名、年月日、附件等项。

四、上诉状的写作注意事项

1. 针锋相对,有的放矢

写上诉状时应针对原审裁定的不当,提出自己的理由和诉讼请求。把原审判决内容中不当之处引下来,依据事实和法律提出自己的意见,抓住关键问题,逐层辩驳,所提观点应足以影响二审法院对案件的处理。

2. 摆事实、讲道理、以理服人

辩驳原审判决的错误,一定要有事有证,摆事实、讲道理、以理服人,切不可强词夺理、无理狡辩。做到观点和材料的统一,并依据法律条文来阐明自己的观点和主张。

3. 条理清楚，逻辑性强

上诉状写作时要注意条理清楚，由什么原因，推导出什么结果，逻辑严密，具有说服力。上诉状的语言表达也应简洁、流畅、准确，案由、请求、理由交代得清楚。

例文点评

民事上诉状

上诉人（原审被告）：张××，女，××年××月××日生，汉族，住北京市××区××路××号。

被上诉人（原审原告）：李××，女，××年××月××日生，汉族，住北京市××区××路××号。

上诉人因房屋买卖合同纠纷一案，不服北京市××区人民法院（2012）顺民一（民）初字第7480号《民事判决书》，现依法提起上诉，请求依法改判。

上诉请求：

1. 请求依法撤销北京市××区人民法院（2012）顺民一（民）初字第7480号《民事判决书》第（一）项并依法改判。

2. 请求一、二审案件诉讼费用全部由被上诉人承担。

事实及理由：

一审法院认定上诉人与被上诉人之间签订《北京市房地产买卖合同》，由于上诉人未能提供充分证据证明其在签署房屋买卖合同、房屋变更登记后向被上诉人支付合同约定价款人民币45万元，故判令上诉人张××向被上诉人李××支付房款45万元。

但本案中，上诉人与被上诉人之间的房屋变更，名为"房屋买卖"，实为"房屋赠与"，双方在变更时真实意思表示为房屋赠与，被上诉人与上诉人协商一致：上诉人将房屋无偿过户给上诉人，且上诉人无需向被上诉人支付45万元房款。

2003年4月，被上诉人书面承诺将××路××弄××号××室（以下简称"涉讼房产"）归上诉人张××所有；2006年3月及2007年5月，被上诉人再次书面表示将涉讼房产赠与上诉人所有。据此，被上诉人自2003年至2007年间曾多次书面表示将涉讼房产赠与上诉人。2008年11月，被上诉人为避免子女间因房产继承发生纠纷，故趁其头脑清醒时至北京市××公证处办理相关遗嘱公证，明确涉讼房产由上诉人一人继承，他人不得干涉。

后被上诉人要求提前履行遗嘱承诺，在其向房地产交易中心咨询后得知，遗嘱继承的房产在进行交易时需缴纳高达20%的税收。故上诉人与被上诉人选择通过房屋买卖的变通方式来实现房屋赠与的目的。

据此，本案中，虽然上诉人与被上诉人签署了《北京市房地产买卖合同》，按照房屋买卖的方式办理了房屋变更登记，但被上诉人实质上是通过买卖的变通方式将涉讼房屋赠与上诉人，两者之间实质是赠与的法律关系，上诉人无偿取得涉讼房产，无需向被上诉人支付购房款。一审法院仅凭上诉人与被上诉人曾签订买卖合同，即判令上诉人向被上诉人支付45万元购房款，系认定事实不清，证据不足，定性错误。

被上诉人系出于赠与的意思本意，通过买卖合同的变通方式将涉讼房产赠与上诉人。据此，本案应适用我国《民法通则》及我国《合同法》中有关赠与的具体法律规定。且被上诉人已于2010年6月将涉讼房产变更于上诉人名下，根据《最高人民法院关于贯彻执行〈中华人民共和国民法通则〉若干问题的意见（试行）》第128条规定，上诉人与被上诉人之间赠与关系成立，上诉人基于赠与关系，通过房屋买卖合同的变通方式无偿取得涉讼房产产权。一审法院仅凭上诉人与被上诉人之间曾签订买卖合同，即适用《中华人民共和国合同法》第60条，判令上诉人向被上诉人支付房款45万元，系适用法律错误。

综上所述，上诉人与被上诉人系母女关系。被上诉人多次表示将涉讼房产赠与上诉人，并于2010年通过买卖合同的变通方式将涉讼房产赠与上诉人。上诉人无偿取得涉讼房产，无需向被上诉人支付房款。原审法院以双方签订《北京市房地产买卖合同》为由，判令上诉人向被上诉人支付购房款，系认定事实不清、证据不足、适用法律错误。根据《中华人民共和国民事诉讼法》第164条规定，上诉人向贵院提起上诉，请求贵院依据《中华人民共和国民事诉讼法》170条第（二）、（三）项之规定，依法改判，支持上诉人的上诉请求。

此致

北京市××中级人民法院

上诉人：张××
2012年8月　日

点评：这份上诉状把上诉的理由和请求事项合写在一起。首先分析指出原判认定的事实和理由是不正确的，并结合具体事实进行了详细分析，从而得出结论："原审不查双方在房屋变更时真实意思表示为房屋赠予，得出了错误的判断。"在此基础上，水到渠成地提出上诉请求："请撤销原判并依法改判。"

刑事上诉状

上诉人：叶某某，男，××年××月××日，汉族。

上诉理由和上诉请求：

上诉人认为其不服原审判决特提出上诉，具体上诉理由如下：

2013年1月至2014年02月，上诉人叶某某在担任××公司会计期间，全面负责公司财务工作，以差旅费等名义开具支票至某某银行支行提取公司资金，共计人民币126.4万元，后采用制作虚假银行对账单、销毁支票凭证等手段予以平账，上述钱款被叶某某支付公司其他费用支出等，上诉人叶某某认为他本人身为公司工作人员，管理公司资金属于工作职责分内之事，他没有利用职务便利，将本单位财物非法占为己有，他本人的行为属于合法行为，而不属于职务侵占罪。他本人不服原审判决，特此提出上诉。

此致

××人民法院

上诉人：叶某某
2015年××月××日

应用文写作

点评： 此份上诉状的首部没有写明被上诉人的身份情况，也没有标注上诉人在原审案件中的身份；正文部分没有写明案由，应注明原审人民法院的名称、处理时间、文书名称、案号和上诉的意见表述；上诉的请求不够明确，只含糊地说不服原判，没有提出自己的具体请求，没有陈述案由：不服原审法院做出的具体哪个判决书；应将上诉人对原审判决不当的地方引用出来，针对每个不当之处，依据法律和事实逐一提出自己的理由和主张。上诉的理由表达不清楚，说服力不够，主要应针对原审判决存在"认定事实不清，主要证据不足和适用法律错误"，针对性地提出叶某某本人不具有非法占有公司财物的主观故意，没有其他证据加以证明的情况下，不能认定叶某某构成职务侵占罪的案件事实的。最后没有写明具体诉讼请求，是要撤销原判、全部改变原判还是部分变更原判，具体诉讼请求不明确。附件中应附上相关证据材料。

温馨提示

上诉权利

1. 上诉只能采用书面形式。如果当事人仅在一审判决、裁定送达时口头表示上诉而未在法定期间内递交上诉状，则视为未提出上诉。法定期限一般会在一审判决书、裁定书中明确说明。法定期限的起算时间是自当事人收到判决、裁定之日的第二天起算，不同的当事人收到判决、裁定时间不同的，每个当事人的上诉期限自当事人各自收到判决书、裁定之日的第二天起算。如果超过法定期限的，提出上诉不具有法律效力，一审判决、裁定即告生效。

2. 上诉是当事人享有的诉讼权，一审原、被告及被判决承担责任的第三人均有权上诉。一审原、被告及被判决承担责任的第三人任何一方均有权提出上诉，如几方同时提出上诉，均列为上诉人。

3. 上诉的管辖法院系一审法院的上一级人民法院。

4. 上诉人既可以直接向第二审人民法院提出上诉，也可以通过原审人民法院提出上诉。如通过原审人民法院提出上诉的，上诉状以及相关证据材料通常应递交给原审法院，原审法院收到上诉材料后会在法定期限内递交上一级人民法院。

任务演练

1. 下面是一份刑事上诉状的写作格式，请参照这一格式，虚拟起草一份上诉状。

上诉状

上诉人：_____

（姓名、性别、出生年月、民族、文化程度、工作单位、职业、住址等基本情况。上诉人如为单位，应写明单位名称、法定代表人姓名及职务、单位地址）

被上诉人：_____

（姓名、性别、出生年月、民族、文化程度、工作单位、职业、住址等基本情况。被上诉人如为单位，应写明单位名称、法定代表人姓名及职务、单位地址）

上诉人因××××（写明案由，即纠纷的性质）一案不服××人民法院（写明一审法院名称）××第××号××判决，现提出上诉，上诉请求及理由如下：

请求事项：_____

（写明提出上诉所要达到的目的）

事实和理由：_____

（写明上诉的事实依据和法律依据，应针对一审判决认定事实、适用法律或审判程序上存在的问题和错误陈述理由）

此致

××人民法院

上诉人：（签名或盖章）
××××年×月××日

附：本上诉状副本×份（按被上诉人人数确定份数）。

2. 联系当地一家律师事务所，举行一次诉讼文书写作经验交流会，向律师们请教各种诉讼文书的写作方法。

3. 某大学王××同学在骑车外出过程中，遇到一个老太太（张××，现年70岁，家住本市长安路2号）摔倒在地，因骨折无法站里行走，便主动上前搀扶，并把她送到了医院。但是老太太说是王××把她撞倒在地，要求王××承担医疗费等费用。

针对以上案情，在班级组织一次虚拟法庭，把同学们分成原告、被告、一审法院和二审法院四组，进行案件应对和审理。由相应的小组完成相关的诉讼文书。

任务 4 授权委托书

知识橱窗

在当事人不能或不便处理一些事务时，常常委托其他人代为办理。为了避免今后产生不必要的麻烦，相互之间常常签订授权委托书，约定有关内容。在生活、工作中，大到处理法律纠纷，小到请别人代领重要物品，都需要事先签订委托书。因而，掌握授权委托书的写作要领十分必要。

一、授权委托书的概念和作用

1. 授权委托书的概念

授权委托书是指当事人为把代理权授予委托代理人而制作的一种法律文书。它是委托人实施授权行为的标志，是产生代理权的直接根据。

2. 授权委托书的作用

授权委托书就是书面形式的委托，公司、企业需要行使一定行为时，可以委托他人代为行使。只有在授权委托范围内，代理人才能行使权利，否则就是越权，要承担法律责任。在做业务时，对于不是当事人的代理人，都应要求其提供授权委托书，并仔细查看所提供的授权委托书，这样工作上才不至于出现不可避免的差错。因此，授权委托书有利于业务的更好完成。

二、授权委托书的特点和种类

1. 授权委托书的特点

授权委托书是根据被代理人的授权而成立的文书。被代理人授予的权限有多大，委托代理人就行使多大权限。委托人委托的权限，应当依法进行，不得违反法律、法规的规定。必须出于被代理人的自愿，代理人不得强行要求代理。委托人委托的代理权限应具体明确，不能笼统含糊。

被代理人授权代理之后，应给予代理人授权委托书，作为代理的凭据。

2. 授权委托书的种类

授权委托书分为两种：一种是民事代理授权委托书；另一种是诉讼代理授权委托书。

三、授权委托书的基本格式

授权委托书一般包括首部、正文、尾部三部分。

1. 首部

注明文书名称、委托人、受委托人的基本情况。委托人是公民的，应写明其身份等自然情况；委托人是法人或是其他组织的，应写明其全称、地址及法定代表人的姓名、职务。受委托人应写明其姓名、年龄、所在律师事务所名称。

2. 正文

（1）委托事项。委托的事项一定要写得明确、具体。应当注意的是，在民事代理中，代理人受托的事项必须是具有法律意义的，能够产生一定法律后果的民事行为。我国《民法通则》第63条第3款明确规定："依照法律规定或者按照双方当事人约定，应当由本人实施的民事法律行为，不得代理。"如具有人身性质的遗嘱、收养子女、婚姻登记等法律行为。

（2）授权范围。委托的权限范围，是代理人实施代理行为有效的依据，律师代书时一定要写明确。在民事代理中，委托人授予代理人代理权的范围有三种情况：

① 一次委托，即代理人只能就受托的某一项事务办理民事法律行为；

② 特别委托，即代理人受托在一定时期内连续反复办理同一类性质的民事法律行为；

③ 总委托，即代理人受托在一定时期内办理有关某类事务或某一种标的物的民事法律行为。

在民事诉讼代理中，委托代理权分为两种：

① 一般委托，即委托代理人只能代当事人的一般诉讼行为，如提出证据、进行辩论、申请财产保全等；

② 特别委托，即委托代理人受托进行某些重大诉讼行为，如有权代理当事人承认、

变更、放弃诉讼请求；有权提起上诉或反诉；有权与对方当事人和解等。

应注意的是，我国《民事诉讼法》第62条针对婚姻案件的特殊性质，对当事人委托代理人时授予的代理权限作了限制性的规定，即"离婚案件有诉讼代理人的，本人除不能表达意志的以外，仍应出庭；确因特殊情况无法出庭的，必须向人民法院提交书面意见。"

3. 尾部

（1）委托人签名或盖章。

（2）委托日期。

四、授权委托书的写作注意事项

（1）授权委托方法有三种：明示授权、默示授权和追认。

（2）委托的期限一定要写明起与止的时间，不明起止的时间，容易引起争议。

（3）特别授权委托书如果是公民之间的，应当办理公证，以确保委托行为的真实性、合法性。

例文点评

授权委托书

委托人：××市××经济贸易公司

地址：××市××区太古路19号

法定代表人：彭××，职务：经理

受委托人：马××，××律师事务所律师

电话：××××××

现委托上述受委托人在我方与××市××运输公司因运输合同纠纷一案中，作为我方一般授权诉讼代理人。

代理人马××的代理权限为：

代为调查、取证、答辩、出庭应诉。

委托人：××市××经济贸易公司
（盖章）
××××年×月×日

点评：这是一份单位授权委托书。首部要件齐全，在正文中明确了委托事项，点明了授权范围，操作性强。

授权委托书

委托人：王××，男，汉族，1957年3月17日出生，××省××市人，××市××公司职工，住××市××路××号

代理人：刘××，××市××律师事务所律师

委托事项：在我与张××遗产纠纷一案中，委托受托人作为我的诉讼代理人。

应用文写作

委托权限：起诉、出庭、承认、变更、放弃诉讼请求，参加调解，进行和解。
委托期限：至本案审理终结时止。

委托人：王××
二〇〇一年六月八日

> **点评**：这是一份个人授权委托书，委托律师刘××在自己与张××遗产纠纷中，处理起诉、出庭、承认、变更、放弃诉讼请求，参加调解，进行和解等事务。虽然简短，但要素齐全，具有现实意义。

授权委托书

委托单位：××公司
受委托人：姓名：李××，工作单位：××律师事务所
　　　　　姓名：刘××，工作单位：××律师事务所

现委托上列受委托人在我公司与××公司因产品质量纠纷一案中，作为我方诉讼代理人。

代理人李××的代理权限为：

代为一审诉讼；代为二审诉讼；代为申请执行；代为申请再审；代为进行仲裁；代为接收法律文书；代为提起上诉；代为反诉。

委托单位：××公司（盖章）
二〇〇九年十月二十日

> **点评**：这份委托书的首部委托方是单位，应该注明单位的地址、法定代表人及其职务等基本情况；受委托人应明确受托人是一般授权还是特别授权，受委托人是两名律师，应注明律师身份，但在代理权限上，只规定了一名律师的代理权限，而没有涉及另外一名律师的代理权限；没有规定受委托人代理的起止时间；委托事项不清楚，不明确，不具体，委托受托人作为诉讼代理人的案件要具体一审或二审或执行等，从而对应在代理权限中相对应写明具体代理权限。代理权限中具体权限未和委托事项以及委托范围相对应，存在不一致的地方，写法太笼统，不具体，通常应表述为代为提起诉讼、代为承认、变更、放弃诉讼请求；有权提起上诉或反诉；代为调查和收集证据，代为签署相关法律文书，代为调解，代为和解等。最后应由委托单位加盖公章后，添加受委托人也签字确认。

温馨提示

写作授权委托书的特殊要求

1. 委托书内容要填写清楚、真实，涂改无效。
2. 委托书不得转让、买卖。

218

任务演练

1. 根据下列材料，起草一份授权委托书。

张××因与黄××债务纠纷，委托近亲属（胞兄）张海（化名）担任本案第一审的诉讼代理。双方商定的代理权限为：委托人在本案诉讼中的一切法定权利均由代理人行使，代理人要认真保护委托人的合法权益，按时出席法庭参加诉讼活动；在本案被告人愿意偿还债务的情况下，如债款的偿还时间在三个月以内时，代理人有权决定和解；如被告在两周以内偿还债款，代理人有权决定撤回诉讼；如被告不能全部用现金清偿，代理人有权决定用某些实物折抵；如被告清偿确有困难时，代理人可以决定放弃一部分诉讼请求。本授权委托书的有效期限，自签订之日起至本案一审终结止。

2. 分析指出下面这则授权委托书的不足之处，并改正。

个人委托书

委托人：章军　　性别：男　　身份证号：××××××××
受委托人：李云　　性别：女　　身份证号：××××××××

本人工作繁忙，不能亲自办理×××的相关手续，特委托李云作为我的合法代理人，全权代表我办理相关事项，对委托人在办理上述事项过程中所签署的有关文件，我均予以认可。

委托人：章军
2009年3月6日

拓展阅读

起诉状的写作技巧

起诉状是重要的诉讼文书，在民事诉讼中具有重要作用，是原告提起诉讼的根据，原告为争取人民法院受理本案并在诉讼中胜诉，应当认真书写起诉状。法律对起诉状的内容进行一定的规范是必要的，这既有利于原告写清楚事实根据与诉讼理由，也有利于送达被告，使其知晓诉讼事由，并行使诉讼权利，同时，也有利于人民法院审查工作的顺利进行，方便审判工作的正式展开。依据我国《民事诉讼法》规定，起诉应当由原告向有管辖权的人民法院递交起诉状，并按照被告人数提出副本。原告书写起诉状确有困难的，可以口头起诉，由人民法院记入笔录，并告知对方当事人。起诉状应当记明下列事项：

（一）原告的姓名、性别、年龄、民族、职业、工作单位、住所、联系方式，法人或者其他组织的名称、住所和法定代表人或者主要负责人的姓名、职务、联系方式；

（二）被告的姓名、性别、工作单位、住所等信息，法人或者其他组织的名称、住所等信息；

（三）诉讼请求和所根据的事实与理由；

（四）证据和证据来源，证人姓名和住所。

应用文写作

　　尤为重要的是，关于原告应记明事项，除了"姓名、性别、年龄、民族、职业、工作单位和住所"外，"联系方式"也必须明确列明。一方面是由于随着经济社会的发展，固定电话、移动电话、电子邮件等新型的联系方式已逐渐普及，便于及时联系原告。另一方面，要求原告记明"联系方式"，也为诉讼过程中的送达提供了便利条件。人民法院应当保障当事人依照法律规定享有的起诉权利。对符合我国《民事诉讼法》第一百一十九条的起诉，必须受理。符合起诉条件的，人民法院应当在七日内立案，并通知当事人；不符合起诉条件的，人民法院应当在七日内做出裁定书，不予受理；原告对裁定不服的，可以提起上诉。原告需要准备上诉状，并将上诉状提交人民法院。原告起诉时已委托他人代为诉讼的，应当将授权委托书随起诉状一并递交。

项目十一　礼仪文书写作

项目情境

中国是礼仪之邦，礼仪文书源远流长。当今社会已经进入到了一个全面公共关系的时代，人际交往日益频繁，祝贺、迎送、答谢等社交活动越来越多。在重要的社交活动中，需要事先准备相应的写作文案。学会写作礼仪文书，是当代大学生适应职业需要、参与现代社会生活的基本技能。

任务描述

礼仪活动涉及的应用文书主要有四类：祝贺词、迎送词、答谢词和开闭幕词。要写好这些礼仪文书，必须系统地掌握礼仪文书的文种常识和写作技巧。

任务1　祝贺词

知识橱窗

无论集体或个人，有可喜可贺之事，都要举行一个庆典或庆祝仪式，同时期望他人前来祝贺；宾朋也愿意在这喜庆的场合发表热情洋溢的讲话，向主人表示祝贺，与主人分享喜悦。通过此活动，可以加深宾主友谊，融洽合作关系。

一、祝贺词的概念和作用

1. 祝贺词的概念

（1）祝词是指在会议、庆典、宴请等正式场合对特定对象表示良好祝愿的礼仪性致词。

（2）贺词是指向取得成绩、做出贡献或有喜庆事宜的一方表示祝贺和赞颂的礼仪性致辞。

2. 祝贺词的作用

（1）祝词一般用于对方的事业、工作或事情刚刚开始或正在进行之际，向对方表示一种美好的祝愿和希望。

（2）贺词一般用于对方的事业、工作或事情取得了成功之后，向对方表示祝贺和赞颂。

二、祝贺词的特点和种类

1. 祝贺词的特点

（1）开门见山，直奔主题。向谁祝贺，祝贺什么，一开始就要点明。

（2）表述直白，言简意浓。不要含蓄隐晦，而要直抒胸臆。篇幅宜短小精悍，一般在 800 字左右（致辞时间 3 分钟以内为宜）；特别是祝酒词、贺电之类，更忌讳长篇大论。

（3）符合致辞者身份。要站在致辞者的角度表情达意，既不能背离身份，也不能越俎代庖。

（4）语言华美，感情真挚。表述上的直白通俗，并不等于枯燥乏味，祝贺词语言应该用词考究，富有美感和激情，让人听着顺心顺耳，给人一种美的享受。

2. 祝贺词的种类

根据不同的祝贺对象，祝贺词大体上分为三类：

（1）事业祝贺词。多用于祝贺会议开幕、公司开业、工程竣工、新年伊始、社团机构成立、重要活动启动、纪念日庆典等。

（2）寿诞祝贺词。祝贺的对象主要是老年人。祝贺的主要内容，一是祝愿某人幸福、健康、长寿；二是赞颂其品性功德。

（3）祝酒词。在现代社会，祝酒已发展成为一种招待宾客的礼仪。客人初到，设宴洗尘，宴会伊始，主人和客人都要致祝酒词。酒并不是祝的对象，而是人们交往中的一种媒介，一种祝愿形式。

三、祝贺词的基本格式

祝贺词的写作格式通常是由标题、称呼、正文和落款四个部分组成。

1. 标题

标题首行居中书写，标题的拟定有四种方式：

（1）标题是由致词者、致词场合和文种名称共同构成的，如《×××在 2003 年中国国际啤酒节招待会上的祝酒词》。

（2）标题是由致词对象和致词内容共同构成的，如《在××先生和××女士婚礼上的祝词》。

（3）直接用"祝词"或"贺词"作标题。

（4）重要的祝贺词标题也可以由正标题和副标题共同构成，如《弘扬奥林匹克精神 共创世界美好未来——在北京奥运会欢迎宴会上的祝酒词》。

2. 称呼

在标题的下一行顶格写明被祝贺对象的名称，名称要符合礼仪性称呼的要求，如"女士们、先生们"或"各位来宾、朋友"等。

3. 正文

概括对方的成绩和贡献，表示祝贺，可分为若干段落，概述对方取得的成绩并简单分析主观和客观因素，表示热情鼓励、殷切期望等，具体可按以下思路写。

项目十一　　　　　　　　　　　　　　　　　　　　　　　礼仪文书写作

（1）前言。一般表示自己代表某人或某组织对受辞方的祝福、贺喜等，常用"值此……之际，谨代表……向……表示热烈祝贺"等。

（2）主体。根据不同对象和不同的需要安排主体内容，如果是祝贺对方取得突出成就，就要充分肯定和赞扬对方取得的成就和意义，并简要分析对方取得成绩的主、客观原因；如果是祝贺会议的召开，就要侧重说明会议召开的意义和影响；如果是贺寿词，就要概括说明对方的贡献和品德，表示热烈祝贺等；如果是祝贺对方担任新职务，就要祝贺对方荣升新职，祝愿对方在新的岗位上取得新成绩。

（3）结语。有时要展望美好前景，有时要再次表示良好的祝愿，有时要表示答谢等。

4. 落款

在正文右下角署上致词人姓名或致词单位名称，在署名下一行相应位置写成文日期，署名与成文日期要居中对齐。如果祝贺词要在报刊上发表，则将落款写在标题的下面。

四、祝贺词写作的注意事项

1. 表达要有针对性，感情要热烈

祝贺词的语言要充满热情，给人以喜悦、鼓励、希望、褒扬，以使对方感到温暖和愉快。不使用辩论性的词语，以免使对方感到不悦。

2. 掌握分寸

颂扬要做到实事求是，恰到好处，不宜过分赞美，以免给人以虚假的感觉。

3. 称呼要礼貌、妥帖、准确

祝贺词的称呼要根据对象的不同，做到既要尊重对方，有礼貌，又要把握分寸。

例文点评

虎年单位聚餐祝贺词

各位同事：

大家中午好！

光阴荏苒，斗转星移。满载着成功、喜悦和艰辛的牛年即将过去，充满着机遇、希望和力量的虎年悄然来临。今天，我们欢聚于此，庆祝即将到来的虎年新春佳节！

岁月不居，天道酬勤。在过去的一年里，我校人齐心协力、奋发图强、众志成城、锐意进取。生活中幸福安康，其乐融融；工作上兢兢业业，任劳任怨。我们用朴实的汗水，换来了丰硕的收获！

展望即将迎来的一年，我们满怀憧憬、激情澎湃，润泽桃李，一片丹心，无怨无悔；教育创新我们锲而不舍，敢为人先。宏伟壮观的传道事业期待着我们去挥洒智慧和才能。让我们满怀信心，开足马力，奔向更加辉煌的2016年！

同志们：

风雨感时，犹恋千般情结；

岁月作证，当歌百味人生。

新的一年，

223

应用文写作

让我们互勉一句：生命不息，奋斗不止！
让我们互祝一声：阖家欢乐，万事如意！
工作再接再厉，再创佳绩；
身心长健长怡，祥和长在；
生活有滋有味，共享天伦！

×××
××××年×月×日

点评：这篇祝酒词在内容上首先充分肯定了过去一年取得的工作成绩，然后满怀激情地展望了即将到来的新的一年，全文感情充沛、热情洋溢，具有极强的感染力。尤其是后半部分以诗歌的形式表达美好的祝愿，使人感到热血沸腾。

贺　　词

香港国际武术节组委会暨参加武术节的武术界同仁：

大家好！

值此"感恩杯"第十届香港国际武术节开幕暨香港国际武术节十年庆典的大喜时刻，作为一个武术习练者，我谨献上最诚挚的祝福：祝"感恩杯"第十届香港国际武术节圆满成功！祝武术界同仁龙年快乐，万事如意，吉祥平安！

香港既是我演艺事业起飞的地方，也是让我武术不断完善、成熟的地方。在这里，我结识了很多专业的武术大家，也与很多横跨武术与演艺的武行兄弟一起合作，拍出了为数众多的经典功夫影视作品，更认识了很多热衷武术运动的普通市民。我深知香港国际武术节的重要性及它对香港乃至全球武术运动的深刻意义。从第一届开始，在过去的九届中，我有幸参加了其中五届，即便有几年未能亲临现场，但我也十分关心和关注武术节。

我相信：在不久的将来，香港国际武术节将成为武术大家庭团圆和睦的象征，香港也可以像少林、武当那样，成为一个国际武术交流的新圣地。

祝愿"感恩杯"第十届香港国际武术节取得圆满成功！
祝愿各位武术同仁身体健康，万事吉祥，在武术节上取得新成绩！
祝愿武术的春天更璀璨，更美好！

赵文卓
2012年2月22日

点评：这篇贺词格式规范，结构完整，条理分明，主题明确，感情真挚，表述直白，言简意赅，语言谦逊有礼，措辞讲究分寸，恰到好处，首尾照应，不失为一篇出色的贺词。

祝　贺　词

刘华，你好！

惊悉你考上大学，非常高兴，谨向你致以衷心祝贺！

说来惭愧，咱们同学五年，独我落选。不过，鄙人这次虽然高考不幸，名落孙山，但决不灰心，决心明年再考，即使考不上也不悲观，学府外自学成才的人不是大有人在吗？时至今日，学习计划已具雏形，你学习成绩显著，有何经验之谈或锦囊妙计，莫保守，来信告我。

余不赘陈，愿我们在学习的道路上比翼双飞。

点评：这是一篇写作失败的祝贺词，存在如下问题：首先，是格式不规范，称呼"刘华"后要用冒号；问候语"你好"要在称呼语的下一行空两格书写，并且要独立成段。其次，正文部分文字不要讲述自己的状况，应该对刘华的成功表示祝贺，可以简单概括介绍刘华成功的经历，并对他的付出得到的回报表示高兴。再次，多处用词不当，如"惊悉、比翼双飞、雏形"等用得不对。最后是结构不完整，没有写落款，应该在正文的右下方写"署名和成文日期"，来表明是谁前来祝贺的，这样才是完整的祝贺词。

温馨提示

祝词和贺词的区别

祝词与贺词都是用于喜庆祝贺的应用文书。从狭义来说，二者略有不同：

祝词一般是在事情未时使用，偏重于表示一种祝愿和希望；贺词一般是在事情既果时使用，偏重于表示庆贺和赞美。

简言之，祝词在事前祝，贺词在事后贺。但在实际使用时通常未作严格区分，标题用"祝词""贺词""祝贺词"均可。

任务演练

1. 你的同学过生日，宴请好友，你也在被邀请之列，请你准备一篇祝词。
2. 经贸系在第×届全国电子商务大赛中获得一等奖，全系召开表彰大会，对参赛师生进行表彰，请你代校长致贺词。

任务 2　迎送词

知识橱窗

有朋自远方来，你需要前去机场、车站迎接，需要我们设宴款待；同样朋友远行，也需要我们送别，以示依依惜别之情，无论是迎接，还是送别，都需要用到迎送词。

一、迎送词的概念和作用

1. 迎送词的概念

迎送词是欢迎词和欢送词的统称，是迎来送往所用的礼仪性文书。

（1）欢迎词。欢迎词是指在举行隆重庆典、大型集会、欢迎仪式或洗尘宴会上主人对友好团体或个人表示欢迎之意的致词。

（2）欢送词。欢送词是指主人在公共场合对将要离开的友好团体或个人表示送别之意的致词。

二者在写作结构、语言风格等诸多方面都很切近，只是在内容上一个为"迎"，一个为"送"，通常欢迎词更简练、更讲礼，而欢送词更具体，更富有文采和激情。

迎送词常常与祝酒词互用。

2. 迎送词的作用

通过致迎送词，营造温馨愉悦的氛围，拉近彼此的距离，增进友谊，促进交流与合作。

二、迎送词的特点和种类

1. 迎送词的特点

迎送词和祝词同样具有内容喜庆、文字简练、题材多样、语言生活化的特点，除此之外，欢送词还具有惜别相送的特点。

2. 迎送词的种类

（1）按表达形式分，有现场讲演迎送词和报刊发表迎送词。现场讲演迎送词用于客人到达时在现场讲演，要注意运用口语表达的讲演效果，报刊发表的迎送词用于客人到达后因发表于报刊上，不考虑讲演的现场效果。

（2）按社交的公关性质分，有私人交往迎送词和公务往来迎送词。前者用于私人个人举行的大型宴会、聚会、舞会等非官方场合，具有即时性、现场性，后者用于公务往来的官方场合，文字措辞上比前者正式和严格。

三、迎送词的基本格式

1. 欢迎词的基本格式

欢迎词通常是由标题、称呼、正文、结束语、落款五部分组成。

（1）标题。一般应由致词场合、致词人和文种名称三个要素组成，如《在欢迎日本松下集团考察团宴会上×××总经理的欢迎词》，也可以省略致词人，只以场合和文种名称为题，如《在××公司组建10周年庆典上的欢迎词》；还可以直接以"欢迎词"文种名称作为标题，以示显豁、鲜明。

（2）称呼。这里的称号指对被欢迎宾客的称呼，一定要写得礼貌得体。用语要确切、亲和，一般应在称呼之前冠以诸如"尊敬的""亲爱的"之类的修饰语，并在其后加上被欢迎宾客的头衔，也可加"先生""女士""夫人"之类的称谓。

（3）正文。正文部分是欢迎词写作的主体，应根据实际情况表达不同的内容。一般应先交代致词者在何种情况下，代表谁，向宾客表示欢迎、感谢和问候；接下去阐明宾客来访的目的、意义和作用，同时回顾宾主双方交往的历史与友谊，对宾客在交往过程中所作的贡献予以赞扬，突出双方合作的成果，并表示继续加强合作的意愿。要用充满激情的笔调，对合作的前景做出展望，以增强行文的鼓动性。

（4）结束语。欢迎词的结束语一般是再一次向来宾表示欢迎，并表达自己对今后合作的良好祝愿。

（5）落款。欢迎词的落款包括署名和成文日期，落款位于正文的右下方，由致词的机关、致词人署名，并署上成文日期。用于讲话的欢迎词无须署名；若需刊载，则应在题目下面或文末署名。

2. 欢送词的基本格式

欢送词的写作格式通常是由标题、称呼、正文、落款四部分组成的。

（1）标题。一般应由致词场合、致词人和文种名称三个要素组成，如《在欢送山东省经贸考察团宴会上×××总经理的欢送词》；也可以省略致词人姓名，只以场合和文种名称为题；还可以直接将"欢送词"文种名称作为标题。

（2）称呼。与欢迎词相同。

（3）正文。这部分应根据实际情况表达不同的内容。

一般应在写明对宾客的离去表示热诚欢送之意以后，可追叙宾客访问期间的活动情况及收获，如双方在哪些问题和项目上达成一致的立场，取得了哪些突破性进展，对其访问的成果进行概括和总结，然后表示需要进一步加强交往与合作的意愿，并以饱含深情的笔墨再次对宾客的离去表示热烈欢送。

对于私人欢送词，还应注意表达双方在共事合作期间彼此友谊的加深增进，以及分别之后想念之情。

为朋友送行，还可加上勉励或祝愿的话语。

（4）落款。欢送词的落款包括署名和成文日期，落款位于正文的右下方，一般由致词机关、致词人署名。

四、迎送词写作的注意事项

1. 以礼待人，情真意切

欢迎词、欢送词实际上都是演讲稿，因此，要写好欢迎词、欢送词，除了要考虑讲话人的身份与职务、听者对象以及合适的内容之外，在具体写作中，还必须注意把握演讲稿这类文体的社会性、有声性、整体性、临场性的特点，而且篇幅不宜过长。要根据宾客的实际情况和特定的场合，以诚恳热情、情真意切作为第一要义，充分体现出对宾客的尊重之情和友好合作之意。

2. 用语恳切简练，切合实际

要以简明扼要充满抒情性的语言充分表达出对宾客的欢迎或欢送之意，使之感到亲切自然，力戒过多使用那些没有实际意义的虚言浮词，以免令人产生反感。

3. 篇幅短小精悍

迎送词在篇幅上应力求简短，一般以二三百字左右为宜，切忌长篇大论，空洞乏味，以免冲淡和谐气氛。

4. 口语化强

在遣词用语上要运用生活化的语言，既简洁又富有生活情趣。

应用文写作

例文点评

欢 迎 词

各位嘉宾、武术界同仁、女士们、先生们：

大家好！

今天，是一个令人难忘而激动的好日子；今天，是一个属于中华武术的好日子；今天，是继往开来的好日子……因为，今天是"感恩杯"第十届香港国际武术节隆重举行的日子；因为，今天标志着香港国际武术节跨过了十载风雨，跨上了又一座新高峰，迎来了十岁的生日；因为，今天香港国际武术节又走向一个新时代；今天将永远刻写在中华武术发展的史册上，它将永远铭刻在我们每个人的记忆里。

值此美好、喜庆、热烈而春意融融的十周岁生日之际，我谨代表香港国际武术节组委会暨香港武术界同仁并以我个人的名义，向从世界各地四面八方不辞艰辛远道而来的各位嘉宾、武术界同仁表示最热烈的欢迎和衷心的感谢！向所有关心、支持香港国际武术节成功举办的社会各界人士致以最崇高的问候！

香港国际武术节自2003年举办以来，走过了十年不平凡的光辉历程，经历过了诸多考验。十年来，在社会各界的鼎力支持下，在广大武术同仁的积极参与下，由小到大，历经坎坷，坚强走来，取得了辉煌的成就，赢得了社会各界的广泛好评，成为引领武术发展的一艘旗舰，社会影响愈来愈大。香港国际武术节已成为武术界同仁一年一度翘首以待的节日。这些成绩的取得，离不开一个好的时代，离不开一个繁荣、发展、富裕的社会环境，离不开武术特有的魅力，离不开武术同仁的团结合作，离不开政府的扶持和关怀。这是香港国际武术节能够克难奋进，成功举办，越办越好的根基所在。

滴水之恩，涌泉相报。

我们始终珍惜来自社会各方面的关爱、武术同仁的支持，并努力将这些关爱与支持化为办好武术节行动的动力，化为点点滴滴润泽武术之花璀璨开放的甘露。因此我们始终带着一颗感恩的心，做好每一届武术节筹备工作，尽可能地把武术节的每一件事，每一个环节，每一个细节的筹备工作做得更好、更圆满。从运动员的一个胸卡、一个奖牌、一个吉祥物、一个背包、一顶帽子，或者一瓶水、一包方便食品，乃至于在参加活动期间的比赛场馆、车辆交通、景点参观、名师访谈等，我们都反复思考、认真讨论。只有如此，我们才能报答武术届同仁对香港国际武术节的支持，才能报答社会各界对香港国际武术节的关爱。为了弘扬中国优良的传统道德文化，我们摘登了《孝经》译文，书中指出：孝是诸德之本，"人之行，莫大于孝"，"忠"是"孝"的发展和扩大，并把"孝和感恩"的社会作用推而广之。因此，我们将第十届香港国际武术节冠名为"感恩杯"。这是我们真诚的心愿，这也是我们武术同仁共同的心愿。

十年来，香港国际武术节在大家的共同努力下，从最初第一届的一千多人发展到今天第十届九千多人的规模，实属不易。尽管这个数字已经是一个神话式的传奇，但与我们理想的目标还有一定的距离。因为，武术这项有着数千年历史和广泛群众基础的强身健体运动，是东方优秀文化的代表，有着十分广阔的前景和潜力，有着数以万计的武术习练大军，我们的队伍会愈来愈大。原计划将第十届香港国际武术节参赛人数申报世界参加武术赛会人数最多的吉尼斯纪录，但没有，因为我们坚信，有更多更佳的数字在下一个春天下一届武术节向我们招手。这需要我们大家共同努力去共同创造。

为了把香港国际武术节办成真正意义上的世界规模最大、规格最高的赛会活动，还需要我们不断创新开拓，把每一届香港国际武术节都作为探索武术发展之路的新起点。这种探索还将继续。这种探索之路我们将坚定不移地走下去。第十届香港国际武术节在探索之路上又迈出了新的一步，我们增加了由获得过世界武术冠军的武英级专业运动员参加的武术套路精英锦标赛，邀请了当代武术界泰斗级人物参加名人汇演和10周年的庆典演出等，可谓内容丰富，形式多样，异彩纷呈。

以往十年的历程，可以说是武术节不断开拓、不断探索的历程，是克难奋进的历程，是书写辉煌的历程，是大胆尝试的历程，是创新发展的历程！这种开拓与探索，已经结出了丰硕的成果，取得了可喜的成绩。我们将在今后的道路上，探索、探索、再探索；创新、创新、再创新；发展、发展、再发展。这种精神就是不畏艰险，一往直前，坚韧不拔的武术精神。有了这种精神，无论面对再大的困难，无论前进的道路有多远有多长有多艰难曲折，无论经受多少风风雨雨，我们都将从容面对。这才无愧于中华武术所赋予我们的荣耀。正是基于此，香港国际武术节在短短十年间书写了一个又一个令人瞩目的传奇，创造了一个又一个前所未有的奇迹。"感恩杯"第十届香港国际武术节又将以怎样的精彩和惊喜在等待着我们，这个春天的武术盛会又将给我们留下如何难忘而美好的记忆？我们拭目以待，我们一起期待。

莫道雄关真如铁，而今迈步从头越。

成绩只能代表过去，奇迹在未来召唤。

让我们携起手来，团结一心，创新发展，勇于担当，再攀高峰，在未来新的十年里，谱写出武术更好、更美的新乐章，书写出武术更璀璨、更耀眼的新辉煌，创造出武术更精彩、更绚丽的新传奇。

这是我们肩负的义不容辞的神圣使命和光荣职责。

欲穷千里目，更上一层楼。

各位来宾、武术界同仁，新的时代，新的岁月，新的春天，新的历程，需要我们以新的气象，新的面貌，新的风采去开拓新的道路，创造新的未来，让中华武术早日跨入奥运的圣殿，成为世界人民共同拥有的宝贵财富！

在此，我真诚地祝愿各位来宾、武术界同仁，在第十届香港国际武术节期间身体健康、生活愉快、平安吉祥！祝各位运动员在赛场上赛出风格、赛出友谊、赛出水平，取得更加优异的成绩！

最后祝第十届"感恩杯"香港国际武术节取得圆满成功！

香港国际武术节组委会名誉主席　纪昌秀
2012年2月22日

点评：这篇欢迎词结构完整，是由标题、称呼和问候语、正文、结束语及落款五部分组成的。正文开篇用愉快、富有激情与真诚的语言直抒胸臆，介绍背景情况，对嘉宾和武术界同仁表示欢迎、感谢和问候。正文主体部分紧扣欢迎词的主旨，阐述香港国际武术节的发展历程和所取得的成绩！最后，提出美好的希望及热诚的祝愿。全文热情洋溢，气氛热烈，语言华美，感情真挚。

应用文写作

欢 送 词

杨鹤老师，各位同仁：

我们在这里捧上一杯清茶，唱起一支山歌，欢送杨鹤老师到省城工作。

十年前，杨鹤踏着青春的脚步来到我们这个山村学校教书。她十年如一日，热情饱满，兢兢业业，从一个热血青年成长为一名骨干教师。

鲜花和荆棘一路，泪水和欢歌齐飞。十年来，我们共同经历了多少辛劳和坎坷，也品尝了无数成功和喜悦。杨老师把最美好的青春献给了山区，献给了教育事业。为了学生，她把自己嗷嗷待哺的孩子丢给了父母，在孩子撕心裂肺的叫喊声中回到了学校；为了学生，她多少次把病假条悄悄地放进衣兜里，课堂上仍以饱满的热情面对学生。十年来，杨老师不图名，不图利，热爱学生，资助学生，有强烈的责任感和事业心，为山区培养了一批又一批毕业生。现在，我们山区学校的教学条件和师资力量已今非昔比，这里边凝结着杨老师的汗水和智慧。

由于工作需要，杨老师要被调回省城工作，即将离开我们。杨老师，山区的学生不会忘记你，与你一起工作了十载的同事们不会忘记你！

君自故乡来，还回故乡去。请允许我代表全校师生，祝杨鹤老师一路顺风！祝你在新的工作岗位做出新的贡献！

青山中学校长 ×××
2014 年 7 月 7 日

点评：这篇欢送词回顾了离别者的工作生活情况和与同事、学生建立起的深厚感情，特别是选择了感人的事例娓娓道来，深深打动了离别者和在场听众。全文以诗一般的语言叙事抒情、送上祝福，体现了欢送词的语言特色。

欢 迎 词

尊敬的各位教师、各位同学们：

在此我谨代表本宾馆的全体员工欢迎阁下同志们光临东湖宾馆。

东湖宾馆坐落于风景秀丽的东湖岸边，三面环水，环境幽雅。具有岛国风情，是××市委、市政府接待和开放的窗口。希望我们的服务能够让阁下有宾至如归的感觉，在此将宾馆内设备及服务向你们作一介绍。

我们将忠诚地为阁下服务效劳，并希望你们能够提出宝贵意见。

东湖宾馆
总经理谨致

点评：这是一篇写作失败的欢迎词，存在如下问题：首先，称呼不准确，应改为"尊敬的各位老师、同学"；其次，语言表达欠妥当，如"希望我们的服务能够让阁下有宾至如归的感觉"不妥当，因为是欢迎词不是欢迎入住宾馆的旅客；"在此将宾馆内设备及服务向你们作一介绍"一句不妥当，应省略不讲，或留待以后再讲；"忠诚地为阁下服务效劳"应改为"竭诚服务是我们的宗旨"等字样，并表示要互相学习的意思；再次，缺少结尾，应在结尾处再一次表示欢迎或希望互相学习之意。此外，落款应写署名和成文日期，"总经理谨致"要删去。

项目十一　　　　　　　　　　　　　　　　　　　　　　　　　礼仪文书写作

欢 送 词

有人说，"天下没有不散的筵席"，事实果真如此，当我们听到叶老师要调走的消息，顿时觉得有无法活下去的感觉。

五年多来，叶老师做的好事一桩桩、一件件，三天三夜也说不清。如学校礼堂的翻新改建，教室的布置，及设备的配置，还有学生之间的礼貌友谊和互助风气的形成。这些都是叶老师细心规划、亲自倡导与推行实现的。我们敬仰的叶老师的离去，使我们依依不舍、终生难忘。

今天晚上，虽然准备的是淡酒粗肴，但却代表我们大家的一片真挚感情，希望你能笑纳，共同欢度值得回忆的夜晚。

点评：这是一篇写作失败的欢送词，存在如下问题：① 格式不规范。欢送词的几个内容组成不严谨、不清晰。② 内容不充实。欢送词主要表达惜别与祝福。本篇泛泛而谈，没有重点。③ 措辞不当，夸大其词。如文中第一段说："当我们听到叶老师要调走的消息，顿时觉得有无法活下去的感觉。"这种语言使人难以置信，叶老师是调走不是"离去"；感情只能与"接受"搭配，不能用"笑纳"。

温馨提示

迎送词贵在以诚相待

现代文明社会越来越讲究宽容和谐、互相礼遇。不论是单位之间还是个人之间的交往，都提倡以诚相待。来访顺利，主人迎送致辞自当欢快热烈。

总之，在迎来送往过程中，主人礼数周到才能与对方交上朋友；往往一次真诚友好的迎送致辞，可以为今后的事业合作打下感情基础。

任务演练

1. 国际旅行社的导游员小李前往机场迎接来自桂林的旅游团，请你代小李写一篇热情洋溢的欢迎词。
2. 三洋酒店的公关部经理张莉前往机场欢送香港的民间文化旅行团，请你代张莉写一篇欢送词。

任务 3　答谢词

知识橱窗

人的感情是非常复杂的，表达感情的方式多种多样，但是面对那些曾帮助过我们的

231

应用文写作

人,仅有一个微笑、一个眼神或一个表情,是不足以表达我们的感谢之情的,而此时一篇热情洋溢、自然流畅的答谢词显得尤为重要。

一、答谢词的概念和作用

1. 答谢词的概念

答谢词是指在专门的仪式、宴会或招待会上宾客对主人的盛情款待表示感谢时所使用的一种礼仪性致词。它属于礼节性社交活动中所使用的讲话稿。

2. 答谢词的作用

答谢词作为一种礼仪文书,在双边交往的过程中起着重要的沟通作用,可以通过郑重致谢的方式增进友谊,有利于进一步加深双边的关系,促进双方的进一步合作。

二、答谢词的特点和种类

1. 答谢词的特点

(1)坦诚真挚。答谢人要向主人表示真诚的感谢,既要感情充沛,热情洋溢,又要真挚坦诚,自然流畅。

(2)简练精悍。作为讲话稿,答谢词的篇幅力求简短,不宜冗长拖沓,令人生厌。

(3)临场应变。答谢人要注意与他人的致词相呼应,表示对他人的尊重。

2. 答谢词的种类

(1)谢遇型答谢词,"遇"为招待、款待之意。这类答谢词是用来答谢别人的招待的致词,常用于欢迎、欢送和会见仪式上。

(2)谢恩型答谢词。谢恩型答谢词是用来答谢别人帮助的致词,常用于捐赠、庆贺等仪式。

三、答谢词的基本格式

答谢词通常是由标题、称呼、正文和落款四部分组成的。

1. 标题

可以由致词人、致词场合和文种名称三个要素组成,如《×××董事长在欢迎日本株式会社代表团的宴会上的答谢词》;也可以由致词场合和文种两个要素构成,如《在××商业步行街开工典礼答谢午宴上的答谢词》;也可直接以文种名称为标题,如《答谢词》。

2. 称呼

这里的称呼即对被答谢人的称呼,用语要确切、亲和,一般应在称呼之前冠以诸如"尊敬的""亲爱的"之类的修饰语,也可加"先生""女士""夫人"之类的称呼。

3. 正文

这部分是答谢词的主体和核心,要写得完整、规范、有力。

(1)前言。前言是对主人的热情接待表示衷心的感谢。

（2）主体。主体是对访问期间或双方交往过程中所感受到的主人崇高的精神风范、出色的工作业绩等加以赞誉，或对宾主双方共同关心的一些问题表达出自己的观点、态度和愿望。例如，可以是具体的事例，对主人予以高度评价，讲述对主人的美好印象等。

（3）结语。最后应对主人的热情接待再次表示感谢，以示强调。

4. 落款

落款包括署名和成文日期。

四、答谢词写作的注意事项

1. 要客套有度

"客套"是礼仪的表现形式，"内容"才是表达的本质事物。答谢时，需要客套，但客套要为内容服务，不宜过多，更不宜过分，以免造成对方的反感。

2. 要合理表达自己的意见

答谢词所表述的主要是自己的意见；但是当自己的答谢处于对方的"欢迎词"或"欢送词"之后时，最好能将对方的意见引述过来，融入自己的意见之中。这样做，不仅可以丰富致词的内涵，而且也可巧妙地融洽双方关系，增强和悦气氛。

3. 要雅俗共赏

与其他的演讲文书一样，答谢词是诉诸听觉的，要想让人听得顺心悦耳，就应将优美雅洁的书面语与活泼生动的口语有机融合为一体，以获得琴瑟和弦、雅俗共赏的美感。

4. 要情感饱满

撰写答谢词，因是对主人的热情接待表示谢意，因而必须做到情真意切、富有感染力，从而使宾主双方的友谊得到进一步升华。

5. 要简洁明了

由于答谢是一种礼节性的社交活动，在这种场合的讲话时间都不宜太长。因此，在撰写答谢词时必须注意内容要实实在在，篇幅要简短，语言应力求精练扼要。

例文点评

毕业十周年同学聚会答谢词

尊敬的各位领导、老师，亲爱的同学们：

大家好！

首先，让我代表西安的同学们对各位领导、老师和同学们的到来表示衷心的感谢！各位同学为了这次聚会，放弃休息，克服各种困难，尤其是一些路途遥远的同学，不远万里，舟车劳顿，足以见得大家对学校和老师的感恩之心，对老同学的思念之情。在这里，还要感谢会务组的热心人。

刚才几位老师和同学的讲话让我们时隔十年，又一次感受到了母校的温馨、师生的深情、同学的厚谊。

应用文写作

十年前，我们是同学少年，风华正茂，从这里怀抱着万丈雄心壮志奔赴祖国各地；十年后，我们大都是事业有成，娶妻生子，又回到了这里——我们的出发地。触摸着校园的一草一木，就如同我们大家彼此刚刚相见的感觉，让人既熟悉又陌生，既兴奋又亲切，让人既想说出满腹的话又不知从何开口。

十年啊！十年的时间，我们和校园都变了，但是我们对母校的诚挚热爱从来也没改变；十年的时间，我们忘记了许多事、许多人，但是我们对老师的关心和教诲永生难忘；十年的时间，它冲淡了我们许多记忆，但是永远冲不淡的是我们的手足情、同窗谊！

十年的时间，对一个人来说，或许很长，但对历史的长河，不过是个瞬间。而人生值得纪念的不过就是一些瞬间。今天正是这样一个瞬间。让我们今后继续努力，为母校的历史和未来增添更多的辉煌的瞬间。

谢谢大家！

×××
××××年×月×日

> **点评**：这篇答谢词结构完整，条理清楚，先是对各方表示了衷心的感谢，然后用三段的篇幅回顾美好的过去，赞美同学之间的深厚友情，饱含激情，感人至深。

答谢词

亲爱的×××领导，远道而来的客人们：

今天，我们怀着无比激动、无比振奋的心情，在这里迎接××红十字会给我们县师生捐赠的救灾粮。

今年7月以来，我县遭受了百年未遇的大旱灾。连续三个月，骄阳烈日，滴雨不下，池塘干涸，溪河断流，田地龟裂，禾苗枯死，真是赤地千里！

虽经我们奋力抗灾，但自然灾害的肆虐，使10多万人饮水困难，30多万亩农田颗粒无收。我们县的中小学生，就有1万多名因受灾辍学，还有几万名同学、老师靠亲属接济度日。然而，党和政府没有忘记我们，兄弟县市的乡亲没有忘记我们，省市领导多次亲临，视察灾情，组织救援，市县国家干部争相解囊，捐粮捐钱。今天，我们又接到了你们无私捐助的大批救灾粮食。

"一方有难，八方支援"，团结互助，无私奉献，只有在今天优越的社会主义制度下，只有在我们伟大的社会主义中国才能办到！

远方的亲人，谢谢你们！

> **点评**：这是一篇写作失败的答谢词，存在如下问题：首先，修饰语"亲爱的"与"领导"搭配不当，应改为"尊敬的"。"客人们"应改为"朋友们"。其次，这篇答谢词没有落款，应该在正文右下角注明"署名和成文日期"，这样才是一篇完整的答谢词。再次，本文条理不清、层次紊乱。

项目十一　礼仪文书写作

温馨提示

礼仪文书重在礼仪

写作礼仪文书，应当注意四项基本原则：

一是有礼有节。既不要过分谦恭，也不能盛气凌人。

二是委婉巧妙。双方有分歧是难免的，致词时要想既坚持原则，又不伤害对方，写作时就要善于运用委婉的语言，巧妙地表达自己的原则立场，求同存异。

三是简短轻快。礼仪文书都是用于社交应酬，表示友好的，大可不必滔滔不绝，长篇大论。交往中的实质性问题可以在其他业务文件中解决，以免冲淡轻松欢快的气氛。

四是勿犯忌讳。对方在民族文化、宗教信仰、风俗习惯等方面的差异，写作时务必了解清楚，以免触犯对方忌讳。

任务演练

1. 东海职业技术学院院长带领酒店管理系部分师生到上海世贸酒店参观学习，受到了酒店领导和员工的热情欢迎和款待。世贸酒店在师生到来时召开了欢迎会，临别时召开了欢送会。请你为院长写一篇答谢词。

2. 北方旅游职业学院的学生于 2015 年 9 月 22 日在港华大酒店举行社会实践交流会，港华大酒店热情接待并提供了多方帮助。请你以北方旅游职业学院学生代表的身份写一篇答谢词，对港华大酒店表示谢意。

任务 4　开闭幕词

知识橱窗

开（闭）幕词是会议活动的重要礼仪文书，凡重要会议或重要活动，有开幕词则必有闭幕词与之相对应，这是一道必不可少的程序，主导着整个会议或活动过程。一套提纲挈领、切中会议主题的开幕词、闭幕词，将会促进问题的解决，给与会人员留下深刻的印象，是会议的亮点。

开闭幕词分为开幕词和闭幕词两种，是重要会议召开和结束必不可少的两种文书。

一、开闭幕词的概念和作用

1. 开闭幕词的概念

（1）开幕词是党政机关、企事业单位和社会团体的领导宣告会议开始、交代会议任务、阐述会议宗旨和介绍与会议有关事项的开宗明义性讲话。

（2）闭幕词是指在重大会议行将结束时，由有关领导或重要人士为会议所作的概括性评价和总结性讲话。

2. 开闭幕词的作用

（1）开幕词一般以简洁明快、热情洋溢的语言阐明会议的宗旨、目的、意义、任务、议程和要求等，对会议起着重要的指导作用。

（2）闭幕词一般要评估会议的主要成果及其作用、意义，概括和强调会议的基本精神，提出贯彻落实会议精神的原则要求。

二、开闭幕词的特点和种类

1. 开幕词的特点

（1）宣告性。开幕词是会议开始的序曲、标志，致辞之后，会议的各项议程才能陆续展开。因此开幕词具有宣告会议开始的特性。

（2）鼓动性。开幕词带有对期望开好会议的良好祝愿，并通过向与会者介绍会议的议程和宗旨，激励与会者的参与意识，调动其开会的积极性。

（3）简明性。作为讲话稿，开幕词不宜过长，要简洁明了，短小精悍。

（4）口语化。开幕词的语言应通俗、明快和上口。

（5）指导性。开幕词对整个会议具有指导性，要对会议的目的、意义和安排作出相应说明，为会议定下整体的、明确的基调。

2. 闭幕词的特点

闭幕词除具有和开幕词一样的简明性和口语化的特点，还具有以下特点：

（1）总结性。闭幕词应以简洁有力的语言总结活动的基本情况，概述取得的成功或作出的决定，重申活动的意义并展望未来。

（2）号召性。闭幕词要激励与会人员为实现会议提出的任务而努力奋斗，增强与会人员贯彻会议精神的决心和信心。

3. 开（闭）幕词的种类

（1）按照阐述内容的不同，可分为侧重性开（闭）幕词和一般性开（闭）幕词两种。

（2）按照事件性质的不同，可分为会议类开（闭）幕词和活动类开（闭）幕词。

三、开幕词、闭幕词的基本格式

1. 开幕词的基本格式

开幕词的写作格式通常是由标题、称呼和正文三部分组成的。

（1）标题。常见的写法有以下几种：

① 由会议名称和文种名构成，必要时需在标题下方注明日期，再在日期下面正中署上致开幕词人的姓名；

② 由致开幕词人姓名、会议名称和文种构成，仍需在标题下方标注日期，但不必另行署名；

③ 直接用文种名称"开幕词"作标题；

④ 另拟主标题，以会议名称加开幕词作为副标题（也可以只用主标题，不用副标题），如毛泽东同志在中国共产党第七次全国代表大会上的开幕词标题为《两个中国之命运》；

（2）称呼。开幕词对称呼比较注意，应根据会议的性质和出席会议的人员来确定。如党代会称"同志们"，人代会称"各位代表"；也可按国际礼仪称"各位来宾、各位朋友"或"女士们、先生们"等，要注意不同称呼的排列顺序。

（3）正文。正文包括前言、主体和结语三部分。前言，主要是宣布会议开幕。会议名称要写全称，以示庄重、严肃。一般在称呼之后紧接着宣布大会开幕。在这部分中，还可以对会议的规模和意义、在什么形势下召开、出席会议的人员情况、会议的筹备情况等作简要介绍，并对会议的召开及与会人员表示祝贺。开头部分必须单独列为一个自然段。

主体，是开幕词的核心部分，通常包括三项内容：

① 阐明会议的重大意义，概括说明与会议有关的形势及会议的目的；
② 阐明会议的指导思想、主要议程和安排；
③ 对与会者提出希望和要求。写作时，要紧扣会议中心议题，篇幅不宜太长，语言要力求简洁概括，对会议各项内容只作原则性交代。语气要热情，语言富有感染力。

结语，以简朴有力的富有鼓动性和号召力的语言作结，以期将大家的热情激发出来。写法上常以呼告语表述。一般用"祝大会圆满成功"之类，单独成段。

2. 闭幕词的基本格式

闭幕词的写作格式与开幕词大致相同，通常由标题、称呼和正文三部分组成。

（1）标题。闭幕词标题的写法与要求与开幕词相似，同一会议的闭幕词与开幕词标题一般要相适应。

（2）称呼。一般与开幕词的称呼一致，根据会议性质及与会者的身份来确定。

（3）正文。正文包括前言、主体和结语：

前言，用简洁的文字说明会议在何种情况下结尾，如"在各级领导的关怀、与会成员的努力下胜利闭幕"。有的还可以在这一部分先概括地对会议作总的评价。

主体，通常包括两项内容：一是总结会议所完成的任务，肯定会议的成果，对大会做出客观评价，评价要中肯，不能空泛笼统地说会议开得很成功、很鼓舞人心，要有实在内容；二是提出会议精神的指导意义、如何贯彻会议决议等。

结语，宣布会议结束，通常是：现在我宣布，大会闭幕！也有的以对与会者的希望和祝愿作结。

四、开闭幕词写作的注意事项

1. 开幕词写作的注意事项

（1）要掌握会议的主题精神，全面了解会议的情况，如会议的指导思想、会议议程与安排、与会人员、会议有关资料、会议召开的背景和意义等，这是写好开幕词的基础。

（2）要主旨集中，突出会议或活动的中心内容，把握会议或活动的主要特点，只对会议或活动的主题和重要问题作必要的说明，不可面面俱到，眉毛胡子一把抓。

（3）文字精练，语言明快热情，尽量使用口语，富有号召性和鼓动性，篇幅不宜过长。

应用文写作

2. 闭幕词写作的注意事项

（1）闭幕词是对会议的概括总结，是对会议精神的集中与强化，应紧紧围绕会议的中心议题，熟悉会议的全部过程，对会议做出总体的、较高层次的总结和评价，概括出会议所形成的共识和会议精神的实质要义。

（2）闭幕词的篇幅应短小精悍，语言应简洁明快，既要有高度的概括性，又要富于感染力。

例文点评

校园文化艺术节开幕词

各位领导、老师、同学：

鼓乐和鸣歌盛世，青春焕彩展雄姿。伴着"构建和谐社会"的美妙音符，和着"质量立校、艺术融校"的优美旋律，迈着"崇尚一流、追求卓越"的强健步伐，承着"立足新起点，铸造新辉煌"的美好希望，我校第九届校园文化艺术节成功开幕了！在此，谨让我代表学校党总支、学校行政、全体师生员工，向光临开幕式的各位领导致以崇高的敬意，向关心我校发展的各界人士表示热烈的欢迎，向为本次艺术节付出辛勤劳动的老师们、同学们表示衷心的感谢！

校园文化艺术节是学校文化的浓缩，是学校办学特色的呈现，是学校辐射社会的一个文化窗口，是全体师生魅力展示的一个平台。每届校园文化艺术节，都是我校一道靓丽的风景：既是对我校贯彻党的教育方针，培养全面发展人才的一次集中检阅，也是充分展示学校素质教育成果、营造高雅校园文化氛围、发掘体艺新秀的重要途径，更是我校师生精神面貌、信念追求、和谐发展的美好再现。校园文化艺术节的开展将为全校师生彼此学习、互相探讨、共同提高提供一次极好的机会；为我校树立良好的竞争意识、合作意识、拼搏意识形成一个良好的氛围；为我校教育教学工作的开展奠定坚实的基础。

艺术放飞理想，追求承载希望。在即将开始的艺术节上，"更快、更高、更强"的磅礴之势将在运动场上充分体现；"叠彩飞歌"的壮阔意境将在艺术节中激情上演；莘莘学子将在这个舞台上充分展现自我、塑造自我、超越自我，再显鸿鹄大志。

同志们，文化饱含校园底蕴，艺术凝聚学校精神。这次文化艺术节的举办，将极大地促进学校文化品位和艺术素养的提升，促进学校事业的良性发展。在此，我衷心地希望同学们有青春的活力和激情，在艺术节这个大舞台上尽情演绎、展现自己的特长，展示自己的风采；我衷心地期盼同学们在艺术的天空里放飞希望，在嘹亮的歌声中健康成长，共创壮丽、辉煌的人生篇章！

最后，预祝本届校园文化艺术节取得圆满成功！

谢谢！

点评： 这篇文化艺术节开幕词分为四部分，第一自然段对参加文化艺术节活动的来宾和工作人员表示欢迎和感谢，第二自然段从学校文化和办学特色等角度深刻地分析了校园文化艺术节的作用和意义，第三、四自然段展望了本届文化艺术节的重要作用和成绩，发出美好的祝愿，最后以预祝文化艺术节取得成功收篇，全文结构完整，字里行间充满激情，给人以极大的鼓舞。

校园文化艺术节闭幕词

各位老师、各位同学：

大家晚上好！

"今夜灯火辉煌，今宵欢歌笑语。在全体师生的积极参与和共同努力下，我院第七届校园文化艺术节带着向自治区六十年大庆的深深祝福，伴随着精彩的文艺汇演即将落下帷幕。在此，请允许我代表学院领导对本届校园文化艺术节的成功举办表示热烈的祝贺，向组织和参与本届校园文化艺术节的各位老师和同学们表示衷心的感谢。同时，对今天专程来参加本届艺术节的选手表示热烈的欢迎！

举办文化艺术节活动，不仅是对同学们文化艺术水平的一次大检阅，也是我院素质教育开展情况的一次大检阅，它为展现我院学生的青春风采和精神风貌提供了广阔的舞台。办好校园文化艺术节，有利于发掘学生的潜力，发挥个性特长；有利于培养兴趣，陶冶情操，提高审美情趣；有利于丰富校园文化生活，加强校园精神文明建设，营造良好的学习氛围；有利于推动素质教育的实施，从而加速我院新一轮创业的进程。

本届校园文化艺术节以"知荣明耻，诚实守信，创建和谐校园"为主题，通过丰富多彩的活动，启迪了同学们的才智和灵性，发展了同学们的才艺和特长。同学们在活动中高举生命智慧的大旗，有思想的翱翔，有情感的抒发，有青春的旋律，有技能的展示，有毅力的体现，有诗意的飞扬……

在校园文化艺术节期间，同学们积极配合，热情参与，清理环境卫生，精心布置，把节日的校园装扮得五彩缤纷，表达了同学们对母校的热爱；辩论比赛，同学们激情奔放，用真知灼见的语句，畅谈了强化校风、学风的信心；社团展演，充分展示了同学们的才华，陶冶了同学们的情操，培养了学生的正确的审美观；马上到来的"文艺汇演"必将是精彩纷呈、好戏连台，可充分展示同学们的艺术才华及表演能力。

丰富多彩，形式多样的校园文化艺术节充分体现了"经贸人"的文化素质和艺术修养，展示了我院莘莘学子朝气蓬勃的精神风貌。一张一弛，文武之道。艺术节既给我们提供了一个放松大脑，放飞心情的空间，也为我们提供了一个施展才华，张扬个性的舞台，同时也让我们受到了一次极好的艺术教育和美的熏陶。在活动中，我们既培养了兴趣，陶冶了情操，又开阔了视野，锻炼了能力，培养了团队精神，增强了集体荣誉感。所有这些，为我们成为新世纪合格的大学生奠定了坚实的基础。

老师们，同学们，艺术节又将成为历史的一页。然而，许多精彩的片段依然历历在目；许多动人歌乐依旧余音绕梁。是的，艺术节虽然是一个有限的时间段，但艺术的空间却是无限的。当艺术节的第一个音符在校园的上空飘起来时，艺术已不容拒绝地走进了我们每一个人的生活，走进了我们的每一寸空间。

江山代有才人出，谁持彩练当空舞？

让我们每一双手都学会创造吧！让我们每一颗心都流淌歌声！

让我们在大青山脚下奏响时代的强音！

愿艺术之花香满校园！

谢谢大家！

应用文写作

> **点评：** 这篇闭幕词结构完整，格式规范，正文的前言部分，用简洁的抒情性文字说明会议在何种情况下结束。正文的主体部分紧扣中心议题，对艺术节成果的评价恰如其分，语言热情洋溢，鼓舞人心，把会议推向了高潮。正文的结语部分对与会者提出希望和祝愿。全文语言简洁明快，既有高度的概括性，又富有感染力。

××有限公司股东大会开幕词

总经理　王亮

各位先生，各位女士，各位朋友：

　　欢迎前来参加这个盛大的聚会。今年是奥运年，也是本公司快速成长的一年，在此，请允许我代表董事会向为此付出辛苦的全体员工表示感谢。正是由于全体员工的不懈努力，本公司在过去五年中克服了各种困难，业绩增长了20倍，股票价格上涨了500%。

　　在过去的几年中，本公司在技术积累和人力资源储备开发方面取得了长足进步，为公司的下一步发展奠定了坚实基础。我相信，在全体员工的不懈努力之下，在各位股东的鼎力支持下，本公司在不远的将来一定能实现跻身世界同行500强的目标，各位股东也将获得丰厚的回报。

　　但是还应看到，机遇与风险并在。IT产业属于高回报、高风险的行业，技术创新投入巨大，市场环境瞬息万变，本公司的发展也将面临众多的困难和挑战。董事会有信心领导企业迎接挑战，开拓前进，取得新成绩。

　　各位先生、各位女士，最近传闻本公司出现了财务问题，这是毫无根据的。谣言是不攻自破的，我们这次股东大会的召开，就是要向各位股东澄清这一点。现在，我宣布，××股份有限公司股东大会开幕。

> **点评：** 这是一篇写作失败的开幕词，存在如下问题：首先，称呼的顺序有误，应为"女士们、先生们，朋友们"；其次，开幕会作为动员鼓励大会，应当把成绩和机遇展现在来宾面前，并祝愿公司的业绩蒸蒸日上，关于公司出现了财务问题是否属实的问题不要在开幕会上公布，这是败笔。再次，本文需要针对解决的问题没有做出分析，只是空洞单调地说教；最后，本文语言欠精练，应高度综合概括。评价也要中肯恰当，语言要富有感染力、鼓动性和号召力，起到充分调动与会者积极性、催人奋进的作用。

××职业学院第四届运动会闭幕词

　　××职业学院第四届运动会在全体师生的大力支持下，在全体运动员、教练员、裁判员以及工作人员的共同努力下，已完成了各项比赛任务，今天就要胜利闭幕了。借此机会，我谨代表大会组委会表示热烈的祝贺！向为本届运动会取得圆满成功付出辛勤劳动的裁判员、工作人员表示衷心的感谢！

　　本届校运会，发扬了"团结拼搏"的奥林匹克精神，是一次团结的盛会、友谊的盛会、成功的盛会。在短短的三天时间里，比赛进程井然有序，紧凑而热烈，效率是很高的，成绩是喜人的。

　　老师们、同学们，校运会将大力推动我校体育事业和学校整体工作的全面发展。在今后的工作中,让我们继续努力,团结勤奋,拼搏创新,为学院创造更多的辉煌。

最后,请允许我再次以组委会的名义,向参加这次大会的全体运动员和广大师生,向为这次运动会辛勤工作的老师和同学们表示崇高的敬意和衷心的感谢!

> **点评:** 这是一篇写作失败的闭幕词,存在如下问题:首先,是没有称呼和问候语;其次,主体部分空泛笼统,没有实在内容;再次,语言表达欠妥,"我谨代表大会组委会表示热烈的祝贺",此句成分残缺。最后,缺少结尾来宣布会议结束。

温馨提示

撰写开闭幕词的要点

掌握会议基本精神是拟定开闭幕词的重要技巧,如果没有吃透会议的基本精神,开幕词就失去了指导会议的意义,甚至会造成与会者思想上的混乱,给会议造成负面影响。如果没有吃透会议基本精神,闭幕词就失去了会议的总结作用,使会议给人以虎头蛇尾的感觉。只有吃透了会议的基本精神,开闭幕词才会异彩纷呈,才能真正起到振奋人心的作用。

任务演练

1. 2014年7月,学生会的秘书长因毕业离开学校,老师让苏明暂代秘书长一职。2015年3月5日,苏明所在的××职业学院将要在3月26日召开第二届团代会,由学院团委组织举行,学生会协助。参加会议的代表有264人,会议的中心议题是审议学院团委工作报告,并进行换届选举。假设你是苏明,请为这次团代会写一篇开幕词。

2. ××职业学院第二届团代会经过各位代表3天的共同努力,会议审议并且通过了学院团委工作报告,换届选举顺利进行,圆满地完成了会议各项议程,即将闭幕了。假设你是学生会的秘书长苏明,请为这次团代会写一篇闭幕词。

拓展阅读

如何写商务礼仪活动邀请函

邀请函是邀请亲朋好友或知名人士、专家、合作伙伴等参加某项活动时所发的专用书信。在各种社交活动中,这类书信使用非常广泛。

商务礼仪活动邀请函是邀请函的一个重要分支。商务礼仪活动邀请函的主体内容符合邀请函的一般结构,由标题、称谓、正文、落款组成。一般来说,商务礼仪活动邀请函的内容包括两部分:邀请函的主体内容和邀请函回执。

商务礼仪活动邀请函是商务礼仪活动主办方为了郑重邀请其合作伙伴(投资人、材料供应方、营销渠道商、运输服务合作者、政府部门负责人、新闻媒体朋友等)参加其举行的礼仪活动而制发

应用文写作

的书面函件。它体现了活动主办方的礼仪愿望、友好盛情;反映了商务活动中的人际社交关系。企业可根据商务礼仪活动的目的自行撰写具有企业文化特色的邀请函。

写商务礼仪活动邀请函应注意的问题:

1. 被邀请者的姓名应写全,不应写绰号或别名。
2. 在两个姓名之间应该写上"暨"或"和",不用顿号或逗号。
3. 应写明举行活动的具体日期(几月几日,星期几)。
4. 写明举行活动的地点。

项目十二　会务文书写作

项目情境

年末来临，苏明所在的公司即将召开一年一度的大型表彰会，对一年来公司各个岗位上涌现出来的模范人物和先进集体进行表彰和奖励。为了保证会议顺利召开，公司成立了会议筹备小组，由苏明担任会议组织的秘书工作。你知道苏明应该做好哪些会务准备工作并撰写哪些会务文书吗？

任务描述

作为公司秘书，苏明在文书写作方面首先要起草会议筹备方案，做好会议期间的记录，会后，编制会议纪要和会议简报。

任务 1　会议筹备方案

知识橱窗

在日常工作中，很多会议都需要进行事前的筹备，必要时还要制定筹备方案。会议的筹备工作做得是否充分到位，直接关系到会议的成功与否。会务工作人员必须以高度的责任心，做好会议的筹备工作。

一、会议筹备方案的概念和作用

1. 会议筹备方案的概念

会议筹备方案属计划类公务文书，是在会议召开之前对构成会议的各个要素作出系统周密的书面安排的会议文书。会议筹备方案一般是为大中型或重要的会议所做的预设方案，单位内部召开的小规模的例会，可以通过简易会议计划或会议通知来预先安排好会议事务，一般不需要起草专门的会议筹备方案。

2. 会议筹备方案的作用

会议筹备方案对于会议的召开，特别是顺利召开、圆满完成，具有重要意义。其作用主要有：

（1）确保会议的周密组织。

（2）确保会议服务质量和沟通协调到位。

（3）确保领导意图得以贯彻执行。

二、会议筹备方案的特点和种类

1. 会议筹备方案的特点

（1）计划性。会议筹备方案是在会议召开前做出的，对于具体会议的各个环节进行有计划的安排，以便会议顺利召开。

（2）指导性。会议筹备方案具有可操作性，对于具体的筹备工作进行提前规划，可以指导筹备工作的开展。

2. 会议筹备方案的种类

根据具体会议的不同，可以把会议筹备方案分为不同的种类，如大型会议的筹备方案、中型会议的筹备方案。根据编写形式的不同，可以把会议筹备方案分为表格式和文字式两种。

三、会议筹备方案的基本格式

会议筹备方案通常由标题、开头、主体和落款等四个部分组成。

1. 标题

会议筹备方案的标题，一般由召开单位或范围、会议名称、文种名称三要素构成，有时可以省略会议召开单位。常用的文种名称有方案、筹备方案、筹备接待方案、计划、策划方案等。

2. 开头

开头部分一般写明召开会议的缘由、宗旨、依据、主办和承办单位、会议名称等会议基本要素，说明会议召开的必要性、合法性。

（1）会议名称。正式会议必须有一个恰当而确切的名称。会议名称要求能概括并能显示会议的内容、性质、参加对象、主办单位或组织、时间、届次、地点或地区、范围、规模等。会议名称必须用确切、规范的文字表达。大中型会议的会议名称常被制作成横幅大标语，置于会议主席台的上方或后方，作为会议的标志，简称"会标"。会标必须使用全称，不能随意省略文字。

（2）时间和地点。会议时间有 3 种含义：一是指会议召开的时间；二是指整个会议所需要的时间、天数，即会期；三是指每一次会议的时间限度。对于一些小型会议而言，会议时间多指会议召开的时间。

会议地点，又称"会址"，既是指会议召开的地区、城乡所在地，又是指会议召开的具体会场。选择会址，要考虑多种因素。国际性或全国性会议，要考虑政治、经济、文化等大方面的因素，一般选择在影响力较大的城市召开，如首都北京或省会城市、中心城市。专业性会议，应选择富有专业特征的城乡地区召开，以便结合现场考察。小型的、经常性的会议常常就安排在单位的会议室。

3. 主体

主体部分一般要写明会议主要任务、会议形式、主持者、参与者、议程、日程、会务组织机构的分工、会议经费等事项。

（1）议题。会议议题是会议所要讲座的题目、所要研究的课题、或者会议所要解决的问题。会议议题必须具有必要性和重要性，又必须具有明确性和可行性。会议的议题应该尽可能集中、单一，不宜过多，更不宜太分散。

会议议题的产生通常有两种情况：一种是由领导者根据工作需要指定的；另一种是秘书进行调查研究、综合信息后提出，再经领导审定的。

（2）议程。会议议程多用于大中型会议中。议程是会议议事的程序，或者说是会议所要进行的诸多事项的顺序安排。会议议程一般都是事先印制好，在会议代表报到时发放，以便出席会议人员事先做好酝酿，正式开会时能提出自己的见解，提高会议议事成效。

（3）参与者。与会人员包括出席会议的各类人员，必须是与会议议题或会议内容直接有关的人员，是有权了解会情、提出意见、表示态度、作出决定的人，或是能提供信息、深化讨论、直接有助于会议达到预期效果的人。有些重要会议的与会人员，必须具有合法的身份和法定的资格。有的人员虽与会议内容或会议议题没有必然的、直接的关系，但却有利于会议的进展或会议效果扩大。

与会人员一般可以分为三种：

① 正式代表（或称正式成员），指既具有正式资格，有表决权、选举权和发言权的会议成员，也是会议活动的主要成员。同时，正式代表也必须履行相关的义务。

② 特邀代表（或称特邀成员），指即由会议主办方根据会议的需要而专门邀请的成员。这类代表的地位比较特殊，其在会议中的权利和义务，可由会议主办者或会议的领导机构来确定。一般来说，特邀代表人数往往很少。

③ 列席代表（或称列席成员），指既不具有正式资格，但有一定的发言权，无表决权和选举权的会议成员，列席代表的人数一般不超过正式代表。

会场布置要求。会场布置一般包括会场的大小、格局、会标要求以及环境布置（如鲜花的选择和摆放）等。

（4）会议文件资料种类、内容、要求。包括大会的主报告、大会发言单位的材料、会议日程表、与会人员名单、住宿安排、主席台座次、分组名单、讨论题目和分组讨论地点、作息时间表、会议的参阅文件和相关资料等。

（5）会议设施和用品种类、要求，会场设施是室内会议活动所必需的各类设备与空间环境的总称。

会场设施主要有会场面积与空间大小、音响设备、灯光设备、视听设备、同声翻译设备、空调设备、多媒体设备、桌椅等。会场设施选择与布置主要根据会议类型、会议规模与规格、会期长短、会议经费预算等方面因素来综合考虑。

4. 落款

落款写明方案的制发文机关、签署日期，并加盖公章。

四、会议筹备方案写作的注意事项

制订会议筹备方案，要注意：

（1）科学安排、创新方法。制订会议筹备方案时，应注意科学安排会议，提高会议效率。既保证实效，又节约成本。

（2）具体周密，妥善安排会议事项。大中型会议涉及人员多，头绪繁，内容杂，在制订会议筹备方案时应通盘考虑，周密部署，妥善安排各有关事项，避免遗漏和差错。

（3）层次分明，合理安排结构。写作时要合理安排各条款间的逻辑顺序，要条款分明，顺序合理。

（4）明确领导意图，弄清筹备方案的目的、要求和意义，以方便制订方案。反复与领导和有关方面商定，必要时可召开联席会征求制订的意见或方案。

例文点评

××大学第三次代表大会筹备方案

一、成立筹备工作领导小组

组　　长：苏玲

秘书长：谢平

成　　员：校团委专职干部及各分团委书记

办公室设在校团委，下设文件组、会务组、宣传组、代表资格审查组。

1. 文件组

由苏玲负责，周凡、徐莉娟协助，团委、学生会办公室学生干部参与。主要负责团代会文件的起草、修改、打印、整理、装袋。

2. 会务组

由谢平负责，王祥协助，团委科技部、礼仪队，学生会 507 服务队学生干部参与。主要负责会议通知、会务接待、会场布置和大会组织等工作。

3. 宣传组

由谢平负责，刘峰协助，团委宣传部、信息部、学生会宣传部学生干部参与。主要负责大会气氛营造、校内外新闻报道等工作。

4. 代表资格审查组

由苏玲负责，蔡凤、刘振协助，团委组织部学生干部参与。主要负责代表资格审查、代表情况统计造册等工作。

二、团代会筹备工作进程表

时间	主要工作	负责人
10月12日（周五）	1．成立共青团××大学第三次代表大会筹备工作领导小组 2．召开分团委书记会议，布置筹备工作	苏玲
10月16日前	各分团委酝酿提名共青团××大学第三次代表大会代表候选人预备人选，并将名单上报团委初审	各分团委书记
10月16～23日	1．筹备工作领导小组对各分团委上报的名单进行审批，各分团委按审批后的代表候选人预备人选名单进行选举，确定本单位出席团代会的代表 2．代表资格审查小组对各分团委上报的代表进行资格审查，确定正式代表名单 3．完成共青团××大学第三次代表大会所有文字稿（初稿）	苏玲 谢平
10月16日（周二）	各分团委在本单位团代会代表中酝酿讨论团委委员候选人初步人选名单	各分团委书记
10月18日（周四）	筹备工作领导小组汇总各分团委上报的关于共青团××大学第三届委员会委员候选人初步人选名单，并在此基础上酝酿提出第三届委员会委员候选人预备人选建议名单、布置各代表团进行酝酿讨论，各分团委将酝酿讨论意见上报校团委	苏玲 各分团委书记
10月19日（周五）	1．确定共青团××大学第三届委员会委员候选人建议名单 2．下发共青团××大学第三届委员会委员候选人表格	苏玲 谢平
10月23日前（周二）	1．呈共青团××大学第三届委员会委员候选人建议名单及基本情况、大会主席团名单报党委审批 2．呈共青团××大学第三次代表大会主题报告、党委讲话等文字稿报党委审批 3．呈共青团××大学第三次代表大会会议日程和议程安排报党委审批 4．向校党委汇报共青团××大学第三次代表大会各项筹备工作，听取党委对大会的要求	苏玲 谢平
10月中、下旬	1．向团省委、团市委报告共青团××大学第三次代表大会筹备情况 2．发请柬，邀请省、市、兄弟团委领导出席会议 3．团代会所有材料定稿、印刷	苏玲 谢平

续表

时间	主要工作	负责人
10月23～26日	1. 材料装袋 2. 布置会场 3. 气氛营造	苏玲 谢平
10月26日晚（周五）	1. 接待上级领导和兄弟学校来宾 2. 召开共青团××大学第三次代表大会预备会	苏玲 谢平
10月27日（周六）	1. 上午召开共青团××大学第三次代表大会正式会议 2. 下午以代表团为单位组织开展讨论	苏玲 谢平
10月28日上午（周日）	1. 选举共青团××大学第三届委员会 2. 召开共青团××大学第三次代表大会闭幕式会议 3. 召开共青团××大学第三届委员会第一次全体委员会，选举团委书记、副书记	苏玲 谢平
10月29日（周一）	向党委呈报共青团××华大学第三届委员会选举结果及委员分工	苏玲 谢四平
11月上旬	做好共青团××大学第三次代表大会的文件、材料归档工作	周凡 蔡凤

点评：这篇会议筹备方案是针对学校团代会而制订的，因而比较具体详细，事项考虑周详，工作具体到"点"，指导性强，计划性强，具有可行性。

××市经济工作会议筹备方案

1. 会议的时间、地点

拟定于×月×至×日（4天），在××招待所召开。×月×日下午或晚上报到。

2. 会议规模：

（1）参加会议人员（正式代表）；

（2）特邀代表和列席人员，工作人员（含服务人员）共计××人。

3. 会议议程

会议由市委书记、市长分别主持。

第一天大会由市长主持，听取市部分综合职能部门关于本年度工作总结和贯彻中央经济工作会议精神的具体措施的发言；

第二天分组讨论（围绕会议确定的讨论题目进行）；

第三天继续分组讨论；

第四天上午继续分组讨论，下午大会由市委书记主持会议，市长作会议总结，书记讲话。

4. 会务工作

会务工作由市委办公厅、市政府办公厅负责。

点评：这篇会议筹备方案会议议题不明确，议程安排太笼统，时间不够具体，会议地点不明确，缺少执行人，内容方面不够周密，不便于执行。

温馨提示

写作会议筹备方案要注意的3个环节

1. 了解会议筹备需要做的工作

明确会议宗旨、落实会议主题、会议名称、会议时间、地点及参会代表、会场的确定、经费的谈判等。

2. 了解会议筹备小组的分工

筹备组大致由以下成员组成：筹备组组长、后勤处、秘书处。组长负责全过程的协调、安排工作。后勤处负责联系各种会议所需的备品。秘书处负责的工作是整个会议的软件部分，包括起草各种文档、接待、协调等工作。

3. 了解会议必备文件

会议必备文件有以下几个：会议通知、嘉宾证（出席证）、会议服务指南、议程、注意事项、参会嘉宾通讯录、筹备组通讯录等。

任务演练

1. 公司即将召开职代会，请你代替苏明制订出筹备方案。

2. 班级要召开一次年度工作会议。会上，班长将代表班委作班级年度工作报告，对上一年度工作进行总结回顾，对本年度工作进行安排部署。团支书将代表班级团支部，做班级共青团年度工作报告。为了顺利召开会议，成立会议筹备小组，拟订筹备方案。

任务2 会议记录

知识橱窗

在很多会议现场，特别是一些重要的会议现场，除了与会人员之外，常常会看到会

应用文写作

议记录员。会议记录员记录下的文字材料,就是会议记录。机关、企业、事业单位等,各种会议都离不开会议记录。

一、会议记录的概念和作用

1. 会议记录的概念

会议记录是由会议组织者指定专人,如实、准确地记录会议的组织情况和会议内容的一种应用性文书。会议记录一般用于比较重要的会议或正式的会议。

2. 会议记录的作用

会议记录是如实记录会议的基本情况、会议中的报告、讲话、发言、决定、决议、议程以及各方面的意见等内容的一种重要的应用文。会议记录的作用,有以下四点:

(1)重要依据。会议记录可作为研究和总结会议的重要依据。

(2)通报信息。会议记录有的可作为文件传达,以使有关人员贯彻会议精神和决议;有的可以向上级汇报,通报信息,使上级机关了解有关决议、指示的执行情况。

(3)参考资料。会议记录是编写会议纪要和会议简报的基础、重要的参考资料。

(4)档案凭证。会议记录是重要的档案资料,在编史修志、查证组织沿革、干部考核使用、落实政策和核实历史事实等方面,起着无可替代的凭证作用。

二、会议记录的特点和种类

1. 会议记录的特点

(1)真实性。会议记录的执笔者只有记录权而没有改造权。会议是什么样就记成什么样,记录者不能进行加工、提炼,不能增添、删减,不能移花接木,不能张冠李戴。

(2)原始形态性。会议记录是会议情况和内容的原始化的记录。所谓原始,就是按会议发展顺序,将发言人的讲话内容、研究认定的问题,如实记录下来,一般不许加工、整理。

(3)完整性。会议记录对会议的时间、地点、出席人员、主持人、议程、议题等基本情况,对领导讲话,与会者的发言、讨论和争议、形成的决议和决定等内容,都要记录下来,一般没有太多的选择性。

2. 会议记录的种类

会议记录根据不同的标准,可以分为不同的种类。会议记录的分类不在记录上,而在会议的种类上。常见的分类方法有以下四种分法:

按性质分,有党委会议记录,群众团体会议记录,企业、事业行政会议记录等。

按内容分,有工作会议记录,座谈会议记录等。

按范围分,有大会会议记录,小组会议记录等。

按记录方法分,有摘要会议记录,详细会议记录等。

三、会议记录的基本格式

会议记录一般由标题、会议基本情况、会议内容、会议结尾四部分组成：

1. 标题

一般写法是单位名称、会议事由（含届、次）加上记录组成，如《××公司总经理办公会记录》。如果使用的是专用的会议记录本，"记录"二字也可省略，只写会议名称即可。

2. 会议基本情况

（1）会议时间。要写明年、月、日，上午、下午或晚上，×时×分至×时×分。

（2）开会地点。例如，"××会议室""××礼堂"等。

（3）主持人的职务，姓名。例如，"公司总经理×××"。

（4）出席人。根据会议的性质、规模和重要程度的不同，出席人一项的详略也会有所不同。有时可以只显示身份和人数，如"各部门经理""全体与会代表"等。如果出席人身份复杂，如既有上级领导，又有本单位各部门的主要领导，还有各种有关人员，最好将主要人员的职务、姓名一一列出，其他有关人员则分类列出。

（5）列席人。列席人的身份、姓名，可参照出席人的记录方法。

（6）缺席人。如有重要人物缺席，应做出记录。

（7）记录人。写明记录人的姓名和部门。

3. 会议内容

主要写会议议程、议题、报告和讲话、讨论过程、发言内容、表决情况、会议决定和决议、遗留问题等。这一部分是了解会议意图的主要依据，是会议成果的综合反映，是日后备查的重要部分，要着重记录。

4. 会议结尾

会议记录结尾没有固定的格式。一般要另起一行，空两格写"散会"字样。在会议记录的右下方，由会议主持和记录人签名，以示负责。

四、会议记录的写作注意事项

1. 项目齐全

记录会议的组织情况，应写明会议的名称、开会的时间、开会的地点、出缺席和列席人员、主持人的姓名、记录人的姓名、备注。有些会议还要写清楚会议的起止时间（年、月、日）。

2. 内容详细

记录会议的内容，这是会议记录的重要组成部分。要写明发言人的姓名、发言的内容，发言内容包括讨论的内容、提出的建议、通过的决议等。必要时，还要记下表决情况（如全体通过或多少人同意、多少人异议、多少人弃权）和会议的有关动态，如发言中的插话、笑声、掌声，临时中断以及会场重要情况等。

应用文写作

例文点评

城南开发区管委会办公会议记录

时间：2009年4月8日上午

地点：管委会会议室

主持人：李××（管委会主任）

出席者：杨××（管委会副主任）、周××（管委会副主任，管城建××、李××（市建委副主任）、肖××（市工商局副局长）、陈××（市建委城建科科长）及建委、工商局有关科室宣传人员。街道居委会负责人。

列席者：管委会全体干部

记录：邹××（管委会办公室秘书）

讨论议题：

1. 如何整顿城市市场秩序。
2. 如何制止违章建筑、维护市容市貌。

杨主任报告城市现状：我区过去在开发区党委领导下，各职能单位同心协力、齐抓共管，在创建文明卫生城市方面取得了一定成绩；相应地，城市市场秩序有一定进步，市容街道也较可观……

讨论发言（按发言顺序记录）

肖××：个体商贩不按规定到指定市场经营，管理不得力、处理不坚决，我们有责任。这件事我们坚决抓落实：重新宣传市场有关规定，做到商人归店、小贩归市、农民卖蔬菜副食到专门的农贸市场。工商局全面出动抓，也希望街道居委会配合，具体行动方案我们再考虑。

罗××（工商局市管科科长）：市场是到了非整不可的地步了。我们的方针、办法都有了，过去实行过，都是行之有效的，现在的问题是要有人抓，敢于抓落到实处。只要大家齐心协力问题是能够解决的。

……

与会人员经过充分讨论、协商，一致决定：

1. 由工商局牵头，居委会和其他部门配合，第一周宣传、第二周行动，监督实施，做到商人归店、摊贩归点、农贸归市，彻底改变市场紊乱状况。

2. 由管委会牵头，城建委等单位配合对全区建筑工地进行一次检查。然后召开一次施工单位会议，对违章建筑、违章工场限期改正。一个月内改变面貌。过时不改者，坚决照章处理。

散会。

主持人：×××（签名）

记录人：×××（签名）

点评：这篇会议记录项目齐全，在会议内容部分点明了议题，并逐一列举了与会人员的意见和建议，最后对意见进行了汇总，记录了会议的成果和达成的共识。格式规范，内容完整。

会议记录

出席人：公司各部门主任

主持人：马×× （公司副总经理）

记　录：王×× （办公室主任）

一、主持人讲话

今天主要讨论一下《中国办公室》软件是否投入开发以及如何开展前期工作的问题。

二、发言

技术部主任朱××：类似的办公软件已经有不少，如微软公司的 Word、金山公司的 WPS 系列，以及众多的财务、税务、管理方面的软件。我认为首要的问题是确定选题方向，如果没有特点，千万不能动手。

资料部主任章××：应该看到的是，办公软件虽然很多，但从专业角度而言，大都不很规范。我指的是编辑方面的问题。如 Word 中对于行政公文这一块就干脆忽略掉，而书信这一部分也大多是英文习惯，中国人使用起来很不方便。WPS 是中国人开发的软件，在技术上很有特点，但中国应用文方面的编辑十分简陋，离专业水准很远。我认为我们定位在这一方面是很有市场的。

市场部主任唐××：这是在众多航空母舰中间寻求突破，我认为有成功的希望，关键的问题就是必须小巧点评，并且速度极快。因为我们建造的不是航空母舰，这就必须考虑到兼容问题。

主持人：×× （签名）

点评：这篇会议记录缺少会议的主要内容和议题、会议的时间和地点、会议最后形成了什么决议或意见，对会议记录的格式和要求没有很好地掌握。结尾处应有"散会"字样，记录人也应该签名。另外，市场部主任的发言让人匪夷所思，不得其解。

温馨提示

做好会议记录的要求

1. 做好准备。事先要了解会议的议程，以便在记录过程中注意各有关方面的关系，将一些事宜有机地联系起来，加快记录的速度，记准、记全。会议记录是原始凭证，所以贵在准确、齐全。采用速记和录音的办法，也是保证"记录"准确、齐全的有效方法。

2. 采用速记方法。会议记录既可采用符号速记，也可采用文字记录。重要会议、重要领导人讲话可速记。一般会议，可使用文字摘要记录的方法。

3. 注意整理。通常情况下，现场记录是原始记录，一般需要整理。整理的要求是，在原始记录的基础上增补遗漏、纠正错误、核实决议，纠正语法错误，合理划定段落。

应用文写作

任务演练

1. 假设你所在的班级在辅导员的要求下，本周二下午要召开一次安全主题班会，请将此次主题班会的内容详细记录下来；
2. 假设你在××公司实习，参加了公司年初的工作会议，请拟写此次的会议记录。

任务 3　纪要

知识橱窗

"纪"是综合、整理，"要"是要点。会议纪要是直接体现会议精神和内容的重要文书。它应当反映会议的主要内容和精神，实事求是是会议纪要的生命。

一、纪要的概念和种类

1. 纪要的概念

纪要是综合整理会议要点，记载、传达会议情况和议定事项的文书。根据中共中央办公厅、国务院办公厅 2012 年发布的《党政机关公文处理工作条例》，作为公文之一的"会议纪要"已经更名为纪要。

2. 纪要的种类

（1）按照会议的类型分，可将纪要分为：办公会议纪要、工作会议纪要、座谈会议纪要、经验交流会议纪要、学术会议纪要等；

（2）按照会议议定内容分，可将纪要分为：综合性会议纪要、专题性会议纪要等；

（3）按照会议的任务与要求分，可将纪要分为：决议性会议纪要、通报性会议纪要、协议性会议纪要、研讨性会议纪要等。

二、纪要的特点

1. 纪实性

会议纪要是根据会议的宗旨、议程、决议等整理而成的公文，它是对会议基本情况的纪实。会议纪要的撰写者，不能变动会议议定的事项，更不能随意改动会议上达成的共识和形成的决定。此外，撰写者也不能对会议内容进行评论。总之，会议纪要必须忠实反映会议基本情况，传达会议议定事项和形成的决定，使它具有凭证作用和资料文献价值。一些重要的会议纪要，多年后还会作为人们确认那段历史的依据。

2. 概括性

会议纪要并不把会议的所有内容都原原本本地记录下来，它要有所综合、概括、选择和强调。一个会议，与会代表的话题宽泛，观点也多种多样。但会议纪要只须重点说明会议的主要参加者、基本议程、与会者有哪些主要观点、最后达成了何种共识、形成了什么决定或决议，就可以把会议的基本情况如实反映出来，不必像记流水账一样事无巨细一律照录。

3. 指导性

除凭证作用、资料作用以外，多数会议纪要具有指导工作的作用。它要传达会议情况、会议精神，要求与会单位和有关部门以此为依据展开工作，落实会议的议定事项。

三、纪要的基本格式

1. 标题

会议纪要的标题有单标题和双标题两种形式。

（1）单标题。

① 会议名称+文种，如《县委常委会议纪要》《局长办公会议纪要》《全国农村工作会议纪要》等。

② 事由+文种，如《关于解决粮食购销体制改革后遗留问题的会议纪要》等。

③ 发文机关+事由+文种，如《××学校关于加强纪检工作座谈会纪要》。

（2）双标题。由"正标题＋副标题"构成。正标题揭示会议主旨，副标题标示会议名称和文种，如《探讨新时期文学的发展——中国当代文学研究会第一次学术讨论会纪要》。

2. 正文

正文大多由前言和主体构成。具体写法依会议内容和类型而定。

（1）前言部分，概述会议基本情况，其内容包括会议名称、会期、会址、参加人员、主持人、主要议题、会议议程等。具体写法常见的有两种：

平列式。将会议的时间、会议地点、参加人员和主持人、会议议程等基本情况分条列出的写法。这种写法多见于办公会议纪要。

概述式。首先概括交代会议的名称、时间、地点、主持人、主要议程、参加人员、会议形式以及会议主要的成果，然后用"现将这次会议研究的几个问题纪要如下"或"现将会议主要精神纪要如下"等语句转入下文。

（2）主体部分，是会议纪要的核心部分，要紧紧围绕中心议题，把会议的基本精神，特别是会议形成的决定、决议，准确地表达清楚。这部分内容复杂，多数情况下都需要分条分项撰写。不分条的，也多用"会议认为""会议指出""会议提出"等惯用语作为各层意思的开头语，以体现内容的层次感。主体的常见写法有三种：

条文式。就是按所研究问题的顺序排列，逐个说明会议研究了什么问题以及对这个问题所作出的决定。其好处是使会议所解决的问题突出、措施明确、便于执行。办公会议纪要、工作会议纪要多用这种写法。

综述式。就是将会议所讨论、研究的问题综合归纳成若干部分，每个部分谈一个方面的内容。有的还根据会议的主要议题，分别冠以小标题，以使眉目更加清楚。较复杂的工作会议、经验交流会议、座谈会、研讨会的会议纪要多用这种写法。

摘记式。就是按会议发言顺序排列，将与会人员的发言的主要观点、意见整理出来。一般在记录发言人首次发言时，在其姓名后用括号注明发言人所在单位和职务。为了便于把握发言内容，有时根据会议议题，在发言人前面冠以小标题，在小标题下写发言人的名字。这种写法多用于学术讨论会和人数不多的小型座谈会等，其优点是能如实反映会上讨论情况和每个人的不同观点。

（3）结语部分，一般性会议纪要可不写结语，重要的工作会议和讨论会、座谈会纪要的结语，多数写一段对会议的评价，强调会议所讨论工作的意义，提出希望、号召、要求等，还可以对会议的情况作一些补充说明。

3. 落款

署上成文时间。

例文点评

××公司第三次筹备工作会议纪要
（二〇〇九年十一月十二日）

为进一步落实公司下属各部门人选，设计公司发展愿景，2009年11月12日，公司第三次筹备工作会议在南湖宾馆召开。这是公司开业前最后一次筹备会议，股东会、董事会、监事会、总经理及公司其他部门负责人参加了此次会议。

会议由董事会副董事长游山主持。

会议回顾了公司筹建的各项工作，肯定了为筹备工作付出了艰辛和努力的代表，在初步酝酿的基础上推选出公司组织机构下属各负责人名单，讨论并加以确定。

会议提出了近期的工作规划和目标：

一、新年第一天成功举办公司开业典礼；

二、三月份筹办一期产品展览会，以拓展市场，扩大影响；

三、加大宣传，提高知名度；

四、公司生产基地设在岳阳，三年内在长沙、宁波、上海、深圳等地设研发或销售服务机构，力争在瞬息万变的市场中赢得先机。

会议审阅了新年开业典礼开幕词，充分肯定了公司组建意义和发展愿景。

此次会议明确了公司组建的基本思路，为今后的工作指明了方向。

> **点评：** 这是××公司筹备会议整理出的会议纪要。它由标题、成文日期、正文三部分组成。该文标题属于单式标题，由发文机关、事由和文种构成；成文日期写在标题下（亦可放在正文右下方）；案例的正文部分有会议概况、会议事项和尾语。该文文字简洁，格式规范。

××年××省对外交流教育教学研究会会议纪要

××年×月×日,由××省教育厅组织的对外交流教育教学研究会在××宾馆举行。参加会议的有××省对外交流教育教学研究会的领导及专家,教育厅相关领导及下属的××教育报刊社的研究人员,全省各级职业院校的院、校长或教师代表。

此次会议是对拟立项课题召开的一次务虚研讨会,希望以联合国教科文组织××年出版的《学会做事》为契机,通过借鉴国际经验,结合我国实际来探讨在职业学校加强价值观教育的问题。

会议开始,××同志就《学会做事》一书所阐述的价值观教育理念、思想以及内容做了详细介绍,并对职业教育中价值观教育的重要性和必要性做了说明,他提出希望借《学会做事》一书的引进,在认真总结我国职业学校相关教学经验的基础上,吸收国际先进经验,通过此次课题研究的推动,探索出适合我们的新的价值观教学模式,为完善有中国特色的职业教育体系做出积极贡献。

随后,副处长××就拟立项课题《职业教育中价值观和态度教育比较研究与实验》的相关情况向大家做了介绍,具体包括三个方面的内容:第一、选题的背景和问题研究意义;第二、研究目标、主要内容;第三、初步的研究思路、方法、技术路线和步骤。

接下来,来自各职业院校的同志进行了研讨发言,大家都对职业教育中价值观教育问题的重要性表示了认可,纷纷表示愿意参加课题的研究。

最后,××副会长做了总结讲话。

点评: 这份纪要有点像会议记录,没有将会议的要点整理出来,主要存在以下2个问题,一是未交代清楚会议的主持人等基本情况;二是整个纪要的主语是××人,而不是第三人称"会议",因此,在正文中要对会议内容做综合概括,这部分要做出较大的修改。

四、纪要的写作注意事项

1. 概括真实

会议纪要要真实准确地表达会议内容,不能随主观意图增减或更改会议的内容,或借题发挥、添枝加叶。

2. 重点突出

一次会议有时要涉及很多问题,写会议纪要时要抓住会议明确和解决的主要问题,切不可面面俱到而使中心不突出。

3. 意见统一

要根据会议的中心目的,以大会的总结报告为依据,认真分析各种意见,集中反映符合会议中心要求的多数人的一致意见,同时也要吸收少数人的正确意见。对于有分歧的意见,除学术性会议纪要外,一般不要写入工作会议性质的会议纪要中。

4. 条理清楚

条理清楚即指对会议讨论的意见要分类、分层、分序,使人感到问题明显、条理清晰。

应用文写作

温馨提示

纪要与会议记录的区别

会议纪要与会议记录既有联系，又有区别。会议记录是会议过程的原始记录，是书写会议纪要的基础。会议纪要则要将会议情况、议题、决定等加以系统的整理、分析、提炼，比会议记录更具条理化和理论化。

二者的本质区别主要有三：第一，从问题性质上看，会议纪要是正式公文文种；而会议记录只是会议情况的记录，只是原始材料，不是正式公文。第二，从内容上看，会议记录无选择性、提要性，会议上的情况都要一一记录下来；而会议纪要有选择性、提要性，不一定要包容会议的所有内容。第三，从形成的过程和时间方面看，会议记录是随着会议的进行过程同步产生的；而会议纪要则要在会议后期、甚至会议结束后通过选择归纳、加工提炼之后才能形成。

任务演练

（1）就某项工作召开一次班会，由班长主持，作好会议记录，并在会议记录的基础上整理出一份会议纪要。

（2）在下面材料的基础上拟写一份会议纪要。秘书事务所成立一周年大会于2009年12月15日在××职业技术学院召开。学院主要领导、学院各部门负责人等参加了会议。会议由事务所负责人苏明主持。院长张××、文秘系主任李××分别发表了讲话。张院长充分肯定了秘书事务所一年来所取得的工作成绩，并对事务所下一步的工作提出了明确的要求。李主任代表事务所和文秘系就事务所的工作向学院领导和各部门表示感谢，表示有决心、有信心完成领导布置的工作。会议还就秘书事务所的工作展开了热烈的讨论。

任务 4 会议简报

知识橱窗

一些重要会议结束后，为了告知公众，宣传会议精神，会议组织者常常编发简报，进行分发传阅。因而，掌握编发会议简报的知识要点，对于未来的工作具有重要意义。

一、会议简报的概念和作用

1. 会议简报的概念

简报是党政机关、人民团体、企事业单位内部用于汇报工作，反映问题、沟通情况、指导工作，交流经验、传递信息的一种简短的有一定新闻性质的文书材料。

2. 会议简报的作用

（1）沟通作用。将本行业、本单位的会议精神广泛进行交流，以便使上级机关掌握基层工作情况；广大群众了解国家方针政策和本行业、本单位生产、工作动态；兄弟单位之间互通情报，相互启发，相互促进工作。

（2）指导作用。会议简报向下级单位和群众传达上级或本机关的指示或会议精神，对本单位或下级单位的工作有指导和启发作用。

（3）宣传作用。会议简报的上传、下达、平送，可起到宣传本单位，树立组织或企业形象的作用。

二、会议简报的特点和种类

1. 会议简报的特点

（1）内容专业性强。会议简报一般由有关单位、部门主办，专业性十分明显。针对某次会议，传递其各种信息，包括情况、经验、问题和对策等，一般性的东西较少涉及，专业性的东西所占比例较大。这样，阅读者来说，能使他们了解工作的进展情况。

（2）篇幅简短。一期会议简报甚至只登一篇文章，几段信息，或一期几篇文章，读者可以用很短的时间把它读完。会议简报的语言必须简明精练。

（3）限于内部交流。会议简报一般在编报机关管辖范围内各单位之间交流，不宜甚至不能公开传播，特别是涉外机关和专政机关主办的会议简报更是如此。有的会议简报，往往是专给某一级领导人看的，有一定的保密要求，不能任意扩大阅读范围。

（4）具有时效性。简报是带有新闻性质的事务文书，采编人员要及时掌握信息，迅速成文和编印，以期达到迅速传递信息、交流情况的目的。

2. 会议简报的种类

会议简报是在会议召开期间编发的反映会议进展情况的临时性简报。一般由会议秘书或主持单位编写。它有两种形式：

（1）报道式简报。从内容覆盖面来分，报道式简报分为综合性报道和专题性报道。从报道的时间来分，报道式简报可分为连续性报道和综合报道。连续性报道，即会议期间分期编发的简报。如会议之初编写介绍包括会议目的、要求、筹备情况、召开时间、议事日程安排、参加人数等概况的简报；会议召开期间，编写发言摘要及会议研讨情况的报告。综合性报道，即在会议期间不编简报，而于会议结束后写出总结性简报，概述会议进程、会议内容及议决事项等。

（2）转发式简报。转发式简报主要用于转发会议活动中领导讲话或者与会者的重要发言及书面建议。

三、会议简报的基本格式

1. 报道式会议简报

会议简报通常由报头、报体（正文）、报尾三部分构成：

应用文写作

（1）报头。构成同其他简报一样，但有一套专门设计的固定版式。上面正中用醒目大字标明简报名称，报名下面要标明编印机关、印发日期、编号。简报名称可由会议会称和文种类别（简报）组成，也有的只标"会议简报"字样。

（2）报体。报体又称正文，是会议简报的主体。报体是简报的核心，主要包括标题和正文两部分。有多项内容的会议简报往往装订成册，在首面（封面）报头下设置目录。

会议简报报体的写法，要根据具体情况来定，大致有三种：

第一种为综述法。由编者采集各方面的言论、意见加以概括而成，相当于一份会议的综合报道，将会议的进程、出席情况、会议的发言和议程一一写入，全面加以反映。

第二种是重点报道法。重点反映会议的某个重要报告的内容、小组讨论情况或一个与几个人的发言等。

第三种为摘要法。摘录代表发言的概要，供与会者参阅。

（3）报尾。报尾在会议简报最后一页的下方，置于两条平行线之中，注明主送单位或个人姓名、抄送单位、增发单位和印发份数。

2. 转发式会议简报

（1）标题。转发式会议简报的标题一般要反映发言者姓名、身份和发言的主题或原发言稿的标题。

（2）按语。按语又称编者按，用以说明转发目的，提示内容，引起读者注意和重视。

按内容划分，按语可分为说明性按语（说明转发原因和目的）、提示性按语（提示内容的重点和要点）、评述性按语（对转发的发言和建议发表意见、表明态度）。

按方式划分，按语可分为前言式按语（即放在标题之前或标题之后、正文之前的按语，又称题头按）、插入式按语（即在正文的重点、要点和精彩之处用括号插入按语，有画龙点睛之功效）、编后式按语（即在正文之后的按语，又称编后按）。标印时，按语的字体字号要与正文有明显区别。

（3）正文。正文部分就是简报所要转发的发言或建议的内容。编辑时，要对原会议记录或发言稿进行文字梳理，对即兴发言中的口语或不规范的语言要进行适当的修改，但应保持发言的风格。

四、编写会议简报的注意事项

编发会议简报，要注意做到一快、二简、三精、四准。

1. 快

即速度要快。会议简报，一般是头天讨论的情况，第二天一早就要印出发到与会人员手上。这就要求编写简报者必须是"快枪手"，要练就一手一两小时便能整理出一份简报的功夫。要讲究方法，采写人一边听会议讨论，一边分析、归纳。一脑两用，脑海中已经有了简报的框架。

2. 简

即文字简洁。顾名思义，简报要简，通常是"千字文"，这就要求文字要干净、简练，不说废话。写法上要开门见山，直截了当。

3. 精

即材料要精。简报内容要紧紧围绕会议的中心议题,把代表们的主要认识、意见和建议反映出来。要扣紧主题,突出重点,抓住典型,提炼概括。一般的情况就可以省略不用了。

4. 准

即内容要准确。会议简报反映情况一定要真实、准确,简报反映的观点材料,必须是与会人员讲的,要忠实于原意,一些关键的词句,甚至要求是原话。

例文点评

中共××大学第一次代表大会简报

第 1 期

党代会宣传组　　　　　　　　　　　　　　　　　　　2009 年 11 月 28 日

中国共产党××大学第一次代表大会即将召开

根据《中国共产党章程》《中国共产党基层组织选举工作暂行条例》和《中国共产党普通高等学校基层组织工作条例》的规定及学校的实际情况,经校党委研究,并报中共××市委组织部批准,决定于 12 月下旬召开中国共产党××大学第一次代表大会。

这次代表大会的指导思想是高举中国特色社会主义的伟大旗帜,以邓小平理论和"三个代表"重要思想为指导,深入贯彻落实科学发展观,按照党的十七大和十七届四中全会精神,联系实际,实事求是地总结报告校党委近年来的工作,提出今后四年的工作规划和目标,进一步加强党的建设,动员全校各级党组织和广大党员认清自己所肩负的历史责任,与时俱进,开拓创新,为构建和谐校园,推动学校的各项事业又好又快发展而努力奋斗。

这次大会的主要议程是听取和审议中共××大学委员会工作报告;听取和审议中共××大学纪律检查委员会工作报告;选举产生中共××大学第一届委员会;选举产生中共××大学第一届纪律检查委员会。

这次党代会是我校处于改革发展的关键时期所召开的一次大会,具有承前启后、继往开来的重大意义,是我校党内政治生活的一件大事。建校 20 多年来,特别是在最近 5 年中,校党委始终坚持以毛泽东思想、邓小平理论和"三个代表"重要思想为指导,深入贯彻落实科学发展观,总揽全局,抓大事谋发展,全校师生紧密团结、顽强拼搏,学校各项事业取得了显著成绩,为召开第一次党代会创造了良好条件。

目前,全校师生员工正以高度的政治责任感和使命感,以优异的工作业绩、饱满的工作热情和最佳的精神风貌,迎接第一次党代会的胜利召开。

本期发送范围:上级主管部门　院领导　院属各单位

本期责任编辑:张××　　　　　　编辑:刘××

联系电话:××××××　　电子邮箱:××××××　　本期共印 70 份

应用文写作

> **点评**：这份会议简报是连续性报道的第1期，是在会议正式召开前便发出来的，具有传递信息、交流情况，营造舆论氛围的重要作用。报身部分对会议的召开的依据、指导思想、主要议程和作用进行了介绍，便于广大教职工掌握和了解相关信息。

省人文社会科学（旅游科学）课题立项评审会召开

2005年度省教育厅人文社会科学（旅游科学）课题立项评审会暨"××江干流开发与环境保护暨旅游业发展论坛"于2005年5月27~31日在××大学召开。

本次会议主管单位为省教育厅科技处，由省教育厅人文社会科学重点研究基地——××学院旅游发展研究中心主办，××大学承办，××大学、××工程学院协办，并得到了××基金会的资助，以及省对外友协、市外事台侨旅游局、市环保局等单位的大力支持。

来自省内外30余所高校和相关部门的参会代表共70余人参加了会议。××师范学院参会代表约20人，由院长××教授率队参会。大会共收到参会论文40余篇，20余位代表就相关学术问题进行了大会发言和学术交流。会议期间大会组委会安排参会代表对市区、××江干流进行了实地参观考察。

在2005年度省教育厅人文社会科学（旅游科学）课题立项评审会上，省教育厅科技处领导和旅游发展研究中心学术委员会成员就本年度申报课题（本年度共有20所高校申报"中心"课题81项，经资格审查后受理76项）进行了严格认真的审查。评审办法为：学术委员会无记名投票表决，校外学术委员监票并当场宣布票数，报省教育厅科技处批复后公布。

参会代表一致认为此次会议取得了圆满成功。经初步商定，2006年度旅游发展研究中心类似的会议定于2005年5月在××举行，由××大学承办。

> **点评**：这份会议简报格式不够完整，内容方面主体分散，不够精简，特别是第二段和第三段需要删掉一部分与会议关联不大的内容。

温馨提示

编发会议简报的要求

1．准确反映会议情况

会议简报要发挥其传递信息，指导工作的功能，就要贴近工作，准确抓住会议精神予以报道。写会议简报除内容的准确、全面、典型外，还要注意语言形式的准确性。

2．突出会议基本事实

会议简报提供给读者的是事实，而不是说理。应让事实本身去吸引人、说服人。

3．及时新颖地反映会议情况

首先，会议简报的内容要新颖，要及时反映会议的新精神、新情况等。其次，反映问题的角度要新颖，表达方式也要新颖，有变化。

4．文字要简洁

行文要开门见山，以最少的文字传递会议信息，力戒俗语套话。要集中表达会议主题，精选材料，选好角度，运用得当的措词和表达方式。

任务演练

1. 时逢学校举办团代会，校团委召开学生会干部工作例会，布置团代会的具体工作，请你为本次会议编发一期简报。

2. 冬季来临之际，正是羽绒服销售旺季，如果你在某羽绒服公司销售部门实习，该公司召开了一期关于拓展销售渠道的工作会议，请你为本次会议拟写一期简报。

拓展阅读

如何准备会务工作

一、筹备会议

秘书一旦接受会议筹备的任务，就要把握会议的内容、主题和形式，并着手准备以下几项工作：第一，确定会议的时间和地点；第二，确定会议的参加人选；第三，草拟会议日程表；第四，起草会议通知；第五，准备会议资料和各种会议用具。

二、筹备会议的步骤

公司的例行会议由于参加人员、会议地点、会议时间基本上是固定的，所以这种例行会议的日程安排、会议用具、签到表也是固定的，但是如果是公司内部召开的临时会议，或者是公司在外租借场地召开的会议（如新产品发布会），就要认真做好会前的筹备工作。下面以公司租借场地为例，具体说明筹备会议的步骤。

1．布置会场

在开会之前，秘书自己一定要去实地检查一下会场，看会场的工作人员的态度如何、会场的布置和设备怎样，对一些关键的地方要作详细的记录。到底要租借什么样的会场，要根据会议的内容、参加人数的多少及需要什么设备（如是否需要投影仪）等因素来确定。开会的当天，在会议开始之前，一定要检查一遍会场的设备（如麦克风）情况。如果出席会议的人员有变动或者座次需要变动的话，一定要赶在会前调整好。

2．会议通知

秘书确定出席会议的人员名单后，最好同时附上这些人员的基本情况一览表（包括职务、年龄等）送给上司审核，上司也许会作一些增减。

完成人员名单确定工作之后，就要立即起草会议通知（或请柬），在通知后面一定要附回执。在会议通知上，要注明开会的地点、时间和联系电话号码，以便在出现飞机、火车误点等特殊情况下及时联系。会议通知应在会前15～30天之内寄出，这样对方有一个把会议回执寄回来的时间。

3．检查用具

不同的会议需要不同的用具，秘书要根据会议的具体内容进行准备，一般的会议都要准备以下用具：电脑、投影仪、签到表、黑板刷、文件袋、指示棒、废纸篓、桌、椅、烟灰缸、饮料、笔记本、铅笔等。除此之外，如果参加会议的人数比较多，会场比较大的话，还要配备扩音器。

4．核对资料

如果有大会发言，一定要把发言稿打印好，事先分发给每个会议代表。上司的发言稿，一般都是由秘书起草的，一个有丰富经验的秘书在把发言稿交给上司时，肯定会给上司一些提醒，哪些问题应重点讲一讲；哪些问题代表可能会提出质疑。总之，秘书自己一定要先吃透这份发言稿。准备会议资料时，一定要留有充分的余地，多打印一些，因为有时可能出现代表丢了资料找你要第二份的情况，也有可能会议又临时增加几个列席代表。资料多了固然有些浪费，但少了的话，哪怕是只少一份，也会惹出许多麻烦。

三、开会当天的工作

开会的代表一般是提前一刻钟签到进入会场。在会议代表进入会场之前，秘书一定要再检查一下室内温度、通风换气设备、照明采光设备、扩音设备、桌子、椅子、窗帘等。如果会议中间还要用投影机的话，那么，事先还要给它留出一定的空间。

现在稍微有些规模的会议，大多是安排在那些高级宾馆、饭店内的会议室举行，所以，秘书一定要在大门口放一块进入会场的示意板："某某会议在某层某号召开"，不过，仅仅是放一块示意板还不够，如果可能的话，最好还安排几名具体工作人员到门口迎接参加会议的代表，把他们领到会场，这样更能显示出会议主人的周到和热情。

担任接待人员，在会前就要根据出席会议人员的名册，记熟代表们的单位、职务和安排他们住宿的房间号，这样对接待工作会有许多方便。

四、会议正在进行时的工作

在开会的时候，如果秘书没有安排工作会议记录等具体工作，那么，秘书就坐在会议室的最后一排，或坐在会场旁边的小传达室。秘书一般不作为会议的正式代表参加会议。

会议期间，秘书的主要工作是传接电话、作会议记录、协助有关工作人员调整扩音设备、给代表送饮料等。

开会的时候，不是特别紧急的电话，一般都不转接。内容一般的电话，秘书帮助记录下来，在会议中间休息的时候，把电话记录转交给当事人，只有当内容比较紧急的情况下才立即通知当事人。当然，如果会场比较大，人数超过100人的话，可到会场中间把当事人叫来接电话。

会议即将结束的时候，秘书就要开始安排与会者乘坐的车辆。这个时候，最忌讳的就是秘书只顾安排自己上司的车辆，而不管其他代表的乘车。会议代表一共需要多少车辆，秘书心里要有数。当代表出来时，车已在门口等候。

五、会议扫尾工作

会议结束之后，要立即去清理现场，看看代表是否丢了什么东西。清理会场之后，向会场的主人表示感谢。同时整理会议记录，做好会议总结。

1. 会议记录

秘书常常安排做会议记录。作会议记录的秘书，一般同时要负责写会议纪要。会议纪要的内容要简单明了，而且时间不能拖得太长。会议纪要写好之后，要多复印几份，抄送给有关部门。

2. 会议总结

会议结束后，要及时总结经验教训，特别要找出在会议中出现失误的原因，这样，在下次开会时，能把会务工作做得更好。

附录 A

教案写作

知识橱窗

教案是一个教师课堂理想生成的前提，是教学的一种方案，是对教与学行为的一种预设。没有精心的准备，就没有课堂的精彩，更谈不上高效课堂。踏踏实实认真写好教案，精心备好课，不仅能严密课堂教学过程，做到上课时胸有成竹，讲课时从容不迫，而且有助于更好地研究新的教学方法，不断提高教学质量。因此，上课前写好教案是全部教学过程必不可少的重要环节。

一、教案的概念和作用

1. 教案的概念

教案是教师为顺利而有效地开展教学活动，根据教学大纲和教科书要求及学生的实际情况，以课时或课题为单位，对教学内容、教学步骤、教学方法等进行的具体设计和安排的一种实用性教学文书。教案通常又叫教学设计，包括教材简析和学生分析、教学目的、教学重点、教学难点、教学准备、教学过程及练习设计等。

2. 教案的作用

（1）有助于教学活动的开展。做任何工作都应有高度的计划性，教学工作也不例外。只有按照计划进行，才能克服教学工作中的盲目性，才能提高工作效率，提高教学质量。教师只有在授课前充分了解学生，认真钻研教材，设计出合乎客观规律性的教案，遵循教学规律有的放矢地进行教学，才能在教学过程中目标明确、心中有数，从而取得好的教学效果。

（2）有利于教学水平的提高。备课是讲课的前提，是讲好课的基础，教案则是备课的具体表现形式。它可以反映教师在整个教学中的总体设计和思路，是衡量教师教学水平高低，尤其是教学态度认真与否的重要尺度。教师编写教案是一个研究教学计划或教学大纲、教材、教学内容、学生及教法等因素的综合过程。在这个过程中，教师不仅要研究学科的知识体系、学生的接受水平、心理特点，而且要明确教材主要目标、重点难点，酝酿设计教学过程，确定教学方法等。只有下功夫，刻苦钻研、持之以恒，铢积寸累，教学水平才会不断提高。

（3）教学督导的重要依据。教学督导对教学质量监控可发挥积极作用，它主要以督教、督学、督管为主，对学校的专业、课程、教材的建设方案和实施情况进行检查、评议，并提出合理化建议。教案则可作为检查和评价教师对课程教学内容的熟悉程度、业务水平的高低及教学方法运用是否得当等方面的依据。

二、教案的特点和种类

1. 教案的特点

（1）计划性。教案中对每个课题或每个课时的教学内容和教学步骤的安排、教学方法的选择、板书设计、教具或现代化教学手段的应用、各个教学步骤教学环节的时间分配等，都要经过周密考虑，精心设计而确定下来，体现着很强的计划性。

（2）设计性。编写教案要依据教学大纲和教科书，从学生实际情况出发，进行精心设计，以利于教师科学、合理地支配课堂时间，更好地组织教学活动，提高教学质量，收到预期的教学效果。

（3）创造性。教案在反映学科专业特点的基础上，要积极融入自己的人格和认知特点，体现教师的个性特点和独特见解，彰显自己的教学风格。

2. 教案的种类

根据教案编制的内容侧重点来分，最为常见的教案类型有以下三种：

（1）以辑录知识为主的知识型教案。其特征是汇集教材中的知识或摘抄教学参考资料中的知识，其目的是备忘，篇幅一般较长，多见于政治、历史、地理、生物等学科。

（2）以书写教学步骤为主的步骤型教案。因侧重教学结构，往往只有框架，内容较简，篇幅也较短，多见于数学、物理、化学等理科；近年来有关改革课堂教学结构、实行新课标教学的教师的教案也多属于此类。

（3）以书写教法为主的教法型教案。这类教案侧重于教学过程中教学方法的设计，对教学内容则不甚注重。

三、教案的编写原则和准备工作

1. 编写教案应遵循的原则

教学是一种创造性劳动。写一份优秀教案是设计者教育思想、智慧、动机、经验、个性和教学艺术性的综合体现。教师在写教案时，应遵循以下原则：

（1）科学性。所谓符合科学性，就是教师要认真贯彻课标精神，按教材内在规律，结合学生实际来确定教学目标、重点、难点。设计教学过程，避免出现知识性错误。那种远离课标，脱离教材完整性、系统性，随心所欲另搞一套的写教案的做法是绝对不允许的。一个好教案首先要依标合本，具有科学性。

（2）独特性。教材不能随意更改，但教法是可以灵活运用的，课怎么上全凭教师的才干和智慧。在写教案的过程中，要充分利用教学资源，吸取同行经验，并向经验丰富的老教师请教，但不能照搬别人的东西，要汲取精华，去除糟粕，对别人的经验要经过一番思考，消化吸收，然后结合个人教学体会，巧妙构思，精心安排，从而写出自己独特的教案。

（3）差异性。由于每位教师的知识、经验、特长、个性是千差万别的，而教学工作又是一项创造性的工作。因此，写教案也不能千篇一律，要发挥每一个老师的聪明才智和创造力，所以老师的教案要结合本地区的特点，因材施教。

（4）艺术性。教案的艺术性就是构思巧妙，不仅能让学生在课堂上学到知识，而且能得到艺术的欣赏和快乐的体验。教案要成为一篇独具特色的"课堂教学散文"或者是课本剧，就要在开头、经过、结尾层层递进、扣人心弦，达到立体教学效果。教师的说、谈、问、讲等课堂语言要字斟句酌，该说的一个字不少说，不该说的一个字也不能说，要做到安排恰当。

（5）可操作性。教师在写教案时，要从实际需要出发，充分考虑教案的可行性和可操作性。该简就简，该繁就繁，要简繁得当。

（6）考虑变化性。教师在备课时，应充分估计学生在学习时可能提出的问题，确定好重点、难点、疑点和关键。要明确学生会在什么地方出现问题，大都会出现什么问题，怎样引导，要考虑几种教学方案。若出现打乱教案现象，也不要紧张。要因势利导，耐心细致地培养学生的进取精神。

2. 编写教案前的准备工作

（1）钻研大纲和教材，确定教学目的。在钻研大纲、教材的基础上，掌握教材中的概念或原理在深度、广度方面的要求，掌握教材的基本思想，确定本节课的教学目的。教学目的一般应包括知识方面、智能方面、思想教育方面。课时教学目的要订得具体、明确、便于执行和检查。教学过程是一个完整的系统，制定教学目的要根据教学大纲的要求、教材内容、学生素质、教学手段等实际情况，考虑其可能性。

（2）明确本节课的内容在整个教材中的地位，确定教学重点、难点。在钻研教材的基础上，明确本节课的内容在整个教材中的地位及重点难点。所谓重点，是指关键性的知识，学生理解了它，其他问题就可迎刃而解。因此，不是说教材重点才重要，其他知识就不重要。所谓难点是相对的，是指学生常常容易误解和不容易理解的部分。

（3）组织教材，选择教法。根据教学原则和教材特点，结合学生的具体情况和学校设备条件来组织教材考虑教法，初步构思整个教学过程。教材的组织是多种多样的，同一教材可以有不同的组织结构。但不论是哪一种结构都必须围绕中心内容，根据教材的内在联系贯穿重点，确定讲解的层次和步骤。同时，在选择教法上，还必须充分考虑如何集中学生的注意力、启发学生的积极思维。

（4）设计教学程序及时间安排。对于上课时如何引入新课题、新授课的内容如何展开、强调哪些重点内容、如何讲解难点、最后的巩固小结应如何进行等程序及各部分所用的时间问题，都应在编写教案前给予充分的考虑。

（5）设计好板书、板画。板书、板画是课堂教学的重要组成部分，因此在编写教案时应给予足够的重视。板书的设计可以从钻研分析教材的知识结构入手，也可以从分析学生的认知规律入手。

四、教案的基本内容

一份教案，其具体内容包括以下十二项：

（1）课题，即本节课的课题。

（2）教学目的，或称教学要求，或称教学目标，即本课所要完成的教学任务。教学

应用文写作

目的应包括三方面内容：一是基础知识和技能应达到的程度；二是有关学生思维能力方面的培养；三是对有关思想情感的渗透。

（3）课型，即本节属于新授课、复习课、习作指导课、讲评课中的那种。

（4）课时，即本节课属第几课时。

（5）教学重点，即本课所必须解决的关键性问题。

（6）教学难点，即学习本课时容易使学生学习产生困难和障碍的知识点。

（7）教学方法，即要根据学生实际，注重引导自学，注重启发思维。

（8）教学过程，或称课堂结构，即说明教学进行的内容、方法步骤。

（9）作业处理，即说明如何布置书面或口头作业。

（10）板书设计，即说明上课时准备写在黑板上的内容。教案中要单列板书设计，板书要直观精练，纲领性强。

（11）教具，或称教具准备，说明辅助教学手段使用的工具。

（12）教学反思，教者对该堂课教后的感受及学生的收获、改进方法。要求短、平、快，即短小精悍，平中见奇，快捷及时。

在教案书写过程中，教学过程是关键，它是教师具体施教的步骤，是教师教学设计的体现，也是教学思想的展示过程。它是教案书写的重点，也很复杂的。教学过程应写清以下几个步骤：

1. 导入新课

（1）设计新颖活泼，精当概括。

（2）怎样进行，复习哪些内容？

（3）提问哪些学生，需用多少时间等。

2. 讲授新课

（1）针对不同教学内容，选择不同的教学方法。

（2）怎样提出问题，如何逐步启发、诱导？

（3）教师怎么教？学生怎么学？详细步骤安排，需用时间。

3. 巩固练习

（1）练习设计精巧，有层次、有坡度、有密度。

（2）怎样进行，谁上黑板表演？

（3）需要多少时间？

4. 归纳小结

（1）怎样进行，是教师还是学生归纳？

（2）需用多少时间？

5. 作业安排

（1）布置哪些内容，要考虑知识拓展性、能力性。

（2）需不需要提示或解释？

五、教师写好教案的注意事项

1. 项目填写要齐全、教学环节要完备

教案一般都有固定表格或模板，填写要规范，如有变动必须马上注明。教学目标、教学重点难点的概括必须准确、科学，教学环节是教学全过程的总和，一般包括导入语、教学主要内容、重点提问、课后思考或作业布置、板书设计等，教学环节完备、教学过程才能完整。

2. 重点、难点要突出

教学目标和教学重点难点不能仅停留在表格中，必须在教学实施过程中予以体现，教学内容的组织必须紧紧围绕这一课的重点、难点和目标展开，对重点给予重视，对难点分析明白，这一切都在于实现这一课的具体教学目标。

3. 教学材料处理要灵活

教案不能写成教材的缩写，不能写成教材的提纲，教材只是提供了教学参考材料，不能代替全部教学，更不能代替教师备课和教学中的创造性劳动。所以教案中对教学材料的处理要紧紧围绕教学目标形成有机整体，一要完整，二要逻辑严密，三要通过创新形成特色。

4. 板书设计要力求创新

教师的教学活动是极富个性特点的创造性劳动，其个性特征最突出地表现在每次课的板书设计中。所以教师备课时要在充分研读教材的基础上，为每一节课设计出具有如下特点的板书方案：一是严密的逻辑性，板书顺序是逻辑推理的再现；二是概括性，高度凝练概括本课的教学主要内容；三是符合审美要求，板书设计要符合审美规律，给人以明确清晰、美观大方的良好审美感受；四是结构的完整性，即对一个知识点的全面完整表述；五是创新性，板书要体现出自己的特点，即个性化和创新性。

5. 教案要不断充实完善

教案撰写不是一次性劳动，初稿完成后，需要不断充实完善。因为初稿往往有顾此失彼之处；而且教材研究与教学实施常有灵感产生，出现新的闪光点应及时补充进去，充实完善不是推翻重来，可以利用备注栏，也可以用一页纸粘在一角，对照研读。

6. 教案以手写为主，条理清晰，字迹工整

教案撰写是创造性劳动，是对教师研究能力、写作能力、概括分析能力的有效训练，也是对教师书写水平、概括能力、材料组织等综合素质的反映，所以教案是教师创造性劳动的结晶，也是检验教师质量的一个重要依据。手写教案对教师要求更高，更能真实检查教师备课质量、更具有可比性，因此客观上要求教师要写一手好字。出色的手写教案也能为学生提供一个学习的鲜活样本。

应用文写作

例文点评

未来的桥

宁夏银川兴庆区唐徕回民小学　尚继华

执教内容：人教版一年级下册《未来的桥》。

一、教学目标

1. 通过口语交际训练，培养学生的口语交际能力和创新能力。
2. 训练学生在口语交际中清楚、完整、有条理地表达自己的意思。
3. 培养学生自然、大方、有礼貌的听说态度及与同学们积极合作的意识。
4. 在师生、生生的互动中学习倾听、质疑和评价。

二、教学重点、难点

1. 培养学生的想象能力、创新能力。
2. 训练学生在口语交际中能清楚完整地表达自己的意思。

三、教学准备

1. 教师制作课件。
2. 课前安排学生观察日常生活中的桥，搜集关于桥的资料、图片或向别人请教有关桥的知识，看一看、问一问各种桥有什么不同，各有什么特点等。
3. 在《未来的桥》一文学习之后，安排学生思考"未来的桥会是什么样子"，再把想象中的桥画下来，上课时带来。

四、教学过程

（一）引导回顾，谈话导入

1. 课前板书好"桥"字，开课齐读。
2. 你在生活中、电视上、网络中见过什么样的桥？结合你们课前搜集的桥的图片或资料，介绍给小朋友。（指名说）
3. （课件出示教师搜集的桥的图片）仔细看，想一想：你喜欢哪一座桥，为什么？（指名说）
4. 谈话：从古到今的桥梁师设计、建造了一座座美观、实用的桥，造福了后代子孙。那么，你们长大了，你们老了，你们子孙老了的时候，又会有怎样的桥呢？今天这节口语交际课，我们就来谈一谈"未来的桥"。（板书：未来的桥）

【设计意图：教师先和学生一起回顾生活中已有的桥，在丰富感性认识的基础上，引入说话题目，学生会兴趣盎然，思维活跃。】

（二）创设情境，指导方法

1. 创设喜羊羊请小朋友帮忙的情景，激发学生口语交际的兴趣。

播放录音：小朋友们，我们最近碰到了一个难题：灰太狼想抓我们，在羊村周围挖了一条又宽又深、跳都跳不过去的沟，我们已经几天不能到青青草原上吃草了，羊儿们都饿坏了，这可怎么办呢？小朋友们，请帮我们想想办法吧！

2. 指名说各自想出的办法。
3. 喜羊羊在大家的提示下想到建造一座伸缩桥。认真听喜羊羊介绍他设计的伸缩桥，想一想喜羊羊应该怎么介绍的，你喜欢他设计的桥吗，为什么？

出示图画，播放录音：

小朋友们，这是我设计的伸缩桥。它主要用木头和树藤建成，能伸能缩。收起来时，它就像一个中间空心的木头桩子。在羊儿们要出村时，用遥控器打开开关，它就可以伸长，搭成一座桥，桥面平平的，桥身长长的，两边有树藤围成的护栏。不用它时，就可以用遥控器把它收回去，可不能让灰太狼通过呀！它是绿颜色的，从远处看，它和草的颜色一样，不会轻易被发现。最重要的是，我在桥头设计了一个分辨仪，这个分辨仪能识别狼和羊，判断出站在桥前的是狼还是羊。只有来者是羊时，遥控器才会起作用，桥才能延伸，让它从大沟上过去。

4. 指名说：你喜欢喜羊羊设计的这座桥吗，为什么？

5. 小结：介绍桥时，可以先说说它的名字，再介绍它的样子，它有什么作用，还可以讲讲这座桥不同于其他桥的地方等，只有把自己设计的桥介绍清楚了，别人才有可能也喜欢你设计的桥。

【设计意图：喜羊羊是孩子们特别喜欢的动画人物，用这一角色创设请求帮助的情景，学生会很快被吸引，焕发出浓厚的交际兴趣。他们积极开动脑筋帮喜羊羊想办法，在告诉大家自己想到的办法时，自然而然地开始了口语交际的练习。教师小结介绍桥的方法，其实是将口语交际的方法指导渗透其中，为下一步交际打下良好的基础。】

（三）评比激趣，互动练说

1. 创设喜羊羊想和学生比一比的情景，指名学生介绍自己设计的桥，其他小朋友想一想：他是怎么介绍自己设计的桥的？你喜欢他设计的桥吗？

2. 指名说一说：你喜欢他设计的桥吗，为什么？听了他的介绍，你有什么疑问吗？

3. 你设计的桥又是怎样的呢？四人小组说一说、评一评。

课件出示要求：

（1）讲的同学展示自己的图画，声音响亮地介绍自己设计的桥。

（2）听的同学想一想：听了他的介绍，你有什么不明白的、需要问的吗？

（3）小组成员都讲完后，推选出一位设计得最好的同学。

4. 由组内推选出的选手在全班进行介绍。

5. 你觉得谁设计得好？谁介绍得最清楚？

【设计意图：激动人心的"评比"环节是口语交际的良好训练时机，学生的积极性、主动性、参与性得到了充分体现。交际中的生生互动、师生互动，更让不同层次的学生在说、问、议、评中有更多的参与机会，有效地训练了他们倾听、表达和应对的能力，同时，也培养和提升了学生的审美情趣和评判意识。】

（四）巧设情境，发展语言

教师戴头饰扮演慢羊羊村长，招聘"小小设计师"。学生做应聘者，回答教师提出的一些关于桥的问题。

【设计意图：设计招聘的情境，使得学生交流的话题贴近生活。训练的形式也是师生面对面地交谈，与生活实际状况比较吻合。学生课堂上学的，正是生活中要用的，颇具实用价值。】

（五）再设情景，拓展训练

1. 再次创设情境，村长把"小小设计师"设计的桥都建好了。想请你再编一个发生在桥上的故事，讲给大家听。
2. 指名讲故事。

【设计意图：以讲发生在桥上的故事为契机，再一次创造口语交际的兴奋点。因为桥梁是学生自己设计的，所以他们都能编出生动有趣的故事。孩子的情绪达到高潮，使"招聘小小设计师"这个环节进一步拓展延伸，学生从中获得了成功的满足感，也使学生的个性设计、丰富想象变得更加实用。】

（六）课堂小结，引发向往

孩子们，这节课，你们介绍了这么多神奇的、有特色的未来的桥，每一座桥都是一个梦想，（教师边说边给板书的简笔画桥涂上颜色）让我们带着这个美丽的梦长大吧！老师相信，不久的将来，一定能看到这些神奇的未来的桥！

（七）布置作业，课外拓展

1. 捏一捏：用橡皮泥捏一捏你设计的桥。
2. 讲一讲：除了桥，你还想设计未来的什么？它是怎样的？讲给爸爸妈妈听。

【设计意图："用橡皮泥捏一捏自己设计的桥"，将课内和课外结合起来，把动手和动脑结合起来，还可以让学生在动手时反思自己设计的桥有哪些需要改善的地方。说说自己设计的未来的其他事物，可打开学生的视野，拓宽交谈的范围，延伸课内所学的知识；在与家长交际时，也将再一次地锻炼学生的口语交际能力，可谓一举多得。】

板书设计：

未来的桥

样子　　作用

名字　　……

教案点评：

本次口语交际的教学内容选自人教版课标实验教材一年级下册《语文园地八》，话题是"未来的桥"。教案的设计非常成功，体现了以下特点：以教师为主导，以学生为主体，设计意图一目了然。突出了重点，突破了难点；教案设计趣味性强，能激发了学生的学习兴趣，使大家主动参与，乐于训练；口语训练呈递进式，通过层层训练，力求使每个学生的口语交际能力得以提高；将语文与艺术、科技等课程密切相连，引导学生动手实践，培养了学生的创新能力。

《麻　雀》

（第二课时）

岳阳县星晨学校　　周琦

教学目标：

有感情地朗读课文，体会课文中重点句子的意思，深入理解课文内容。

教学重点：

培养学生体会母爱的伟大。

教学难点：
小孩子情感不够丰富，简单的感情渲染不能使学生深刻体会。

一、课前导入
师：故事发生在一只娇小的麻雀和一只凶猛的猎狗之间。当娇小的麻雀遇上强大的猎狗时，会发生怎样的故事呢？让我们一起走进本课——《麻雀》。

二、深入本课，设置问题
师：同学们，你们来说说，当娇小的麻雀遇上强大的猎狗，你们会怎么想。大胆发挥你们的想象，来一起探讨一下。
生：会被猎狗吃掉；
生：会让麻雀飞掉；
生：……
师：同学们想象力很丰富，那真正的故事是这样吗？

三、认一认，读一读

嗅（xiù）	撼（hàn）	绒（róng）
躯（qū）	拯（zhěng）	幼（yòu）
浑（hún）	哑（yǎ）	搏（bó）

四、同音字辨认

躯（身躯）	驱（驱使）	区（社区）
搏（搏斗）	博（博大）	薄（单薄）
混（混沌）	浑（浑身）	魂（魂魄）

五、想一想
师：用自己的话说说这篇课文讲了一个怎样的故事？

六、如何给课文分段
（1）1～3自然段为第一大段
（2）4～5自然段为第二大段
（3）6～7自然段为第三大段

七、细读课文，体会情感
（一）找出第二自然段猎狗动作的细节描写。

放慢脚步　悄悄地　嗅到
猎狗要吃掉一只什么样的麻雀。

弱小　绝望　一动不动

（二）老麻雀在面对猎狗的时候是怎么样表现的，找出表现老麻雀动作的句子。
　　浑身发抖　全身羽毛竖立　绝望可怜的尖叫

八、黑板板书

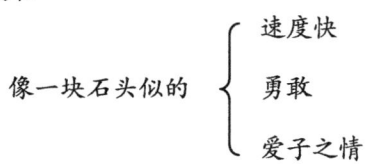

像一块石头似的 { 速度快 / 勇敢 / 爱子之情

应用文写作

九、为什么我急忙唤回了猎狗

是啊！请不要见笑。我尊崇那只小小的麻雀，我尊崇他那爱的冲动。

爱，我想比死和死的恐惧更强大。

所以我们大家都要学习这种伟大的爱。

十、教学反思

本课通过老麻雀保护小麻雀的故事，反映出了母爱的伟大，让学生对母爱有了更深的了解和体会，也可以看出世界上除了人类之外，各种动物之间也都存在这种以自己生命来保护自己孩子的母爱。

教案点评：

本节课教案是一位实习老师在实习期间的上课教案，毫无疑问，这样的教学态度和对教案的编写都是不合格的，具体说来有以下几点：教学目标和教学重难点的把握不准确，没有抓住关键；教学内容主次不分明，没有按照教学过程的步骤来备课和写教案；没有体现教师的主导地位和学生的活动情况；教案在结构安排上没有过度与衔接；编写教案的语言不规范，甚至不通顺。

温馨提示

教案、教学设计、教学案例的区别

教学设计包括教案、学案、评价方式，甚至学生问题的设计。它是课前的一个准备。教案是教学设计中最重要的一部分，是指导老师上课用的，同时也是备课的依据。教案和教学设计都是课前预设的教学思路，是对准备实施的教学措施的说明。教学案例则是对已经发生的教学过程的总结。一个写在教之前，一个写在教之后；一个是预期，一个是结果。

任务演练

假设你是一名教育专业的学生，请你根据教案编写的内容和要求，自选义务教育课程标准实验教科书中的某个章节，编写一个教案。

附录 B

模拟测试卷第一套

一、单项选择题

1. 求职信的正文重点写（　　）。
   A．个人基本情况　　B．在校表现　　C．能力优势　　D．学习成绩
2. 双方或多方就某一项目的合作问题在实质性谈判之前，经过接触而形成具有原则性、导向性意见的书面材料是（　　）。
   A．合同书　　　　　　　　　　B．投标书
   C．意向书　　　　　　　　　　D．可行性研究报告
3. 个人简历是对个人的生活经历加以（　　）的一种应用文。
   A．叙述　　　　B．描写　　　　C．说明　　　　D．议论
4. 向上级机关、部门请求指示、批准的公文是（　　）。
   A．申请书　　　B．通知　　　　C．计划　　　　D．请示
5. 交代调查的目的、对象、经过、时间、方式、方法、结果等内容的部分是调查报告的（　　）部分。
   A．正文　　　　B．主体　　　　C．结尾　　　　D．前言
6. 应用文立意所确立的主旨是时代精神的产物，与当前的政治、经济、文化密不可分，与人民群众所关心而亟待解决的问题分不开，因此立意具有（　　）的特点。
   A．主客观性　　B．时代性　　　C．观念性　　　D．客观性
7. 总结的最基本的特点是（　　）。
   A．简明性　　　B．时效性　　　C．理论性　　　D．客观性
8. 演讲是演讲者与听众通过面对面的交流以达到宣传的目的的活动，所以演讲稿应该具有（　　）的特点。
   A．受众广泛　　B．富有感情　　C．号召力强　　D．表述准确
9. 单位、团体、个人邀请有关人员参加或出席某些重要活动或会议的一种告知性礼仪文书是（　　）。
   A．欢迎词　　　B．请柬　　　　C．申请书　　　D．慰问信
10. 诉状的制作要严格遵循"以事实为根据，以法律为准绳"的原则，因此诉状的写作要（　　）。
    A．表达清楚　　B．内容真实　　C．体例规范　　D．陈述周详

应用文写作

二、判断对错（在括号里打"×"或"√"）

1. 广义的新闻是消息。　　　　　　　　　　　　　　　　　　　　（　　）
2. 祝贺词需在正文左下角署上致词人姓名或致词单位名称。　　　　（　　）
3. 总结有利于人们理性地认识事物，客观评价工作中的功德过失。（　　）
4. 制订计划是做好工作的先决条件。　　　　　　　　　　　　　　（　　）
5. 求职信是一种使用频率很高的事务文书。　　　　　　　　　　　（　　）
6. 简历中不要面面俱到地展示你所有方面的才能。　　　　　　　　（　　）
7. 报告可以向领导者个人报告。　　　　　　　　　　　　　　　　（　　）
8. 通知不可以有多个主送机关。　　　　　　　　　　　　　　　　（　　）
9. "本报讯"或"××社××地×月×日电"的字样，这就是"消息头"。（　　）
10. 总结是对较长时间内工作的回顾，在整个工作过程中，应时时处处当有心人，为写总结积累材料。　　　　　　　　　　　　　　　　　　　　　　（　　）

三、指出下列文稿的错误之处，并根据写作要求改正。

求职信

尊敬的领导：您好！

很荣幸您能在百忙之中翻阅我的求职信，谢谢！

拜读贵公司在湖南萧湘日报上刊登的招聘广告，得悉贵公司招聘数名办公文员，特此修函应征。

我叫××，是××学校××专业的一名即将毕业的专科生。鉴于中专近三年来丰富的知识经验和出色的人际交往能力，我有信心胜任贵公司的关公工作。为了更好地发挥自己，谨向贵公司毛遂自荐。

几年来的专业学习拓宽了我的知识面，使我在学习中不断提高自身素质，尤其在文科学习方面拥有很大的优势……尊敬的领导，希望您们能给我一个发挥本人专才及潜能的用武之地，我愿意与您一道和风沐雨，用青春和热血同绘蓝图！

手捧菲薄求职信，心怀自信诚挚之念，我期待着能成为贵公司的一员！

此致

敬礼！

求职人：××

四、写作题（可以二选一）

1. 根据下面这份函的内容，起草一份答复此函的复函。

写作要求：内容明确、中心突出、格式证券、写法规范（可只写标题、主送机关、正文、发文机关和时间）；语言要准确、简明、得体，书写清楚。

关于成立××民福贸易公司的函
×民函字[1988]28号

××省计划经济委员会：

为促进我省民政工业发展，拓宽福利生产市场，积极发展外向型经济，经研究，决定成立××民福贸易公司。

该公司为集体所有制，实行独立核算，自负盈亏。

经营范围：主营民政福利企业产品及出口创汇产品；兼营各类生产资料经销、经济技术咨询、产品开发有偿服务。

经营方式：零售、批发、代购、代销及调拨。

当否，请批示。

××省民政厅
一九八八年五月六日

2．从开学的开始学习、上课、复习、准备应考到现在，每一位考生都为学习付出了很多心血。请你根据自己自学《应用文写作》课程的情况写一篇总结。要求格式完整、正确，语言清楚、流畅，字数不少于500字。

模拟测试卷第二套

一、单项选择题

1．合同应公平合理地确定各方的权利和义务，这是订立合同的（   ）原则。

    A．合理　　　　　B．自愿　　　　　C．公平　　　　　D．平等

2．平时有意识地采集和积累而未写入文章中的材料，称为（   ）。

    A．间接材料　　　B．直接材料　　　C．观念性材料　　D．原始材料

3．从调查对象的总体中选取一个或几个具有代表性的单位，如个人、群体、组织、社区等，进行全面、深入研究的调查是（   ）。

    A．个案调查　　　B．抽样调查　　　C．重点调查　　　D．典型调查

4．判断选题的学术价值首先要看（   ）。

    A．选题在本学科体系中的地位

    B．选题对于现实生活的意义

    C．自己对这一选题能提出多少创造性的见解

    D．选题的"大"与"小"

5．当事人不服地方人民法院第一审判决的，有权在判决书送达之日起（   ）日内向上一级人民法院提起上诉。

    A．三十　　　　　B．十　　　　　　C．十五　　　　　D．二十

6．新闻的生命是（   ）。

    A．真实性　　　　B．快捷性　　　　C．新鲜性　　　　D．思想性

7．祝贺词的正文不包括（   ）。

    A．谁祝贺　　　　B．祝贺谁　　　　C．祝贺什么　　　D．落款

8. 下列不属于访问、合作之类商务活动的答谢词内容的是（　　）。
    A．肯定或评价双方取得的成果
    B．感谢主人的合作、接待、关照等友好举动
    C．表达今后发展双方关系、扩大合作的愿望，希望再次访问或邀请主人回访
    D．再次表示诚恳谢意。
9. 总结通常采用（　　）来写的。
    A．任何人称　　　B．第一人称　　　C．第二人称　　　D．第三人称
10. 下列（　　）不是计划的别称。
    A．纲要　　　　　B．设想　　　　　C．打算　　　　　D．领头羊

二、判断对错（在括号里打"×"或"√"）

1．报告中不能夹带请示事项。（　　）
2．请示一般不得越级，若遇特殊情况要越级请示时，需抄送被越过的上级。（　　）
3．摘要可以使用"本文""作者"等作为主语。（　　）
4．实习报告在写实习感想和体会时要善于提炼观点。（　　）
5．撰写调查报告，在占有大量的材料后，一般要经过一个"去粗取精、去伪存真、由此及彼、由表及里"的分析研究过程。（　　）
6．在计划中针对具体情况应事先规划好操作的步骤、各项工作的完成时限及责任人。（　　）
7．总结能为国家制定各项路线、方针、政策提供重要依据。（　　）
8．祝贺词是在各种喜庆场合中对人、对事表示祝贺的言辞或应用文。（　　）
9．合同既是顺利履行约定的保障，也是解决纠纷的依据。（　　）
10．新闻的导语都要采用倒金字塔型结构。（　　）

三、指出下列文书的不当之处，并予以改正。

招领启事

本人昨天在××厂××食堂拾到一个长约30厘米、宽约20厘米的黑色公文包，内有合同2份，人民币1万元整。请失者前来认领。电话：5566320

××公司职员　张明昭

一九九七年一月八日

四、写作题（可以二选一）

1．××县粮食局接到市国道先行工程办公室通知，因拓宽××国道，需部分拆除该县××等3座粮库。该县粮食局向本系统上级主管部门请求指示，拟请市国道先行工程指挥部将国道拓宽路基向西推移8米，免拆3座粮库。其理由如下：××等3座粮库是上级领导经多次考证、国家拨专款于2005年兴建的，它具有水陆两通、设施齐全、中转调拨灵活、迅速的特点。总仓容量1000万公斤，是该县重要的粮食中转库，如拆除或部分拆除势必影响军需民食。请代××县粮食局撰写此公文。该文文号为×粮字〔2014〕2号。

2．今年是××大学建校五十周年纪念日，学校准备举行校庆，特邀请教育部部长周部长参加学校的庆典仪式。请你根据上述内容写一份请柬，并准备一份致辞。要求格式完整、正确。

模拟测试卷第三套

一、单选题

1. 报告是一种常用的（　　）。
   A．下行文　　　　B．平行文　　　　C．上行文　　　　D．泛行文
2. 不属于请示尾语的是（　　）。
   A．当否，请批示　　　　　　　　B．以上请示妥否，请批示
   C．以上请求，请予批准　　　　　D．请尽快批准
3. 毕业论文摘要四要素是（　　）。
   A．目的、方法、结果、结论　　　B．时间、地点、人物、经过
   C．时间、地点、人物、结果　　　D．原因、目的、方法、结论
4. 从调查对象的总体中抽取一些个人或单位作为样本，通过对样本的调查研究来推论总体的状况的调查是（　　）。
   A．个案调查　　　B．抽样调查　　　C．重点调查　　　D．典型调查
5. 计划的主体部分是全文的主要内容和重点，但是没有（　　）。
   A．做到什么程度　　　　　　　　B．什么时候完成
   C．可和谁来做　　　　　　　　　D．存在问题与教训
6. 总结按内容分，不包括（　　）。
   A．工作总结　　　B．生产总结　　　C．阶段总结　　　D．学习总结
7. 下列应用文不属于祝贺词的是（　　）。
   A．欢迎词　　　　　　　　　　　B．事业祝贺词
   C．祝酒词　　　　　　　　　　　D．寿诞祝贺词
8. 合同是当事人为了实现一定的商务目的，明确相互之间（　　）关系而订立的协议。
   A．权利义务　　　B．金钱　　　　　C．义务　　　　　D．利益
9. 对消息的五个"W"和一个"H"的扩大和明确的部分，是消息的（　　）。
   A．开头　　　　　B．主体　　　　　C．导语　　　　　D．结尾
10. 下列说法错误的一项是（　　）。
    A．一个优秀的活动策划文案，一定有一个鲜明的主题
    B．经费预算要用清晰明了的形式列出
    C．活动目的不是活动策划文案正文的写作内容
    D．活动内容要力求详尽，写出能设想到的每一个细节，没有遗漏

二、判断对错（在括号内打"×"或"√"）

1. 所有求职类文体在写作上都要求实事求是，不能夸大或缩小，因此在简历上也必须把负面的内容写进去。　　　　　　　　　　　　　　　　　　　　　　　（　　）
2. 报告和请示同属上行文，性质相近，可以交错使用。　　　　　　　　（　　）
3. 请示的标题中可以出现"申请""要求"或"请求"等词语。　　　　　（　　）
4. 摘要不能对论文内容做诠释。　　　　　　　　　　　　　　　　　　（　　）
5. 调查报告写作不是对材料的堆积，也不是现象的罗列。　　　　　　　（　　）

6．制订计划时要处理好全局与局部、长远和目前之间的关系。　　　（　）
7．总结有利于人们理性地认识事物，客观评价工作中的功德过失。（　）
8．祝寿词的表述需含蓄隐晦，不必直抒胸臆。　　　　　　　　　（　）
9．即使是个人与单位订立合同，那么双方当事人在签订合同时在法律上的地位也是完全平等的。　　　　　　　　　　　　　　　　　　　　　　　　　　　（　）
10．消息的主体是对消息导语的扩展和放大。　　　　　　　　　 （　）

三、指出下列文书的不当之处，并予以改正。

关于举办××市毕业生双向选择活动的公告

××字〔1997〕第×号。

为做好1997年毕业研究生和大中专毕业生的就业工作，我市将在春节期间举办1997年毕业生就业供需见面、双向选择活动。用人单位摆摊布点，提供毕业生需求信息，考核接收毕业生；毕业生持学校推荐表与用人单位双向选择落实就业单位，请各校转告毕业生踊跃参加。

　　　　　　　　　　　　　　　　　　　　　　　　　　××市教育局
　　　　　　　　　　　　　　　　　　　　　　　　　　1997年×月×日

四、写作题（从中选一个与自己所学专业接近的方向）

上海市××公司是一家从事健康产业的专业化公司，集研发、生产、经营、售后服务为一体，主要生产、经营医疗器械、保健器材、健康食品、功能纺织品等。为了扩大公司的业务，现在向社会公开招聘如下人员：

1．储备干部：专科以上学历，较强的组织、沟通、协调能力，有吃苦创业精神、团队协作意识和一定的管理悟性，人数8名，男女不限。

2．公关宣传人员：专科以上学历，形象气质佳，普通话标准，文笔流畅，有才艺者优先，男生1.75米以上，女生1.6米以上，人数5名。

3．营销人员：中专以上学历，五官端正，身体健康，敬业爱岗，积极向上，人数15名，男女不限。

4．售后服务人员：中专以上学历，五官端正，口齿流利，敬业爱岗，人数2名，男女不限。

5．储备财务人员：专科以上学历，财会类相关专业，诚实敬业，人数5名，男女不限。

6．专卖店店长：专科以上学历，较强的组织、沟通、语言表达能力，形象好，有魄力，有亲和力，人数5名，男女不限。

请根据以上资料，从自己的兴趣爱好和实际情况出发，拟写一份求职信。

模拟测试卷第四套

一、单选题

1. 下列选项中应该使用报告文种的是（　　）。
   A. 请求做出指示　　　　　　　　B. 请求给予答复文种
   C. 请求审核批准　　　　　　　　D. 汇报情况

2. 请示是一种常用的（　　）。
   A. 上行文　　B. 平行文　　C. 下行文　　D. 泛行文

3. 毕业论文摘要一般不能超过（　　）字。
   A. 100　　B. 200　　C. 250　　D. 300

4. 计划一般由（　　）组成。
   A. 称谓、正文和落款　　　　　　B. 标题、正文和落款
   C. 称谓、正文　　　　　　　　　D. 标题、正文

5. 在调查中，（　　）作为一种省时省力，又能对事物进行比较全面系统的调查方法在日常工作中备受青睐。
   A. 个别调查　　B. 典型调查　　C. 重点调查　　D. 问卷调查

6. "祝×××先生一帆风顺"是（　　）的结尾。
   A. 贺信　　B. 欢送词　　C. 欢迎词　　D. 祝词

7. （　　）是平等主体的自然人、法人、其他组织之间设立、变更、终止民事权利义务关系的协议。
   A. 投标书　　B. 招标书　　C. 意向书　　D. 合同书

8. 下列对消息的主体要求的描述不正确的一项是（　　）。
   A. 主干突出　　B. 层次分明　　C. 新颖时尚　　D. 结构合理

9. 某女起诉请求离婚，不服法院一审判决，她应该写（　　）。
   A. 民事上诉状　　　　　　　　　B. 民事起诉状
   C. 刑事上诉状　　　　　　　　　D. 行政上诉状

10. 毕业论文的关键词不宜超过（　　）个。
    A. 1～3　　B. 2～6　　C. 3～8　　D. 4～7

二、判断对错（在括号里打"×"或"√"）

1. 房屋出租人和房屋租赁人发生了租赁纠纷，房屋出租人向法院递交了上诉状。（　　）

2. 毕业论文中要提炼关键词是为了方便阅读。（　　）

3. 个人简历可以采用第一人称自己写自己，也可以采用第三人称为他人而写。（　　）

4. 调查项目设计的好坏是关系到调查活动能否成功的关键因素。（　　）

5. 一般情况下报告可以越级报告。（　　）

6. 请示只写一个主送机关，如须同时送其他机关，须用抄送形式。（　　）

7. 在竞聘词写作中为了取胜，可以贬低别人，抬高自己。（　　）

8. 摘要可以写本学科领域已成为常识的内容。　　　　　　　（　）

9. 如果计划尚未正式确定，或是征求意见稿、讨论稿，须在标题后用括号注明"草案""初稿""供讨论用"等字样。　　　　　　　　　　（　）

10. 新闻消息头的主要作用是：它是版权所有的一种标志。　（　）

三、指出下列文稿的错误之处，并根据写作要求，改写为一份正确的文章。

竞聘词

老师、同学们：

你们好！

今天很荣幸能有机会站在讲台上竞选本班的团支书，这可是我心向往之的一个"职务"哟。

由于在机房担任网管一职，我老是唯恐自己不能兼数职，所以每每竞选班干部的时候我只能无奈地将其"团支书"一职拱手让与他人。但是现在我来了且我深知自己有能力胜任此职。

首先，我凭借自己在机房当网管所磨炼出来的较强的组织能力和吃苦耐劳的精神；其次，我在班上算是活跃的一分子，我想在今后的学习生活中将要开展什么活动时，我会贡献出自己的所有力量，带动活动气氛，让我们的活动举办的有声有色，使同学们受益匪浅。

我知道刚刚上台的发言的每一位同学都很优秀，但我坚信在以后的日子里我会取其长处，去其短处，把我的工作做得更出色，我同时，我也会配合老师将班级工作做好，跨上一个新的台阶。

同学们，请信任我，给我一次锻炼的机会吧，我将给你们更多的惊喜！

竞选人：××
2005 年 5 月 27 日

四、写作题（可以二选一）

1. ××学院是湖南省政府批准，国家教育部备案的一所专科学校，因学校扩招，人手不足，拟面向社会公开招聘文秘工作人员一名，计算机和机电方面的老师数名，请你据此写一封求职信。

2. 某校准备组织二年级学生到某地春游，因某地有美好的自然风光，山势险峻，林木已披新绿。此外有特别珍贵的参天古树，有历史悠久的文物古迹，也有近代的革命遗迹等。请代学校发一个通知，说明到某地春游的意义，提出有关的注意事项，以及到达目的地后的活动方式等。

写作要求：①内容要明确，中心要突出；格式要正确，写法要规范。（可只写标题、正文、发文机关和发文时间几个项目，发文机关和发文时间项内容可虚拟）；②语言要准确、简明、得体，书写要准确。

参 考 文 献

[1] 张建. 应用写作. 北京：高等教育出版社，2005
[2] 郭冬. 文秘写作实训教程. 北京：高等教育出版社，2005
[3] 杨文丰. 高职应用写作. 北京：高等教育出版社，2007
[4] 张建，叶坤妮，李佩英. 应用写作. 长沙：湖南科技出版社，2008
[5] 刘金同. 应用文写作教程. 北京：清华大学出版社，2006
[6] 董金凤. 实用应用写作. 北京：高等教育出版社，2009
[7] 张芹玲. 应用文写作教程. 北京：高等教育出版社，2009
[8] 史英新. 应用文写作. 北京：高等教育出版社，2009
[9] 熊越强. 商务写作与实训. 北京：清华大学出版社，2008
[10] 叶坤妮. 新编实用文体写作教程. 长沙：中南大学出版社，2006
[11] 罗奇红. 实用商务文书. 南宁：广西人民出版社，1998
[12] 张德实. 应用写作. 北京：高等教育出版社，2003
[13] 杨元华. 秘书写作. 上海：复旦大学出版社，2007
[14] 吴欢章. 秘书写作. 上海：上海文化出版社，2007
[15] 周祎. 秘书写作. 上海：上海文化出版社，2007
[16] 方小强. 秘书写作创新论. 成都：西南交通大学出版社，2009
[17] 赵文琦. 秘书写作. 上海：上海社会科学院出版社，2006
[18] 姬瑞环. 秘书公文写作与实训. 北京：中国人民大学出版社，2009
[19] 孙春旻. 文秘写作. 西安：西北大学出版社，2002

反侵权盗版声明

电子工业出版社依法对本作品享有专有出版权。任何未经权利人书面许可，复制、销售或通过信息网络传播本作品的行为；歪曲、篡改、剽窃本作品的行为，均违反《中华人民共和国著作权法》，其行为人应承担相应的民事责任和行政责任，构成犯罪的，将被依法追究刑事责任。

为了维护市场秩序，保护权利人的合法权益，我社将依法查处和打击侵权盗版的单位和个人。欢迎社会各界人士积极举报侵权盗版行为，本社将奖励举报有功人员，并保证举报人的信息不被泄露。

举报电话：（010）88254396；（010）88258888

传　　真：（010）88254397

E-mail：　　dbqq@phei.com.cn

通信地址：北京市万寿路 173 信箱

　　　　　电子工业出版社总编办公室

邮　　编：100036